昨日文坛的别异风景

杨建民 著

西安出版社

图书在版编目(CIP)数据

昨日文坛的别异风景 / 杨建民著. —西安:西安出版社, 2013.6
ISBN 978-7-5541-0161-2

Ⅰ. ①昨… Ⅱ. ①杨… Ⅲ. ①中国文学-现代文学-文学史-史料 ②中国文学-当代文学-文学史-史料
Ⅳ. ①I209.6

中国版本图书馆 CIP 数据核字(2013)第 127497 号

昨日文坛的别异风景

著　　者　杨建民
出版发行　西安出版社
社　　址　西安市长安北路 56 号
电　　话　(029)85264440
邮政编码　710061
网　　址　http://www.xacbs.com
印　　刷　陕西汇丰印务有限公司
开　　本　787mm×1092mm　1/16
印　　张　25
字　　数　313 千
版　　次　2013 年 6 月第 1 版
　　　　　2013 年 6 月第 1 次印刷
书　　号　ISBN 978-7-5541-0161-2
定　　价　35.00 元

序

王　蓬

阅读杨建民先生这部《昨日文坛的别异风景》，单是书名，便让人眼前一亮，阅读起来，宛如进入一座艺术殿堂，文化迷宫，五彩缤纷，如饮甘霖，给我莫大的精神享受。

这部书稿，凡40篇，近30万字。时间从上世纪初“五四”新文化运动肇始，直到80年代的改革开放，跨越半个世纪，涉及中国现代文化史文学史近百位名人巨匠：鲁迅、郭沫若、郁达夫、茅盾、叶圣陶、巴金、沈从文、丁玲、郑振铎、夏衍、朱自清、闻一多、施蛰存、曹聚仁……“千秋付与如椽笔，岂有文章惊海内”。几乎每一位都名声响亮，都与中国现代文坛密不可分，或者说正是他们构成了中国现代文化文学史上的精彩华章，别异风景。

在人类的历史长河中，几乎每个民族都创造了自己独特的文化。中国作为举世公认的四大文明古国之一，其创造的中华文化更以历史悠久、精深博大，影响了周边国家，丰富了世界文明。且不说变更了世界历史进程的四大发明，从诞生于3000年前的《诗经》、《楚辞》、春秋战国的诸子百家，到之后的《史记》、唐诗、宋词、元曲、明清话本、三言二拍；再是书法绘画，王欧颜柳，苏黄米蔡，唐宋八大家，吴中四才子……到清中期康乾时代，中华五千年文化，包括建筑、园林、诗词、戏曲、书画、饮食、服饰、礼仪都高度发达，蔚为大观。《红楼梦》中描写夫人小姐的丫环们闲时游戏“斗草”，背诵的竟然都是古代诗词，名联佳句，以巧妙对接，平仄工仗者为赢。18世纪，不止一位外国传教士在踏上这片古老的东方国度后，为这种高度发达的文明倾倒，以至于终身迷恋。

可惜，巅峰过后便是低谷，咸同以降，国势衰微，积贫积弱，内忧外患，太平天国起义于前，义和团运动于后，甲午海战爆发，曾是亚洲第一流的北洋水师全军覆没。屈辱议和，割地赔款，留下中国历史上耻辱之一页。信息传出，举国震惊。数千年来，小日本一直崇拜我中华悠久灿烂的文化。如今，小学生竟打败了祖师爷，奇耻大辱啊，不可思议，不能接受。这之后发生的最惨烈亦最典型的事件便是一代国学大师王国维的自杀殉国。诚如史学泰斗陈寅恪所言："凡一种文化值衰落之时，为此文化所化之人，必感痛苦。"王国维其实是为中华文化殉葬。

其时，诚如清末重臣李鸿章感叹"三千年未有之大变革"。一个泱泱大国，古老民族经历巨劫奇变，洪波激荡，江山易色，新旧交替。一方面西化东渐，俯仰百变；一方面扶危继绝，忧国匡时。康梁变法，"公车上书"开近代维新先声。之后，"五四"运动爆发，"德先生"（民主）"赛先生"（科学）的呼声响彻云霄，在"科学救国""实业救国"思潮感召下，一大批青年知识分子或赴欧美，或渡东洋。仅笔者手边资料就可查得，胡适、吴宓、赵元任、竺可桢、钱学森留学美国；鲁迅、郭沫若、茅盾、郁达夫、胡风留学日本；巴金、艾青、林风眠、徐悲鸿、王子云、苏雪林、常书鸿留学法国；蔡元培、陈寅恪、季羡林留学德国；徐志摩、老舍留学英国；再是林语堂、梁实秋、朱自清、闻一多、冰心、朱光潜、田汉、萧乾、王统照、成仿吾、黎烈文等等，皆有早年入私塾打下国学基础，又有外出留学经历，至少精通一门外语，学贯中西，满腹经纶，大都为执教一方知名教授。他们或结团社，或办刊物，或施之事业，或见于文章，造就中国新文化新文学的皇皇气象，也造就了像"鲁郭茅巴老曹"这些为世人公认的大师。

但是且慢，大师并非一日造就。当初，这些留洋归来的莘莘学子，迎接他们的并非鲜花地毯、高官厚禄。而是军阀割据，民不聊生；是席卷全球的两次世界大战；是“九一八事变”日寇入侵、抗战军兴，国家及民族正处水深火热。

据郁达夫好友，曾任台湾《中央日报》社长胡健中回忆：“郁达夫陪我去访问创造社的郭沫若，郭虽因译歌德的《少年维特之烦恼》和创作新诗《女神》已很有名，而一贫如洗。我们到他家时，他正在厨房劈柴烧饭。经达夫略述来意，他便抱起尚在襁褓的名叫和儿的儿子和我们寒暄，并教他的日本妻子安娜和我们打招呼。”

暴得大名的郭沫若尚且如此，其他文人境况可想而知。两次世界大战、东西方冷战、社会转型，最终无以不归结到文化冲突。正是在这样大背景下，我们再来阅读杨建民的《昨日文坛的别异风景》，就能获得贴近实际的感受。杨建民笔下的文化名人、学术泰斗们在踏入社会、就业无门、学术初创、忧国匡时，筚路褴褛，多么需要帮助、需要有人假以援手，扶持上路。最好能送再送上一程，能拉扯就拉扯一把，谁当初都不容易。

“文人相轻”自三国曹丕始，几成定论。然而，我们现在看到的却是徐志摩提携沈从文，叶圣陶慧眼识丁玲，周作人援手郁达夫，柳亚子追随孙中山，朱自清精心编辑《闻一多全集》，茅盾力助姚雪垠完成《李自成》，郑振铎促成《北平笺谱》，巴金力推罗淑遗著等等，让人仿佛见了在波涛汹涌的文化长河中，每每有人为落水者施以援手，使之能攀登彼岸。

读着这些篇章，让人感到温暖，感到欣慰，更感到一种超凡脱俗的友情。当然，文坛并非净土，尤其搅进政治风云，共产狂飙，文化革命，产生多少论争，无奈与遗憾。于是，我们在这部书稿中看到了周扬与刘绍棠的恩怨，郭沫若对沈从文的斥责，黎烈文“腰斩张资平”前后，丰子恺结怨曹聚仁始末。再是孙犁《荷花淀》如何被删，梁斌《风烟图》

失而复得……一桩桩发生于文坛的旧事秘闻被勾沉出来，沉浮毁誉，俯仰百变，经过鉴别和梳理，去伪存真，连缀成篇，呈现于我们面前，无疑意义深远。

一切优秀的文化传统，说到底是要靠人来传承，靠人的修养、学识、眼界、胸襟来担当承载并发扬光大。一代大家开一代新风，启百代学子。比如历史上“竹林七贤”“唐宋八大家”……比如“五四”以来的蔡元培、鲁迅、胡适、陈独秀、陈寅恪……

人性中有好奇的一面，也许正是由于人类的好奇心，才开创拓展了一个个未知世界，崭新领域。建民的书稿把巨匠大家们鲜为人知的奋斗历程、坎坷遭遇、时运变移、孤往不悔、独立不惧的人格魅力、精神风采展示出来，以期引起广大读者关注，其传承播扬，潜移默化之功显而易见。

这就是建民的功德了。于是依稀感觉到他沉浸于暗夜孤灯之下，蚊虫飞舞之中，在书架翻检资料，或抄录卡片，或奋笔疾书，内心燃烧着一团火焰，为文坛某件大起大落的事件感染，或为一桩不弃不离的友情感动，一个文化人所有的责任与担当便不由自主涌上心头，凝聚笔端。

我与建民相识 30 余年。他曾经历“文革”，上山下乡，1978 年考入西北大学中文系，这曾是多少文科青年艳羡的高等学府。转瞬 30 年过去，同班学子或身居要津，或乔迁海外，建民却返回故乡任教，一方面游弋三尺讲坛，凭藉扎实功力，获得教授职称；另一方面笔耕不辍，发表作品 400 余篇，且多载大报名刊《人民日报》《光明日报》《中华读书报》《随笔》《书屋》等等。此次编选作品全系发表、转载乃至获奖佳作……勤勉奋行，成绩可见一斑。

我与建民同居汉中，却常见文章不见人。建民为人质朴，不事张扬，埋头做事，有学人风范。在各类会上很少发言，甘陪末座。尽管博闻强记,却不卖弄书袋,《史记》怎么说,《左传》怎么说,或英国人怎么说,美国人怎么说;亦不炫耀新鲜先锋词令,而是认真听取发言,默记于心,择善吸纳,古今能成事者,莫不如是。

这厚厚一册《昨日文坛的别异风景》便是佐证。

目　录

文　事

人　缘

秘　闻

文　事

《腐蚀》:读者改变主人公命运的名著

一

1941年5月,在香港刚刚恢复的《大众生活》周刊,陆续刊登出了一部后来被俗称《女特务日记》的长篇小说。小说有这样一个别致开头:

“这一束断续不全的日记,发现于陪都某公共防空洞;日记的主人不知为谁氏,存亡亦未卜。该防空洞最深处岩壁上,有一纵深尺许的小洞,日记即藏在这里。是特意藏在那里的呢,亦或偶然被遗忘——再不然,就是日记的主人已经遭遇不幸;这都无从究明了。日记本中,且夹有两张照片,一男一女,青年男的是否即为日记中常常提到的K,女的是否即为日记主人所欲‘得而甘心’且为K之女友之所谓‘萍妹’,这也是无法究明的了。不过,从日记本纸张之精美,且以印花洋布包面,且还夹有玫瑰花瓣等等而观,可知主人是很宝爱她这一片段的生活记录的。”

“所记,大都缀有月日,人名都用简写或暗记,字迹有时工整,有时潦草,并无涂抹之处,惟有三数页行间常有空白,不知何意。又有一处，墨痕漶化，若为泪水所渍，点点斑驳，文意遂不能连贯，然大意尚可推求……这些日记的主人如果尚在人世，请恕我的冒昧；如果不幸而已亡故，那么，我祝福她的灵魂得到安息。整抄既毕，将付手民，因题《腐蚀》二字，聊以概括日记主人之遭遇云尔。”

这一节小引，虚虚实实，制造了一个很大的阅读悬念，书名也透出来了。它就是后来被认为是茅盾的重要作品，此时刚刚创作的《腐蚀》。

二

从该作品的形成情况看，这倒并非一件精心结构，长期潜心完成的作品。1941年，韬奋先生来到香港。他是个闲不下来的人，刚到便着手筹备恢复在内地有着广泛读者群的《大众生活》周刊。他邀请了茅盾、金仲华、夏衍、千家驹、乔冠华、胡绳等与自己组成编委会。在第一次编委会上，韬奋提出，为了争取更多的读者，“周刊”以周六出刊最为有利。当时已经四月底，五月初复刊已不可能，但五月中旬，也就是五月十七日一定复刊。再过几天，韬奋专程去访问茅盾，提出《大众生活》出版，应该有一部名家长篇小说连载才好。他直接对茅盾说，你的名气大，下笔又快，希望你来承担这个紧急任务。

一听这话，茅盾有些为难。长篇小说——材料、结构、谋篇、写作，那得有多少准备工作，几天时间，怎么能赶得出来？韬奋不管：这也是万不得已，你就把平时积累的素材拿出来编个故事罢。一下子肯定写不完，你就一边写一边登，但是，每期有四个页码，八千字左右。茅盾听罢，沉吟片刻，咬咬牙说：好罢，我来写！你什么时候要第一批稿？韬奋扳了扳手指说，给你一个星期，十三号交稿。我给你留出四个页码，你给我四天印刷时间。

韬奋走后，茅盾立即开始考虑写作内容。他想起以前听说过，抗战初期,有不少热血青年,因报国心切,被国民党特务机关以战地服务团的名义,招募进去。经过训练后,强迫他们干特务工作。此时若不干,轻者被投进监狱,有的甚至被杀害。有些落进陷阱的青年有的偷偷与进步人士联系,希望能跳出火炕,韬奋就曾经接待过这样的青年。茅盾想,由此入手,可以写成这样的故事:通过一个被骗而陷入特务机构而又不甘沉沦的青年特务的遭遇,揭露国民党特务组织内部的凶狠、奸险和残忍……这样一方面可以写出他们对民主运动和进步力量的镇压,一方面可以描摹特务组织内部的尔虞我诈,荒淫无耻。故事背景,茅盾想干脆放在"皖南事变"前后,可以通过特务组织的角度,揭示蒋介石与"日汪"勾结,一手制造这"千古奇冤"的真相。内容决定了,可如何结构呢?长篇小说,布局谋篇,是十分重要和关键的,可眼下只有一周时间,细细考虑这些,显然不可能。一下子,茅盾想到了用"日记"的形式。因为日记体不大需要严谨的结构,很适合边写边发表的要求。茅盾的大多数作品,一直采取第三人称来写,这次因为情况特殊,他尽管一向不喜欢第一人称的写法,这时也不得不采用了。茅盾对女性描写,一直比较擅长,这次也决定用女性作小说主人公,即以女性的口吻来写日记。后来茅盾解说:"因为女子的感情一般较男子丰富,便于在日记中作细腻的心理描写。"时间仓促,茅盾无法先将作品全部完成,只是边登边写。这种适合现代报刊传媒的作品方式,不曾想给后来读者参与创作提供了可能。而《腐蚀》,正是这样一部因读者参与,终于改变了主人公命运结局的特别作品。

三

《腐蚀》的主人公,是一个年轻的女特务——赵惠明。她出身于封建官僚家庭,曾参加过学生运动和救亡工作。但由于利己思想和爱好虚荣,终于无法抵制特务头子的利诱,加入进特务组织。在这其中,她一方面受到排挤,一方面还受到“头头们”的侮辱玩弄。但是,她年轻的尚未完全被“腐蚀”的灵魂里,还存留着一些“人之所以为人”的部分,所以,她不能不感到惶惑和苦痛。当然,这些惶惑和苦痛,她是无处可以申诉的,个人日记本——成了供她倾诉的最佳场所。对这个特别人物,茅盾以他擅长的细腻笔触,以及对女性心理的幽微体会,将赵惠明或放肆,或消沉,或颓唐,或渴求的种种状态写得生动婉曲,由日记形式清晰、充分地展示于读者面前。完全达到了小说开头的预想:“呜呼!尘海茫茫,狐鬼满路,青年男女为环境所迫,既未能不淫不屈,遂招致莫大的精神痛苦,然大都默然饮恨,无处申诉。我现在斗胆想借此告诉关心青年幸福的社会人士,今天的青年们在生活压迫与知识饥荒之外,还有如此这般的难言之痛,请大家再多加注意罢了。”

小说中有一个重要情节:赵惠明过去的爱人小昭,被特务机关逮捕;上级了解此情况后,要求赵惠明前去劝(诱)降。这使她陷入极大的矛盾之中,虽然,良知使她希望能帮助小昭,但特务机关的手段又不能允许一个“顽固分子”活下去。在无法劝降成功又想救人的双重矛盾中,主人公的复杂心情在日记里表现得淋漓尽致,收到强烈的艺术效果。

小昭这样一位进步青年,终于不能投降,他的结果也可想而知。《腐蚀》这部作品,虽然是边写边发表,但作者茅盾在写本书第一段时,“也不是全然没有总的结构计划的。”在作者的“总的结构计划”里,结果该如何呢?“原来的计划是:写到小昭被害,本书就结束。”(《腐蚀·后记》)就此,小说已大致完满。按作者最初的构思,当然可以收到余味悠长的艺术效果。

虽然是匆忙上手,可功力深厚的作者却写得异常顺畅。当时茅盾已从旅馆搬到香港半山的坚尼地道寓所,那里的环境十分幽静,对写作非常合适。所以,尽管每周有八千字版面等着,可茅盾一次也没使杂志脱期,甚至可说是“一气呵成”。随着故事的正常发展,原定的结束方式也渐露端倪,但是,就在这时,出乎作者意想的情况出现了。刊载作品的《大众生活》杂志,陆续收到越来越多的读者来信。这些来信,大都是询问作者:到底打算给赵惠明一个怎样的结局?许多读者,还表达出一种非常强烈的意愿,希望给女主人公一条“自新之路”。

编辑部收到这些来信,开始没有十分在意;不料这样的信越来越多,使他们不得不直接向茅盾提出,希望对读者的要求予以考虑。怎么办?茅盾经过认真思考,便开始在原来的构思之外,再设计情节。这样,赵惠明在小昭被害之后,更进一步看清了特务组织的面目,于绝望之中产生出希望,她决心弃暗投明。为了使其有实际表现,作者设计了赵惠明通过努力,救出了一位即将陷入魔掌的女学生 N 来结尾,使她的觉醒得以行动完成。

除去这一来自读者的原因,另一要求来自杂志发行部:希望这部作品能够多“拖延”几期。因为杂志准备将前 26 期结为一部合订本,如果茅盾在 26 期以前结束,那么后一部连载长篇小说(按:夏衍的《春寒》)就只有一个开头搁在这个合订本中,完全不利于发行。基于此,茅盾不得不考虑这两方面的因素,“结果是在原定结构上再生枝节,而且给了赵惠明一条自新之路”。

四

那么,为何当时的读者要求给赵惠明这个女特务一条自新的道路呢?这一点,茅盾在 1954 年时做了一点探讨。他认为:“就我所知,因同情于赵惠明而要求给她以自新之路的读者,只是很少数;极大多数要求给以自新之路的读者倒是看清了赵惠明这个人物的本质的——她虽然聪明能干,然而虚荣心很强,‘不明大义’(就是敌我界限不明),虽然也反抗着高级特务对于她的压迫和侮辱,然而她的反抗动机是个人主义的，就是以个人的利害为权衡的，而且一到紧急关头，她又常常是软下来的；但是，1941 年的极大多数的读者既然看清了赵惠明这个人物的本质，而又要求给以自新之路，则是因为他们考虑到：（一）既然《腐蚀》是通过赵惠明这个人物暴露 1941 年国民党特务之残酷、卑劣与无耻，暴露了国民党特务组织只是日本特务组织的‘蒋记派出所’（在当时，社会上还有不少人受了欺骗，以为国民党特务组织虽然反共，却也是反日的），暴露了国民党特务组织中的不少青年分子是受骗、被迫，一旦陷入而无以自拔的，那么，为了分化、瓦解这些胁从者（尽管这些胁从者手上也是染了血的），而给《腐蚀》中的赵惠明以自新之路，在当时的宣传策略上看来，似亦未始不可。这种种，是当时的很大一部分读者提出他们的要求的论据，而作者的‘我’，也是在这样的论据上接受了他们的要求的。（当然，这样做了，是否曾发生预期的作用，那是另一回事。）”

这样的解释，在今天看来是相当社会学的。对于理解本书的艺术方面，并没有太多参考意义，明显可以看出是作者面对新形势的一种表白姿态。《腐蚀》一书，以日记方式写出，一个活生生的灵魂展示其间。这时候，她的外在身份，相对于其内心世界，并不特别重要了。而读者要求给赵惠明一条自新之路，是希望有这样一颗挣扎灵魂的人，能有一条较为正常的生活之路吧。

《腐蚀》在《大众生活》杂志连载之后，上海的华夏书店在当年十月出版了单行本。据茅盾后来回忆：“由于当时环境所限，《腐蚀》引起的轰动，仅限于香港、南洋和孤岛上海等几个城市，而且是短暂的，因为不久太平洋战争爆发，也就在战火中湮没了。”可是，从小说连载时产生的反响看，茅盾的说法是相当自谦了。可优秀作品是不会被轻易湮没的。抗战结束后，上海知识出版社再次将《腐蚀》出版单行本，并发往内地重庆等城市出售。这下子，引起了极大的反响。不少报刊发表文章,称赞这部作品是“当前政治有力的诤言”,“是一部用血写成的特务反动分子罪行的记录”……这下子引起了国民党的注意。据说当局紧急下密令,到各书店查禁;而解放区各地,却大量翻印,向读者推荐,意图通过此书,揭露国民党阴暗的内幕。据茅盾自己说:“在我所写的长篇小说中,《子夜》是国外版本最多的,而《腐蚀》则是国内版本最多的。”该作品在中国读者中引起的反应,由此可见一斑。

五

大约作者也没有想到的是,1949 年后,应读者要求而使作品中女主人公终于走上一条“自新之路”的结局,遭到了有“新”观念者的质疑。事情是由《腐蚀》改编成电影引起的。据该影片编剧柯灵回忆:“还有一件不大为人所知的事,那就是《腐蚀》的遭遇。这部小说在抗战期间,国民党特务横行,反共高潮猖獗的时候,起过极大的战斗作用,在革命根据地也有广泛的影响。1950 年,《腐蚀》搬上了银幕,我是电影剧本的编者。观众是欢迎这部影片的,但忽然无缘无故地停映了。一打听,出了问题:据说特务是应该憎恨的,《腐蚀》的女主角却使人同情。这理由当然无可訾议,而且牵涉到危险的立场问题,同情特务,还得了吗!那时茅公(按:即茅盾)是文化部长,而提出这个意见的是‘武化部’——公安部门。结果是不声不响地把影片‘封闭’,或曰‘入库’,至今消息杳然。那是全国解放初期,极‘左’路线尚未抛头露面,平心而论,处置是很温和的。此事是否和茅公交换过意见,我不知道。照我粗浅的想法……《腐蚀》的女主角是被拐骗失足者,正是胁从分子,衡之以政策,不是很好的配合吗?……对一个天良未泯的失足者(实质上也是被害者),连少许的同情也靳而不予?关于这件事,在茅公生前,我从来没有向他提过;他也始终不置一词,若无其事。对所有公开的批判,茅公也都是雍容自若,默无一言。但我不信他心里没有任何想法。”

事实上，茅盾是有看法的，并且还努力表达过。电影被禁事件过后的 1954 年，人民文学出版社要重新发表一批旧时代有价值的作品，《腐蚀》正在其列。与多位作家不断改变作品主人公命运的情况不同，面对这样一部应读者之“请”改变结尾，改变主人公命运，又因此遭到批评的作品，茅盾决定：一字不改。他在该书后记中这样解释：“我在考虑了这几年我所听到的关于《腐蚀》的几种意见以后，终于不作任何修改。我想，如果我现在要把蒋匪帮特务在今天的罪恶活动作为题材而写小说，我将不用日记体，将不写赵惠明那样的人——当然书名也绝对不会是《腐蚀》一类的词儿了；但《腐蚀》既是在当时的历史条件下写成的，那么，如果我再按照今天的要求来修改，恐怕不但是大可不必，而且反会弄成进退失据罢？”道理说得很透彻，态度也是很坚决的。

对于关注女主人公命运的读者，茅盾这样解读：“今天的有些读者或者无条件地对于赵惠明抱同情，或者认为这样一个满手血污的特务（尽管是小特务）不该给她以自新之路。而第三种说法则认为：正由于读者会对赵惠明抱同情，也就是对于特务抱同情，因而就会发生严重的后果，即松懈了对于特务的警惕。这些意见之所以分歧，恐怕是因为对于赵惠明这个人物的认识有偏差。《腐蚀》是采用日记体裁的，日记的主人就是书中的主角。日记中赵惠明的自讼、自解嘲、自己的辩护等等，如果太老实地从正面去理解，那就会对于赵惠明发生无条件的同情；反之，如果考虑到日记体裁的小说的特殊性，而对于赵惠明的自讼、自解嘲、自己辩护等等不作正面的理解，那么，便能看到这些自讼、自解嘲、自己辩护等等正是暴露了赵惠明的矛盾、个人主义、‘不明大义’和缺乏节操了；在这一点上，我觉得 1941 年向作者提出要求的大多数读者是看清了赵惠明的本质的。”给女主人公“自新之路”的要求，在当时是读者提出的；时代变了，今天的读者又提出了新的要求。

怎么办？茅盾到底是一代大家，对文学的认识较一般人深刻许多，所以，他的处理是“不作任何修改”。总是企图让文学表现“永远正确”，是完全不切实际的想法。1949 年后那些一再修改作品的作家，最后真正如茅盾预言的：“弄成进退失据罢”了！

六

可不论怎么说，是读者的积极参与和要求，改变了作品主人公的命运。这在文学创作中是十分罕有的情况。这一般只会出现在作者边写边发表的过程里（小说从 1941 年 5 月连载起，到 9 月才结束）；现代传媒的连载方式，有意无意促使了这种结果的出现。而重要的是读者的参与并没有减弱作品的价值，反而将更多人性的内容注入了进去。《腐蚀》完稿后，在社会上产生的强烈反响可以看出这一点。

小说开始发表之初，因为描绘真实，主人公内在心理把握准确，表现细腻，许多读者忘记其为“小说”，认为真有其人，所以常常致信茅盾，询问日记女主人公赵惠明后来的下落；直到上世纪五十年代，还有许多读者读完该书后，写信询问茅盾：《腐蚀》当真是你从防空洞中得到的一册日记么？赵惠明怎么将日记遗失在防空洞里？她后来的下落如何？这些问题虽有些天真，但从中可以看出这部作品的真实性和感染力。它的确是一部成功之作。

茅盾一生著述宏富，优秀作品也不少，但是，《腐蚀》却得到这样的评价：“《腐蚀》的现实主义成就，不仅在作品通过赵惠明典型形象的刻画，尖锐地抨击了国民党特务统治的政治黑暗，而且还按照现实生活和人物性格本身的特点，真实地揭示了赵惠明逐步觉醒，走向自新之路的过程……这部小说是抗战时期文学中以现实题材揭露国统区政治黑暗的最重要的作品。它在思想和艺术上取得独特成就，使它在茅盾所有作品中占着仅次于《子夜》的显著位置。”（唐弢主编《中国现代文学史》)对于小说结尾,“文学史”作了这样高度的评价:“人物结局的这种处理,不是硬插上去的‘光明的尾巴’,而是形象本身的生动性和丰富性所必然导致的结果。”这其中一部分,也许真要感谢读者积极主动地参与。是读者的善良和同情,把人物从一般的政治层面中释放出来,赋予了她作为人的基本感受和灵魂的悸动,使她在人性的层面上丰富、生动,鲜活,站立了起来。这看似有些意外,但在人性逻辑中却顺理成章。

《包身工》写作的“协力者”

即使今天读去，夏衍的《包身工》仍然是一篇有丰富材料，有现代观念，同时笔带深情，有艺术感染力的优秀作品。在特殊条件下，这样一篇反映失去人身自由的女工非人生活的报告文学，得来自然也相当不易。

一

虽然《包身工》的开始写作是在1935年，可作者初步了解“包身工”的情况，却是在更早的1929年左右。当时夏衍在上海从事工人运动。住在上海沪东一带。这里是工人区，几位也在做工运的同志便常在他这里落脚：将自己的长衫或西服脱下，换上工人装束到工厂去。从这些同志口中，他开始知道了有“包身工”的特别现象。后来，夏衍从一位在工人夜校任教员的冯姓女子那里，了解到许多关于包身工的事情，这就使夏衍萦绕于心了。

1932年，导演沈西苓想写一个以上海女工为题材的电影剧本，夏衍就将自己了解的包身工情况告诉了他。依据夏衍的介绍，沈西苓写出一个剧本《女性的呐喊》，经夏衍修改补充完成，于当年投入拍摄并上映。应该说，这是第一部现代文艺描写包身工生活的作品。当然，由于种种原因，这部电影拍摄得并不很成功，产生的反响也不大。可是，为了写作剧本，夏衍又搜集了不少有关包身工的材料，对这些包身工的悲惨遭遇感到了“灵魂的震动”。经过这次调查和与夏衍在日本留学时见到的情况比照，他更感到愤怒，更加觉得应将这“人间地狱”的情形揭发出来。可当时工作十分繁忙，无法进一步调查和从容写出，这个题材便搁了下来。

1935 年时，上海共产党组织又一次遭到破坏，夏衍被迫在一家小公寓里隐蔽了半年多。在这段时间，他再一次开始了有关包身工材料的搜集。经过那位在工人夜校任教员的冯姓女子帮助，夏衍认识了一位在日本内外棉纱厂做工的青年团员杏弟。和杏弟谈过几次后，夏衍觉得，要了解包身工的真实生活，单凭材料肯定不够，必须具体进行实地观察。

二

最初，夏衍找到一位在日本纱厂当职员的中学同学帮忙，到包身工工作的车间去考察过几次，对她们的劳动条件有了一些直观感受。可是，要想知道“带工头”对包身工是如何管理的，包身工生活状况如何，就非得到她们住宿的工房去调查。这时，就需要杏弟这样的女性帮忙了。

杏弟最先带夏衍去的是福临路东洋纱厂工房。他们当时并没有相互约好彼此关系的介绍。可是进了杏弟熟识的那家带工头的后门，杏弟便指着自己带去的妹妹对老板娘讲：这是我的同乡，在工厂做活。随后又指着夏衍介绍：这是她的“爷叔”（即叔叔），在水电公司办事的。杏弟坦然地介绍,倒叫夏衍有些反应不上来。看着夏衍没接话,杏弟又说,这同乡独自租房子不方便,她爷叔的意思是在这一带找一个"搭饭"的地点。这样一来,夏衍便可以"爷叔"的名义,到工房里去观察一番。

可是,这样一般地看看,似乎还不够。要了解她们的生活情况,还必须在早晨和晚上,在包身工们上班下班时才看得到。于是,在杏弟的帮助下,夏衍决定,在这个时段去仔细观察。但是,这在当时也并不容易。夏衍住在麦特赫斯德路(今泰兴路),离工房所在的杨树浦有十多里的距离。为在早上五点钟之前赶到那里,就得半夜三点起身,步行过去,才刚好能看见包身工上班的情形。这样的观察不是一天两天,而进行了很长一段时间。从四月到六月,夏衍整整走了两个多月,用他后来的话"做了两个多月的'夜工'",这才比较详细观察到了她们的许多日常生活。在作品《包身工》里,我们看到大量有关包身工被喊叫起床,因劳累而顾不得害羞,相互踩踏,在离人不到一尺的马桶上很响地小便,"半裸体地起来开门,拎着裤子争夺马桶,将身体稍稍背转一下就会公然在男人面前换衣服"的状态;这些"包身工",早晨是四点半以前起床,简单洗洗之后,吃一些洋铅桶装的"浆糊一般的薄粥";她们的定食是两粥一饭,早晚吃粥,中午干饭。粥的内容"可不和一般通用的意义一样,里面是较少的籼米、锅焦、碎米,和较多的乡下人用来喂猪的豆腐的渣粕!粥菜,这是不可能的事了,有几个'慈祥'的老板到小菜场去收集一些莴苣菜的叶瓣,用盐卤渍一浸,就是她们难得的佳肴"。这只是夏衍两个月辛苦"夜工"观察的一部分现象。

在这个过程中,杏弟是一个热心人。她为了帮助夏衍了解情况,曾经几次赶上早班,混在包身工的队伍里,向她们打探一些内部情况。可包身工由于被严密管理,不允许向外透露情况,再是看见杏弟服装与她们略微不同,就害怕得不敢说什么;有人甚至以为杏弟是"包打听”一类人，根本不说一句话。当时的调查，想进一步了解包身工的内心感受，真个十分艰难。

经过杏弟等人帮助，夏衍看到了这些“包身工”可怕的工作环境：工厂里，连“猛烈的骚音”也会消灭，“不，麻痹了你的听觉，马达的吼叫，皮带的拍击，锭子的转动，齿轮的轧轹……一切使人难受的声音，好像被压缩了的空气一般的紧装在这红砖的厂房里面，分辨不出这是什么声音，也决没有使你的听觉有分别这些音响的余裕。”

为了使得棉纱不容易扯断，车间里必需有喷雾的装置。这样，无论春夏秋冬，这些女工都必须在这样的潮湿的环境中劳作。“她们每天过着黄霉，每天接触到一种饱和着水蒸气的热气。……身上有一点被蚊虱咬开或者被机器碰伤而破皮的时候，很快地就会引起溃烂。盛夏一百一五六度的温度下面工作的情景，那就决不是‘外面人’所能想象的了。”还有“尘埃，那种使人难受的程度，更在意料之外了。”据夏衍看到和了解到的情况：“纱厂女工没有一个有健康的颜色，做十二小时的工，据调查每人平均要吸入0.15克的花絮。”

这一切，震动了夏衍。他要把这种可怕的生活状态写出来，而且不要虚构，完全“力求真实，一点也没有虚构和夸张。”文章中，夏衍不仅记述事实，还发表感慨：“美国哲人爱玛生的朋友，达维特·索洛曾在一本书上说过，美国铁路每一根枕木下面，都横卧着一个爱尔兰工人的尸首，那么我也这样联想，在东洋厂的每一个锭子上面，都附托着一个中国奴隶的冤魂。”“黑夜，静寂的、死一般的长夜。表面上，这儿似乎还没有自觉，还没有团结，还没有反抗——她们住在一个伟大的锻冶场里面，闪烁的火花常常在她们身边擦过，可是，在这些被强压强榨着的生物，好像连那可以引火，可以燃烧的火种也已经消散掉了。不过，黎明的到来还是没法可抗拒的；索洛警告美国人当心枕木下的尸骸，我也想警告这些殖民主义者当心呻吟着的那些锭子上的冤魂。”

二十多年后夏衍回忆当时写作的情形时，仍然认真地说："她们的劳动强度，她们的劳动和生活条件，当时的工资制度，我都尽可能地作了实事求是的调查，由此，在今天的个人同志们看来似乎是不能相信的一切，在当时却是铁一般的事实。"

《包身工》写作在最后的补充阶段，夏衍希望杏弟帮助自己搜集更多有关包身工身世际遇方面的情况。可在1936年6月，一家名为《光明》的半月刊杂志创刊，急着要稿，夏衍便将这篇文章给了这家杂志。《包身工》刊发出来后，由于真实反映了上海日本纱厂的一群"包身工"的非人生活状态，"没有光，没有热，没有希望……没有法律，没有人道。这儿有的是二十世纪的烂熟技术、机械、体制，和对这种体制忠实地服务着的十五六世纪封建制度下的奴隶！"产生了较为强烈的反响。

三

可普通的女工杏弟并不了解文章已经发表，她仍在为夏衍搜集着有关包身工身世境遇的材料。一直到当年十月份左右，杏弟又托工人夜校的冯女士与夏衍联系，要送他一些材料。当夏衍拆开杏弟递过来的一个报纸包好的纸卷时，他很有些不安起来。因为当时对杏弟提起这件事，是在闲谈时随口说起的。几个月过去，他已经对这项调查没有什么期待，甚至差不多淡忘了此事。眼下，看着这些写在被水渍过的纸簿上十分整齐的小楷，听到冯女士介绍，说材料十分难得，因为许多包身工都不肯讲，有些还是杏弟请这些小姊妹吃饭才换出来的时，夏衍感到有些对不住朋友似的难受起来。

翻开材料，夏衍对包身工的家境情况有了更多的了解：

"陈××，粗纱间，十五岁，扬州，（已做）一年半，（父亲）种田，已死，（包身钱）听说二十元，付十元领人，（作主）母亲。

杨××，钢丝车间，泰州，（已做）一年十个月，（父亲）种田，木匠，（包身钱）无，（作主）父亲。”

“李××，清花间，十八岁，江北，（已做）一年多，（此人被拐来沪，其余同被拐者均已卖入妓院，她因貌丑卖与带工老板，身价不知。）”

“陈××，粗纱间，十六岁，镇江，（已做）一年，（父亲）已死，（包身钱）不知，（作主）跟人逃荒来沪。”

……

这些材料虽简略，但大致可以看出，包身工的家里，收益是很少的。一点点钱，就将女儿或童养媳交给包工头，去让她们过那种猪狗不如的生活，做超乎她们正常身体能承当的活计。

冯女士与杏弟来找夏衍，除去送材料，还想向夏衍讨教，即“包身工”这种制度，究竟是不是犯法？她们给夏衍拿出一张揉皱了的报纸，对上面的一件有关包身工的案件感到不够清楚。这是一份当年10月25日的《立报》，上面登了一份读者寄给编辑的报告。说杨树浦一家纱厂女工，被包身的老板告了，说女工离开纱厂时，偷了他的东西。审判中了解到，这个女工在5月份眼睛被包工头家打肿，厂方让她请假，可包工头的老婆不答应。因为她若请假，就不能挣钱；这次包身女工逃跑，还因为包工头想欺负她，又遭到包工头老婆的毒打。在法庭上，女工还将两腿亮出，让人们看到腐烂过的伤痕。法庭最后判女工无罪，当庭开释。

这个案例，显然给了冯女士和杏弟欲帮助包身工的希望。可面对她们的询问，夏衍只能回答可以去请教律师，但他又感到此事的解决十分困难。他问杏弟：即使这（包身工问题）是犯法的事，世界上成为公开秘密的犯罪不是多得很吗？杏弟坚决地回答：要是真的是犯法，我们可以一传十，十传百地告诉每一个包身工，让她们在受不了罪时就去巡捕房告去。听到这，夏衍感到，世间的真正同情，正存在于这些连自己衣食也顾不到的人们心中。

有感于此,夏衍在第二天,便去找到一位以道义和刚直著名的郑律师,希望能为包身工寻到一些法律帮助。当夏衍将包身工的情形告诉郑律师后,他大为惊异:真有这样的事?郑律师感叹地说:假如她们的工作和生活状况是这样的话,那明白是构成犯罪的。

郑律师取出一部六法全书,对夏衍说,这样待遇工人,就构成“妨害自由罪”,即“使人为奴隶或使人居于类似奴隶之不自由地位者”。至于包工头到乡下去与包身工父母订出的包身契约,郑律师认为:这是无效的契约。民法总则明白地说:法律行为有背于善良风俗者无效。凡是人对人的凌虐酷使,都可以解释为“有背于善良风俗”。包工头用欺诈性质缔结条约,仅这一点就可构成刑事犯罪。夏衍追问:那么,这种不合法的契约当然可以随意废弃了?律师却回答:不。那要当事人自己主张。这种“依当时情形显失公平”的契约,利害关系人不声称,法院是不管的。

对照现实,夏衍感慨:照现行法律,到任什么工厂去看一看,犯罪和不合法的事实真是太多了,而在当事人为恶势力支配,处在无经验,更无法律常识的情况下,政府当局的保护人民的作用又在哪里?至此,夏衍只能将自己从律师处了解的“法律依据”写信告诉给冯女士和杏弟。可是,对这些女子在艰险中的努力能起多大效果,他却不能存有大的奢望,尽管夏衍是持社会必然进步观念的。

作为现代文学史上重要作品的《包身工》,它的价值是不容忽视的。周立波曾在文章中评价说:它是“关于产业工人的一篇材料丰富,真情挚意的报告文学,在报告文学刚刚萌芽,工人文学非常缺乏的现在,它有双重的巨大意义。”作家魏金枝也称它给报告文学这种文学形式留下了光辉的典范。可作者夏衍内心却真正感激帮助自己的冯女士和杏弟。他在后来的文章中称这两位女子是曾替“我搜集许多资料,给了我许多便利”的人;对于杏弟,他更认为是《包身工》那篇文章的最努力的“协力者”。由以上内容介绍,也可以清楚见出这一点。知识分子由于浸润书本,在实际行动中,常常不及有切身体验的工人等来的努力和果毅。这一点,不仅仅反映在为夏衍搜集材料上,还在于对待这种现实敢于追问并起而奋力抗争。这也许是写作《包身工》“协力者”给我们的又一重提醒。

迟出四十年的《草鞋脚》

浏览过鲁迅杂文集的读者,对《草鞋脚》这个书名,大都不陌生。收入《且介亭杂文》中的文字,有一篇题目就是"《草鞋脚》(英译中国短篇小说集)小引"。到了晚年,鲁迅文章风采不减,更透辟,简劲:"这一本书,便是十五年来的,'文学革命'以后的短篇小说的选集。因为在我们还算是新的尝试,自然不免幼稚,但恐怕也可以看见它恰如压在大石下面的植物一般,虽然并不繁荣,它却在曲曲折折地生长。"这篇"小引"是为西方读者介绍而作,所以虽然谦逊却富含希望,是鲁迅那一代学人不尊大又不菲薄的别具风度。

可《草鞋脚》这部集子本身,了解的人却极有限。因为它当时压根就没出版。"《草鞋脚》是现代中国作家的短篇小说集,应伊罗生(H.lsaacs)先生之托,由我和茅盾先生选出,他更加选择,译成英文的。但至今好像还没有出版。"这是鲁迅1935年为《且介亭杂文》所写"附记"中的话。事实上,这部书是过了四十年,因缘际会,才得以在美国出版的。其中曲折以及中国文坛巨匠鲁迅、茅盾付出的心血,真正一言难尽。

一

这位鲁迅提及的伊罗生,是美国一位新闻记者和作家。他全名哈罗德·罗伯特·艾萨克斯(Harold Robert Isaacs)。“伊罗生”,据茅盾回忆:“是我们替他取的中国名字。”伊罗生 1910 年生于纽约,曾就读于美国哥伦比亚大学。1928 年担任《纽约时报》记者。1930 年来到中国,担任上海《大陆报》《上海大美晚报》两家英文报纸的记者。1931 年,他曾沿长江上行,深入到四川、西康等地旅行;返回途中又目睹了长江大水带给人民的灾难,对中国实际现状有了一定了解,对中国社会进步的要求有了深切体验。回到上海后,一些左翼的朋友建议他创办一本英文刊物,以报道中国现实。在美国进步女记者史沫特莱协助下,由伊罗生出面,于 1932 年元月 13 日创办了英文半月刊《中国论坛》(“China Forum”)。之所以如此,茅盾回忆说:“因为他的没有政治倾向的身份,从公共租界工部局取得办《中国论坛》的执照比较容易。”

这份《中国论坛》,相当内容在于发表进步的文艺作品及消息报道。后来收入《草鞋脚》的《为奴隶的母亲》(柔石)、《血字》(殷夫的诗)、《同居》(胡也频)、《药》、《孔乙己》(鲁迅)、《春风沉醉的晚上》(郁达夫)等作品,以及为纪念“左联五烈士”殉难一周年,介绍五位作家生平、照片,报道有关他们被捕和牺牲的情况等,都是最早或者较早在这本刊物上发表的,这大致可以反映该刊物的思想倾向。在刊物出版的两年间,“我们(按:鲁迅、茅盾)与伊罗生常有往来,许多中国报纸不准刊登的消息,我们就通过《中国论坛》报道出去……”(茅盾语)由于史沫特莱的介绍,伊罗生与中国文坛两位先驱人物鲁迅、茅盾建立起联系,并有了较密切的往来。

1932 年 11 月,鲁迅曾去北平探望生病的母亲,并在数处发表演讲。后来,《中国论坛》便刊登了《鲁迅在北平》的新闻。鲁迅的一篇

《祝中俄文字之交》，也发表在这家刊物上。1933年1月，宋庆龄、蔡元培、鲁迅等人发起成立中国民权保障同盟，伊罗生与史沫特莱也加入其中，从事对外宣传工作。由于此，鲁迅与伊罗生往来较多。当时的鲁迅日记里，数处有"伊罗生来"，"以戈理基短篇小说序稿交伊罗生"（即《译本高尔基〈一月九日〉小引》，该书由曹靖华翻译）。"晚伊君来邀至其寓夜饭，同席六人。"等记载。据戈宝权推测，此次同席人中应当有许广平、史沫特莱、茅盾等人。

二

1934年，由于伊罗生与史沫特莱在编辑方针上发生分歧，《中国论坛》便停刊了。（伊罗生晚年访问中国时，有人问：那你为什么对史沫特莱印象不好？伊罗生说："斯大林统治时杀害成千上万的无辜者，史沫特莱要我写文章称颂斯大林，我们意见不同，我就不编《中国论坛》了。"）不编辑刊物了，伊罗生打算去北平居住，并且为中国现代文学吸引，希望去那里专事中国"五四"到三十年代进步文学的翻译工作。这时，他首先想到的，便是熟稔整个文学状况的鲁迅和茅盾。当年2月28日，鲁迅日记记有"下午伊君来"的字样。此次拜访，从时间看，应该与翻译工作有关。据茅盾回忆："他找到我们（按：鲁、茅），说他不打算当记者了，准备集中精力编一本中国现代进步作家的短篇小说集，希望我们为他提供一个选目，以及一份关于中国左翼期刊的介绍。他还要求鲁迅为这小说集写一篇'序言'，要求鲁迅和我各写一篇小传。鲁迅和我帮助外国朋友编选中国短篇小说集，这是第二次了。"

接到伊罗生的请求，茅盾曾与鲁迅进行过一次研究。他们认为，这是一次难得的机会，可以借此将一批有才华而国外却不为人知晓的青年作家介绍出去。所以，两位文坛老将很是热心，对伊罗生提出的要求，尽可能予以满足。首先，鲁迅和茅盾研究了选题的范围和选目。

鲁迅因为要写“序言”,故作品选目就让茅盾初拟。经过择选,初选作家23人,篇目计27篇(茅盾记误为26篇)。其中大多数作家仅选一篇,只鲁迅三篇:《风波》《怀旧》《伤逝》;丁玲两篇:《莎菲女士的日记》《水》;茅盾关于农村题材的一篇《春蚕》,其他类一篇《大泽乡》。其他作家有叶绍钧、王统照、欧阳山、草明、张天翼、葛琴、艾芜、沙汀、楼适夷、郁达夫、冰心、巴金等。其中作品又分了若干类:关于农村生活的;关于工人生活的;关于“苏区”生活的;关于“白色恐怖”的;关于内战及士兵生活的……初选完成后,应伊罗生要求,鲁迅、茅盾还各自写了几百字的小传,连同鲁迅写的“序言”(后来名“小引”),一起交给伊罗生。

最初,伊罗生为这部集子拟名《中国被窒息的声音》(“China Stifled Voices”),所以鲁迅的序言就贴着这个书名写去:“最初,文学革命者的要求是人性的解放,他们以为只要扫荡了旧的成法,剩下来的便是原来的人,好的社会了,于是就遇到了保守家们的迫压和陷害。大约十年之后,阶级意识觉醒了起来,前进的作家,就都成了革命文学者,而迫害也更加厉害,禁止出版,烧掉书籍,杀戮作家,有许多青年,竟至于在黑暗中,将生命殉了他的工作了。”这篇“小引”,虽然按照该题目思路写去,可即使后来改名《草鞋脚》,内容却依然恰合、沉实。

三

得到鲁迅、茅盾提供的材料后,伊罗生便与新婚妻子去了北平。临行前,鲁迅还特别为这个20来岁的小青年饯行。当年3月25日鲁迅日记中有“夜招知味观来寓治馔,为伊君夫妇饯行,同席十人”一笔,这应该寄寓了鲁迅对他的期望。大约两个月后,正当大家为伊罗生久不来信惦记时,他从北平来信了。也许因为是英文(鲁迅不通英文),鲁迅派女佣将信送给茅盾。茅盾看后得知,伊罗生已将他们提供的选目大致浏览了一遍，还找到一些介绍作者的有关材料。可他认为按此选目全书太长，有些作品字数太多，并举了丁玲《水》和吴组缃的《一千八百担》等。据后来资料显示，伊罗生将每篇字数标注了出来（如《水》后注24000字），相加之后，估计总篇幅在22万字以上。他也许从市场角度考虑，怕出版有困难吧。当天晚上，茅盾去鲁迅家商量此事。鲁迅说，他（伊罗生）嫌篇幅长，我们就换几篇短的罢。茅盾同意后，就由鲁迅亲笔写了表达看法的回信：

伊先生：昨天收到来信，当即送给M. D.看过了，我们都非常高兴，因为正在惦记着的。全书太长，我们以为可以由你看一看，觉得不相宜的，就删去。

删去《水》的末一段，我们都同意的。

《一千八百担》可以不要译了因为他另有作品，我们想换一篇较短的。又，他的自传，说是"一八……年生"，是错的，请给他改为"一九……年生"，否则，他有一百多岁了，活的太长。

这位作者（吴君），就在清华学校，先生如要见见他，有所询问，是很便当的。要否，俟来信办理。倘要相见，则请来信指明地址，我们当写信给他，前去相访。

专此奉复，并问

好，且问

太太好。

L启　五月三十日

信中的"M. D."，是茅盾的外文名缩写；"吴君"，即吴组缃；落款"L"，当然是鲁迅的外文名缩写了。吴组缃的这篇小说，茅盾是很看重的。在最初推荐时，还亲笔写了一段介绍："吴组缃是清华大学学生。他写小说，还不过是一九三三年的事，他也写得不多，只有三篇，可是已能显示他是一个很有希望的作家。这一篇《一千八百担》写出了农村破产与土豪劣绅之把持地方。注意：此篇翻译时应加进许多Notes，说明什么叫做'大宗祠'等等。此篇已登在《文学季刊》创刊号。"（"Notes"即"注解"）

鲁迅回信一个多月后，伊罗生又来了第二封信。这封信中他对鲁迅、茅盾提供的选目做了大幅调整，所以茅盾说"他实际上提出了一个新的选目"。其中，伊罗生不仅删掉了一些篇幅较长的作品，还将他不熟悉的新进作家如沙汀、草明、欧阳山、张天翼等的作品几乎全数删去；增加了部分老作家如鲁迅（在原有基础上，又选了《狂人日记》《药》《孔乙己》）；茅盾（《春蚕》之外又选了《秋收》《喜剧》）等作品；此外，伊罗生还按照自己爱好，选入了一些他当时熟悉的"革命文学"时期的一些公式化、概念化作品（如蒋光慈《短裤党》）。鲁迅在与茅盾商量此事时说：看来外国人的眼光究竟和我们中国人的不同。茅盾认为，向国外介绍新进作家本是编这本书的宗旨，我们应当坚持。鲁迅说：你就来起草一封回信，对这一点再加以强调；至于具体的篇目，只对几篇实在不好的提出意见，免得他为难。茅盾当时就在鲁迅处摊开纸砚，写了一封表明态度的回信：

伊罗生先生：

来信收到了。关于小说集选材的问题，我们的意思如下：

Ⅰ.蒋光慈的《短裤党》写得并不好，他是将当时的革命人物歪曲了的；我们以为若要选他的作品，则不如选他的短篇小说，比较好些。至于选什么短篇，请您自己酌定罢。

Ⅱ.龚冰庐的《炭矿夫》,我们也觉得不好;倒是适夷的《盐场》好。这一篇,我们已经介绍给您。

Ⅲ.由一九三〇年至今的左翼文学作品,我们也以为应该多介绍些新进作家;如何谷天的《雪地》及沙汀、草明女士、欧阳山、张天翼诸人的作品,我们希望仍旧保留原议。

再者,茅盾以为他的作品已经占据了不少篇幅,所以他建议,将他的《秋收》去掉,只存《春蚕》和《喜剧》。

除此以外,我们对于来信的意见,都赞成。

……

茅　盾

鲁　迅　七月十四日

信成后,鲁迅也亲笔签上自己的名字。大约原函有要求鲁迅论文的意思,鲁迅又亲笔在信末补了几句:“再:鲁迅的论文,可用左联开会时的演说,载在《二心集》内。又及”

到了7月底,伊罗生再次来信。信中表示小说选目部分接受鲁迅、茅盾意见,如删去《短裤党》和《炭矿夫》,保留了《雪地》,增加了楼适夷的《盐场》;他还提出希望另选一篇张天翼的小说。可是,鲁迅、茅盾没有提出具体意见的篇目,却都没有变动。伊罗生解释:字数太多,请人翻译困难,所以尽可能采用了原来在《中国论坛》上发表过的一些译文。而这有译文的几篇小说,只有一篇被鲁迅、茅盾看中。这就叫两位文坛老将颇为无奈了。鲁迅看了信,叹了口气说:看来只能这样了。我们提出的具体建议他又大致上都接受了,我们就不好再开口了。彼此间看法有距离,茅盾的回信就不似先前的详细,只就提出的问题作了简要答复:

伊罗生先生：

您的七月廿四日的信，收到了。对于您这最后的意见，我们可以赞成。

至于张天翼的小说，或者用《最后列车》，或者用《二十一个》——《二十一个》是短短的——都可以。

……

鲁　迅

茅　盾　七月卅一日

四

过了半个月，伊罗生再次来信，内中加附有鲁迅“序言”的英译文，他自己写的“引言”，以及改书名《中国被窒息的声音》为《草鞋脚》（“Straw Sandals”）的建议，并请鲁迅题签。“草鞋脚”，按后来书前的题词，是鲁迅一次演讲中的话。戈宝权后来从英文回译过来是：“……〔那些知识分子贵族〕占有了旧的中国文艺园地，他们穿着他们光亮的皮鞋踏进去。现在他们在里面牢牢坐定，却拒绝那些穿着破烂的草鞋的人踏进去。”这段话，鲁迅未留下原文，只有报纸上记录的一些演讲报道。这次演讲题目是《再论第三种人》。当时北平《世界日报》的一份记录与上面所译略有出入：“这个题目应该从‘五四’运动的时候讲起，那时所谓文艺园地，被旧的文学家，关注了，占领了，西装先生的皮鞋踏进了……不料想三四年前，下等人的泥腿插进了文坛，此时前者反对后者，即是皮鞋先生反对新兴普罗文学……”想来鲁迅演讲的大意被记录了下来，可具体词句却有出入。不过“草鞋脚”三字，却能够反映鲁迅原话的内在涵意。

读了伊罗生的信，鲁迅、茅盾认为，事情大概就此可以了结，便决定最后回复一封带有感谢意味的信。在信中同意他用“草鞋脚”这个书名：

伊罗生先生：

八月十七日来信收到。您翻译的鲁迅序文，还有您自己做的引言，我们都看过了，很好。……至于楼适夷的生年，我们也不大明白，只知道他今年还不过三十岁。蒋光慈死于一九三一年秋(或者一九三二年春)，死时大约三十四五岁；他不会比楼适夷年青，那是一定的。

这本小说集您打算取名为《草鞋脚》，我们也很赞成。鲁迅用墨写的三个中国字，就此附上。

您问茅盾《喜剧》中那山东大兵和西牢这一点，这是茅盾疏忽弄错了，请您把‘西牢’改作‘监牢’(照《茅盾自选集》的页数算，就是一〇八页第十一行中那‘西牢’二字)就行了。茅盾很感谢您指出了这个漏洞。

您说以后打算再译些中国作品，这是我们很喜欢听的消息。我们觉得像这本《草鞋脚》那样的中国小说集，在西方还不曾有过。中国的革命文学青年对于您这有意义的工作，一定是很感谢的。我们同样感谢您费心力把我们的脆弱的作品译出去。革命的青年作家时时刻刻在产生，在更加进步，我们希望一年半载之后您再提起译笔的时候，已经有更新更好的作品出世，使您再也没有闲工夫仍旧找老主顾，而要介绍新人了——我们诚心诚意这么希望着，想来您也是同一希望罢！顺候

您和姚女士的好！

茅　盾

鲁　迅　八月廿二日

这封茅盾起草，鲁迅亦签名的信，虽对伊罗生的“引言”等内容表示了赞赏，可按茅盾后来的说法：这封感谢信“并用婉转的口气表示我们的遗憾和希望……”不过这如此中国式的含蓄表达，伊罗生不知读出味道来没有。

在茅盾起草的信上签名后，鲁迅自己又给伊罗生单独写了一信：

伊先生：

许多事情，已由M. D. 答复了，我都同意的。这里只还要补充一点——

一、楼适夷的生年已经查来，是一九〇三年，他今年三十一岁，经过拷问，不屈，已判定无期徒刑。蒋的终于查不出。

二、我的小说，今年春天已允许施乐君随便翻译，不能答应第二个人了。

三、书名写上，但我的字是很坏的。倘大小不对，制版时可放大或缩小。

……北平的带灰土的空气，呼吸得来吗？

L. –S. 上

附寄：序言原稿两篇，M信一封，书名一张。

信中所说“施乐君”即美国作家，《西行漫记》作者埃德加·斯诺。他曾将自己中文名译为“施乐”。当时他在燕京大学教书，并准备出版中国短篇小说集，收有鲁迅作品，鲁迅先前给了他“翻译的特权”，所以不能答应“第二个人了”。

鲁迅是个认真的人。这封信发出不久，他查出了蒋光慈的生年，又特地给伊罗生写信告知：

伊先生：

前几天我们挂号寄上一信，想已收到。

蒋君的生年，现在查出来了，是一九〇一年，卒年不大明白，大约是一九三〇年或三一年。

……

后来伊罗生又写给鲁迅若干封信，想来应该与《草鞋脚》有关，可惜都失散了。1935年6月，伊罗生从北京到上海，还拜访过鲁迅。不久，伊罗生回到美国。回国后还有信给鲁迅。鲁迅回过他一封英文信。这大约是鲁迅给他的最后一封信了（戈宝权译文）：

中国，上海

一九三五年十月十七日

亲爱的伊罗生先生：

现答复您九月十五日来信中有关翻译我的小说《风波》的报酬一事，我想通知您，我不想接收你要寄给我的钱，因为上述这项工作并没有占用我多少时间。我希望这笔款子全由您随意处理。

多谢

鲁 迅

鲁迅小说《风波》译文，发表在1935年美国的一家《小说杂志》上。稿酬为美金22元5角。伊罗生写信问稿酬事，鲁迅没有接受，让其“随意处理”。

五

《草鞋脚》这部作品集，虽然在编选之时，耗费了两位中国著名文人的许多精力，可编译完成后，出版却遇到很大困难。据后来伊罗生写的“引言”说：当初有一位知名的纽约出版商愿意出版，可大约考虑美国读者的兴趣和其他原因，后来并没有接受文稿。伊罗生有些气馁，就将书稿搁置。没想到这一放就是四十年。直到 1972 年 12 月，在一次接待来访中国朋友的招待会上，伊罗生夫人姚白森见到了哈佛大学一位中国文学教授，谈起有这么一部书稿。当天晚上，他们从旧的书柜中寻出这包尘封已久的译稿。经过联系，美国麻省理工学院出版部负责人接受了这部书。一番整理，1974 年，这部距离编辑整整 40 年的中国现代文学作品集终于出版。

据见到此书的戈宝权介绍，这部英文本《草鞋脚》，封套上并没有用鲁迅专门用毛笔写的“草鞋脚”题名，却印了鲁迅两句诗“横眉冷对千夫指，俯首甘为孺子牛”的手迹。卷首，印了一幅鲁迅照片。看来是希望借助鲁迅的名声。封面上印有“一九一八年至一九三三年中国短篇小说集 草鞋脚 哈罗德·艾萨克斯编 鲁迅序 麻萨诸塞州，坎布里奇 英国 伦敦 麻省理工学院出版部”的字样。

正文中首先是鲁迅的序言（鲁迅原文即为“序言”，后来收入《且介亭杂文》集时，写做“小引”）；接下来是伊罗生写的“引言”。此引言对该书编选情况及背景作了如下介绍（戈宝权译文）：

这本翻译的中国短篇小说集，是在一九三四年收集起来的。编辑这本集子，目的在于介绍并说明当时刚刚进行了十五年的中国文学革命的发展情况。这些短篇小说是在鲁迅和茅盾的指导与商议下编选出来的：鲁迅就是这场革命的缔造者和主要的创作家之一；茅盾则是他的年轻的朋友和同事,在当时被认为是作家当中仅次于鲁迅本人的最重要的作家。编选的意图,是想通过一些实例来探索中国新文学运动的过程,这个过程以从人道主义或是浪漫主义的影响开始,到了后来则在那些年代里席卷全国的重大事件的压力之下,带上了强烈的政治和意识形态的色彩。

接下来印有作者介绍。排列最前面的是鲁迅。用的便是鲁迅专应伊罗生之请写的小传;之后是郭沫若、郁达夫、叶绍钧、丁玲、蒋光慈、胡也频、柔石、茅盾等15位作家传记。茅盾一篇,也是与鲁迅同时写的小传;叶绍钧、王统照、夏征农、何谷天(按:周文)等人,是根据他们当时提供的自传材料写成;其中丁九(按:应修人)当时已经牺牲,他的传记,采用了楼适夷写的纪念文章《修人活在我心中》。

其后的作品,与最早鲁迅、茅盾推荐篇目有很大不同,计收16位作家的26篇作品。其中鲁迅占的篇数最多,为《狂人日记》《药》《孔乙己》《风波》《伤逝》五篇;茅盾三篇:《春蚕》《秋收》《喜剧》;丁玲两篇:《莎菲女士的日记》《某夜》;楼适夷增加一篇,计《盐场》《死》两篇;叶绍钧两篇:《潘先生在难中》《多收了三五斗》;其余郁达夫、蒋光慈、胡也频、东平等各一篇。另外,这部名为小说集的中间,又选译了郭沫若的一个三幕剧《卓文君》和早早献出生命的殷夫的诗歌《血字》。对这样的选择,茅盾在看到目录时发表了自己的意见:“我看到这本书的目录已是在一九七九年,这最后的篇目选择了十六位作家的二十六(实为25)篇作品,其中我和鲁迅原来推荐的新进作家的作品只剩下了六篇,吴组缃、欧阳山、草明、张天翼、葛琴、张瓴、艾芜、沙汀、涟青、魏金枝的作品都未收入……而冰心、巴金的作品,皆未选入。并且原来确定的‘短篇小说集’的体裁也打乱了,选进了郭沫若的三幕剧《卓文君》和殷夫的诗。”言语之间,表现了明显的遗憾和别样看法。

全书最后,还附有茅盾当初编写的《中国左翼文艺定期刊编目》。

其中对《太阳》《文化批判》《创造月刊》《奔流》《萌芽》《拓荒者》《巴尔底山》《前哨》《文学导报》《北斗》《十字街头》《春光》《文艺新闻》《榴花》等20余种文艺期刊作了介绍;鲁迅还在后面补写了厦门出版的《鹭华》杂志……不仅作品,还有文艺期刊介绍,对于了解当时中国的进步文学,真正有莫大的帮助。而参与编写、介绍者,又是当时左翼作家的领军人物,信息的全面和评述的可靠,在当时(即使在今天),也许莫过于此了。

六

这部起编于1934年的作品集,尽管经过了整整四十年方才出版,可当时中国大陆还在"文革"期间,知道该书出版的消息就更迟了。1974年此书出版时,编者伊罗生大约认为任务完成,便将存在自己手中的该书手稿以及鲁迅、茅盾写给他的信件,相关资料,悉数赠给美国哈佛大学哈佛燕京图书馆。1979年,中国"文革"已经结束,中美关系开始"破冰"。当年7月,该图书馆馆长吴文津将这些四十多年前的珍贵手迹资料影印出来,寄给北京图书馆。这样,中国大陆才得以较为深入地了解《草鞋脚》繁复的编辑和出版过程。当事人之一的茅盾,便是在此时才知道该书已经出版的消息,并见到了数十年前自己与鲁迅共同为这部作品耗费心力的实证。

由以上介绍材料的情况看,鲁迅和茅盾两位文坛重要人物,当时完全是义务做这项推介工作的。从作品的推敲编选,着眼于年轻、进步、有前景作家的推出,一起相商,反复寻查提供材料,与伊罗生信件往来,争取优秀作家入集……能够充分看出他们对文学事业的热忱,对文学未来的期望。这在今天看去,仍散放着感人的魅力。

那位美国友人伊罗生,当年能够致力于对中国还不多么成熟文学作品的翻译介绍,并在编成四十年后努力谋求出版,应该也是基于他生活在这块土地时感受的社会苦难和倾听的生命呐喊。抗战期间，伊罗生作为美国记者还来过中国，可大约因为环境特殊，他并未与旧友取得联系。1980年他往日本访问时，曾向时任副委员长的宋庆龄写信。宋庆龄记得这位老朋友，便通过主管部门，建议由中国作家协会邀请其访华。由此伊罗生得以在数十年后，再次来到中国。在华期间，宋庆龄曾设家宴款待伊罗生夫妇；伊罗生还拜访了老朋友茅盾。伊罗生告诉茅盾：1975到1976年时，我曾给你寄过《草鞋脚》，可都被退回来，说地址不详，我们很为你担心。当时在"文革"中，那来自美国的邮件，人们真是躲之不及的。此次访华后，伊罗生写了一本题为《重逢在中国》的书，其中就写有这次在北京见到丁玲和茅盾等作家的情形，也是向外界传递当时中国的信息吧。伊罗生早年编译《草鞋脚》，晚年还念念不忘这块热土，访问旧友，是值得我们感激的。对于帮助我们的友人，当然是不应该忘记的。

《草鞋脚》中的作品，从历史角度看去，仍然有相当的认识价值。其中选文虽然略显驳杂，可底层的视角，对光明的期望，使得今天仍能从中感受到民族精神的律动，感受到当时作家艰辛奋进的探索……而它的编辑、出版过程，又几乎堪称一段传奇。尽管近乎"传奇"，可其中的工作，却是脚踏实地，具体而微的。这同时又显示了鲁迅、茅盾这些文化先驱人物的奉献精神。他们今天仍为人乐道的成就，应该就是这种精神和态度的结晶。对于希望有所成就的人，《草鞋脚》的编辑、出版过程，完全可以成为一种切实有效的生命启示！

巴金与一位友人的遗著出版

一

1936年一卷四号的《文季月刊》杂志，刊出一篇名为《生人妻》的小说。小说作者以深挚的悲悯心情，描写了一位由于生活无着落，被丈夫卖作他人妻子的妇女一段痛楚生活和心情，展现了那个时代下层人民的凄惨遭际。小说不算长，但文中气氛的营造，人物内心的描摹，十分自然生动；文字虽平实，却相当熟练。小说作者署名“罗淑”，对于读者甚至编者，这都是个陌生的名字。

“罗淑”是个笔名，是巴金在推荐发表这篇作品时自己写上去的。作者本名罗世弥，是巴金朋友，留法学者马宗融的妻子。作者能写小说，是多位朋友，包括巴金不曾料想到的。在他们的眼里，她不过是“普通朋友的太太，觉得她举止大方，谈吐不凡罢了。”（黎烈文语）“世弥是一个平凡的人，甚至在她的外貌上也看不出一点锋芒。”（巴金语）所以当《生人妻》这篇成熟的处女作发表之后，连熟朋友都相当惊讶。著名批评家李健吾后来甚至说自己“做梦也没想到”,“我的蒙昧好像一种过失,惶愧而又喜悦。”他以批评家的眼光对作品做出这样的评价:“她不夸张,然而她有情感;她爱人类,然而她不呐喊;她在默默之中写些她生活过的材料,亲切,因为不勉强;本色,因为她不似若干女子,沿着身世凄凉之感的传统的路子写些哀怨的词句。这是一个正常的开端,也是一个最稳当的开端……”编辑发表此文的靳以评价说:“读着她的《生人妻》的原稿的时候……在她那朴质,优美的文笔之外,还有两处刻心的真情的描叙打动了我……”面对靳以的赞叹,这位新作者还有些不能自信:“我(靳以)坦白地告诉她我的意见,她有一点羞赧似的谦逊着,在我说话的时候,我的头低着,当时我很激动,面对着一个友人来说自己真心想说的话的时节我常是如此,可是当我抬起眼睛来,立刻就看到她那极兴奋的眼光里含了些莫名的感激之光——那不是因为受到别人空妄的阿谀,那是因为一个苦心的创作者作品中的心血不曾被人忽略时所应有的衷心的喜悦。”

非常可惜,距这篇优秀小说发表不过两年,作者罗淑竟因患产褥热而逝世。此时,她只仅仅发表了几个短篇小说和几篇散文。这一方面是因为罗淑在动乱之中,颇为繁忙,没有时间写出更多作品;另方面是罗淑对文学的态度十分谨严,不够成熟的稿子并不想拿出面世。所以在她逝世时,还没有出过一本创作集子,更多的,是在巴金等友人催促下匆匆写出的一些草稿。

这些发表和未发表的文字,后来陆续到了巴金的手里。对于罗淑的早逝(35 岁),一直将其看作大姐的巴金十分悲痛。他当时便写出一篇怀念文章《纪念一个友人》,称罗淑“是中国的一个优秀的女儿”。自己写这篇文章,是因为:“这一个友人的死给我留下的空虚,到现在还不曾被填补。记忆逼迫着我写,悲痛逼迫着我写,为了我自己,为了我的一些朋友,我要写下这篇关于世弥的文章。”在巴金个人:“我们个别的去,常常怀着疑难和苦恼去求助于她。她像长姊似的给我们解决,使我们得到安慰和鼓舞。她的思虑是十分周到,她的话语简单而有力量,我们都相信她,敬爱她。……我是在朋友们的督责下生长起来的。她便是那许多朋友中间给了我帮助最大的一位。但是如今我不知不觉间就失掉了这样一个友人。我的悲痛不是没有原因的。”正因为如此,巴金希望为罗淑做点什么,来怀念这位早逝的友人。

二

几个月后,巴金将罗淑已发表和未发表的几篇小说,编成一个集子,以《生人妻》的题目,交给上海文化生活出版社出版。这部集子很小,仅收录了四个短篇小说:《生人妻》《橘子》《刘嫂》《井工》。其中《井工》,是罗淑 1937 年 9 月离开上海时亲手交给巴金的最后一篇小说。

编辑这部作品时,巴金正在广州,当时日本人的飞机在头上盘旋,他在下面努力工作。在书的“后记”中,巴金写道:“飞机在我的头顶盘旋了三天了。谁能够断定机关枪弹和炸弹明天就不会碰到我的身上?然而我活着的时候,我是要工作的。我愿意趁这时机,多做完一件事情。所以我就这样草率地将《生人妻》编成了。倘使这草率的工作使得在另一世界里的世弥感到不满,那么还望她原谅我。”此时巴金还怀着这样的急迫心情:“在这种时候我们的生命犹如庭园中花树间的蛛网,随时都会被暴风雨打断。倘使我们不赶快做完一件事情,也许就永无机会来做它。今天还活着谈笑的人,明天也许会躺在寂寞的坟场里。”

第二年(1939 年)6 月,正在桂林的巴金得到了罗淑的一些作品初稿。在日本飞机的轰炸中,巴金又开始为罗淑编辑第二本创作集子。由于手稿中只有两篇较为完整,所以这有限的两篇,就成了此书的全部内容。巴金择取了一个篇名作为书名:《地上的一角》。这两篇作品:"……还是初稿,似乎需要作者的最后的整理,可是她连这样的余裕也没有,就不得不离开这个世界了。"巴金只将文字中略有重复的地方作了删节,在分段方面做了点改动,便交给了出版社。在"后记"中,巴金深情地写道:"'她并没有死。'是的,'一个真正善良的人的纪念是永不会死的,'我们都相信克鲁泡特金的话。并且世弥留给朋友们的印象还不只是善良。静静地安息吧,我们大家敬爱的友人,你已经尽了你的职责了。你的美丽的人格将是大家的鼓舞的泉源。唯一的可以补偿失去你的损失(只有在现今我们才能够了解这损失)的方法,便是各人在事业上的努力。"这个罗淑的第二本小说集子,被列入"文学小丛刊"的第一集,仍由文化生活出版社出版,时间是 1939 年 9 月。

1941 年初,巴金回了一趟成都老家,罗淑的丈夫马宗融也来到这里为妻子扫墓。他们一同来到墓地:"一抔黄土,一块石碑,一丛矮树编的短篱,这里埋葬了一个年青有为的生命,也埋葬了友情,尊崇和许多朋友们的期望。"巴金见马宗融十分伤感,便小声安慰:"真是个好地方。世弥在这里安息多么好。"他们当时还商议将来在这里种一些名花,放些石桌石凳,使得友人们来扫墓时,仿佛逝者也在其中一般……

带着对罗淑的怀念,巴金回到重庆,立即开始着手为罗淑编辑第三本作品集子。此时,罗淑成篇的小说已收入前两个集子里,现在只余下三篇曾发表过的短篇散文。这分量显然难能成集,为此,巴金又将罗淑所有的遗稿通读了一遍,从手稿中挑出了两篇并未完成,但相对完整的小说《贼》《鱼儿坳》来,经过仔细整理,在不曾添加什么的情况下,编成了第三本小说散文集《鱼儿坳》。巴金希望通过自己的编辑,使得罗淑"甚至躺在最后的安息地里,她还发出正义的喊声,为那些被侮辱与被损害者呼吁……"当年八月,这本小册子列入文化生活出版社的"文学小丛书"第三集出版。

《贼》和《鱼儿坳》两篇小说,写的都是被侮辱和被损害的下层人的故事。作者在作品中,努力为他们发出正义的呼叫,这一点,是弥足珍贵的,这是它们可以出版的价值所在。巴金在"后记"中遗憾地说:"作者的早逝的确是一个不可补偿的损失。倘使作者能够在这个世界多住十年,她一定会给我们留下几部描写四川盐场生活的杰作。"但是,"死并没有毁掉一切,生命也不是在一瞬间就可以灭亡的东西。如今我们谈起世弥,还仿佛她就活在我们中间。她的名字和她的面影至今还牵系着许多朋友的心。""在这窗外细雨如丝的春三月的寒夜,摊开她的遗稿,那些颇为潦草的字迹还诉说着一个善良仁爱的女性的心的跳动。"作者有时真是幸运,他们有作品,我们可以通过它来感怀作者,因为它是一个可供怀念的凭据。

三

罗淑的创作作品全部编完之后,巴金又在当年(1941 年)8 月,开始为罗淑编辑起翻译作品集来。罗淑曾经留学法国,专攻法国文学,在文学和语言方面有颇深造诣。她的最初翻译作品,也是源自巴金的牵引。1936 年时,巴金在自己的旧书里,翻出了一本法文版的翻译作品《嫉妒》。这部书,是法国一位女作家从俄国作家车尔尼雪夫斯基的长篇小说《怎么办》中节译的。当时巴金是准备自己翻译的(甚至动手翻译过几页),但因为创作紧张,就暂时搁置了。再次翻出这个法文本后,他便决定拜托罗淑,希望她能将此书翻译过来。

罗淑答应了下来,巴金便在刊物上发出该译文本的预告,上面署着他们夫妇的名字。一个月过去,稿子交来,"是这么流畅的译笔"。这使巴金及其他朋友颇感意外,他们没想到罗淑有如此的掌控文字能力。这部书出版时,用了车氏原本的书名《何为》(按:今本译名为《怎么办》)。对于此书的意义,巴金在"后记"中认为:"这是七十几年前的旧作了。然而这观念，这道路在现今仍然是很新的。所以这本小书的翻译，虽无接受文学遗产的意义，却也自有其独特的使命的。”这本译作，巴金将其列入“文化生活丛刊”第 11 种，出版时间是 1936 年 4 月。

此后，罗淑在创作之余，就开始为报刊翻译一些法文作品。罗淑的译文水准，也是留学法国的文学家黎烈文曾谈到过。当时黎烈文正在办《译文月刊》杂志，择取稿子的标准比较高，但罗淑当时给他们的几篇法文译稿，却“颇受到朋辈的推重”。可此时巴金编辑这部翻译集，却并不容易。因为罗淑并没有原稿留下，这些翻译作品都发表在各个刊物上。当时巴金在昆明，无法寻找到这些刊物，便委托在上海留守文化生活出版社的作家陆蠡帮助。

陆蠡接到巴金的信后，便四处寻找罗淑译文发表的刊物，又一一请人代为从上面抄出，再设法寄给巴金。巴金便在这些抄稿基础上，编出一册《白甲骑兵》。这本集子，收有从法文翻译的作品五篇，其中大都是小说，只有一篇《贝多芬笔谈》，因文体不同，作为附录放在后面。编辑此书时的情形，巴金在“后记”中这样说：“关于原作者我无话可说，因我手边无一本可作参考的书。译文后面原先附有介绍之类的‘后记’的，在这里自然全部保留。未附有的，就只得让它缺如了。这样办，我其实不能算是尽了责。不过这些日子我们是在一种抓彩的情形下过活。我们的大部时间都花在这件事上面。我们每天都抓彩。抓的不是金钱，却是死亡。倘使一旦抓到，则在轰然一响之后，我的心灵就会消灭，我也没有机会来做任何事情了。由此即使草率地做完一件工作，在我，也是一桩值得欢喜的事。但这情形不知道会不会被一般的读者了解。”巴金当时就是在这样环境和心情下编辑罗淑翻译文集的，那种对友人由衷的爱戴和珍惜情怀，至今读起仍然令人感动。

这篇“后记”1941 年 8 月 17 日写于昆明。虽然第一句话就说：

“世弥的第二个翻译小说集能够在她逝世三年后的今日同读者见面，我觉得这是一件可喜的事。”说明巴金是准备马上出版的。可译文集编好后，由于战乱等多种因素，并未能够很快印出。直到抗战胜利后的1947年10月，巴金才将它放进文化生活出版社的“翻译小文库”第五种出版。此时距巴金当时编辑成稿，已经过去了六年时间；距离翻译者罗淑逝世，已经接近十年。时光流逝，真正惊人。尽管巴金已经在战争纷乱中做了最大的努力。

四

关于《何为》译作的手稿，应当还可以插上一笔。罗淑逝世后，这部手稿为巴金格外看重起来。他请人将手稿装订起来，又为它加上了一层蓝色油布的硬壳封面，使其成了唯一的“精装书”。书稿扉页，巴金记下了书名作者名，“巴金藏”的字样更是郑重其事。在手稿珍存中，寄寓了巴金无限的深情。

这样一来，罗淑的几乎全部作品（创作、译作），都由巴金编辑出版了。这五部创作、翻译集子，四册都是在罗淑逝世之后编辑并设法出版的，这种对朋友的深挚情感，对作者遗稿的料理，再一次让我们体会到鲁迅当年为亡友白莽遗作《孩儿塔》写的序言中所说的话：“一个人如果还有友情，那么，收存亡友的遗文真如捏着一团火，常要觉得寝食不安，给它企图流布的。”从罗淑逝世后巴金开始编辑遗稿算起——1938年至1947年，九年时间，巴金为罗淑编辑出版了四本集子。这段时间，大多在抗日战争期间，巴金自己生活动荡不宁，从他写的“后记”，我们就能读到昆明、重庆、桂林等多处编辑地点，而编辑时飞机在头上盘旋，子弹在四处飞溅……想想那情景，我们真为巴金对友情的忠实而由衷感动。罗淑有巴金这样的友人，真正可以瞑目了。

故事还可以延伸。1950年2月，巴金记起此时接近罗淑的祭日，他又翻出罗淑逝世前由自己编辑出版过的《何为》手稿，一方面寻找出原文的多幅插图，同时将罗淑翻译的一篇介绍作者车尔尼雪夫斯基的文章汇聚一起，交平民出版社重新排印出版。在为这本小书写的“《何为》新版前记”里，巴金对新读者介绍说：“译者罗淑于一九三八年二月二十七日在成都病故。过些天便是她的逝世十二周年纪念日。她在这人世虽然只活了短短的三十四年，可是她也已留下了一些不能被时间磨灭的纪念。到现在还有不少的人在想念她。那么这本小书就作为供在她的灵前的祭品吧。”这时，距罗淑逝世已经有十二年了。1964 年，人民文学出版社又将罗淑的六篇小说，也就是巴金所编辑的《生人妻》《地上的一角》两部书合一，以《生人妻》为题印了出来。出版社编辑部在“出版说明”中评价这些小说：“作品的背景与人物有相同的地方，但情节、结构、布局各具匠心，故事都很动人，分别以不同的写法有力地反映了劳动人民的痛苦的生活和顽强的搏斗……”这在当时是很充分的出版理由。本书在征求巴金意见时，巴金同意根据文化生活出版社 1939 年第三版的《生人妻》及 1939 年的 9 月初版的《地上的一角》作为底本，因为这是巴金费心编辑校正过的。

倘可以由书及人的话，故事还能延展。1949 年 4 月，罗淑的丈夫马宗融也去世了。他们夫妇遗下的一双无处可泊的儿女，由巴金带回了家。自此，他们的生活抚养，全由巴金照顾，直至长大成人。这叫我们看来，巴金为罗淑及家人，已经做得太多太好了，可在 1981 年元月，巴金写出一篇《怀念马大哥》的文章，其中却说自己几十年间，“常有一种负债的感觉……”并认为“又有一个时期我诚心奉行‘明哲保身’的古训，今天回想起来，真是愧对亡友。这才是我的欠债中最大的一笔。”

从几乎所有巴金著作里，我们可以读出诚挚和热情，从他对亡友罗淑遗作的编辑出版过程，我们可以看出他不仅这么说，也是言行如一这样做的。从杰出人物身上学习生活和做人的品格，巴金，应当是优秀榜样。从他与罗淑遗作的关系中，我们完全可以看清楚并信任这一点。

朱自清与《闻一多全集》

> 闻一多拍案而起，横眉怒对国民党的手枪，宁可倒下去，不愿屈服。朱自清一身重病，宁可饿死，不领美国的"救济粮"……我们应当写闻一多颂，写朱自清颂，他们表现了我们民族的英雄气概。
>
> ——毛泽东《别了，司徒雷登》

半个世纪之前，普通大众正是通过毛泽东的这段描述，知道了闻一多和朱自清两位教授，并进而了解到他们的品格。虽然，毛泽东并列地讲到这两位教授，但是，他们逝世的时间，却相距两年多。在这两年的时间里，后死者朱自清，是以极大的精力，与他人共同整理出闻一多的遗著，出版了《闻一多全集》。这，使得两位著名人物的名字，更加紧密地联结在了一起。

一

以朱自清学生王瑶的说法："在生前，闻先生和朱先生的私交并不如一般所想象得那么深……”1932年，朱自清游历欧洲回国，回清华大学任教，同时兼任中国文学系主任；其时，闻一多也离开青岛大学到清华大学任教。这是朱、闻二先生同事论学的开始。

从他人对闻一多、朱自清回忆的文字看去，在性情上，他们之间是有很大不同的，可在治学的态度上，两人却有着十分一致的谨严。西南联大期间，朱自清曾与闻一多及几位同事，在昆明龙泉镇司家营的清华文科研究所里，一块住了有两年多时间。那时候，闻一多的研究涉猎面，已经相当广泛——《诗经》《楚辞》，他已经花了十多年功夫；在此期间，他又开始研究《庄子》，先前一段时间，他攻读过《周易》，后来又转到伏羲神话上去了……在朱自清的眼里：“闻先生是个集中的人，他的专心致志，很少人赶得上。研究学术如此，领导行动也如此。他在云南蒙自的时候，住在歌胪士洋行的楼上，终日在做研究工作，一刻不放松，除上课外，绝少下楼。当时有几位同事送他一个别号，叫做‘何妨一下楼斋主人’，能这么集中，才能成就这么多。”

朱自清虽然不像闻一多一般专精，可研读专业相近，当然有常常讨教借重的机会。西南联大期间，朱自清曾对闻一多说，要细细地阅读他的全部手稿。闻一多许多研究心得，并未来得及整理发表，所以朋友之间，就有阅读手稿的先得之快。有意思的是，因为很近，觉得容易，在一起住的两年多时间，朱自清竟没有认真读下去。后来他们分别搬到了昆明城中，就似乎难有这样便当的机会了。1946年初，朱自清因为写文章，需要参考闻一多的稿子，便一早赶到闻家。闻一多出去了，朱自清征得闻夫人同意，将闻一多的手稿翻了出来查寻。不料越看越觉得有味，竟花了几个小时，将闻一多的许多手稿，都过了一遍，很愉快。后来朱自清在一篇文章中回忆：“闻太太去做她的事，由我一个人在屋里翻了两点多钟。闻先生还没有回，我满意地向闻太太告辞。”这真是可入《世说新语》的学人片段。

朱自清阅读闻一多手稿，留下了很深印象："闻先生的稿子却总是百分之九十九的工楷，差不多一笔不苟，无论整篇整段，或一句两句。不说别的，看了先就悦目。他常说钞稿子同时也练了字，他的字有些进步，就靠了钞稿子。"可惜，距离朱自清这次翻阅手稿不过半年，闻一多竟遭杀害。当朱自清再次阅读稿子时，他已不是向朋友讨教学问，而是替闻一多编辑遗稿了。

二

1946 年 7 月 15 日，闻一多参加了李公朴的治丧活动。此次集会上，他发表了那篇著名的《最后一次的演讲》（如今绝大部分选本，都对其中一段谈及司徒雷登的话作了删节）；就在这天傍晚，回"联大"宿舍的途中，闻一多遭枪击身亡；同时遭到枪击的，还有他的儿子闻立鹤，他也被射向父亲的子弹打成重伤。

当时西南联大已经放假，许多人已经离开昆明。此时的朱自清，也已回到成都家中。他得到闻一多身亡的消息，已是 7 月 17 日。在当天的日记里，这位勤谨的君子，发出了这样的愤慨："报载一多于十五日下午五时遇刺，身中七弹。其子在旁，亦中五弹，一多当时毙命，其子仍在极危险情况中。此诚惨绝人寰之事。自李公朴被刺后，余即时时为一多之安全担心，但绝未想到发生如此之突然与手段如此之卑鄙！此成何世界！"

当月 21 日，朱自清参加了在成都的西南联大校友会主持召开的闻一多追悼会，并在上面作了《中国学术的大损失》的发言：

"闻一多先生在昆明惨遭暗杀，激起全国的悲愤。这是民主运动的大损失，又是中国学术的大损失。关于后一方面，作者知道的比较多，现在且说个大概，来追悼这一位多年敬佩的老朋友。"

闻一多早年以诗闻名，朱自清首先对他诗人的成就，作了陈述。

从内容上说:“他在过去的诗人中最敬爱杜甫,就因为杜诗政治性和社会性最浓厚。后来他更进一步,注意原始人的歌舞;这是集团的艺术,也是与生活打成一片的艺术。他要的是热情,是力量,是火一样的生命。”当然,闻一多的诗歌成功并不仅在内容:“但是他并不忽略语言的技巧,大家都还记得他是提出诗的新格律的人,也是创造诗的新格律的人,并且创造了自己的散文的语言。”

闻一多后来又成了有成就的文学研究家,这一点,同行的朱自清当然更有发言权:“闻先生的惨死尤其是中国文学方面一个不容易补偿的损失。”“闻先生的专门研究是《周易》《诗经》《庄子》《楚辞》,唐诗,许多人都知道。他的研究工作至少有了二十年,发表的文字虽然不算太多,但积存的稿子却很多。这些并非零散的稿子,大都是成篇的,而且他亲手钞写得很工整。只是他总觉得还不够完密,要再加些工夫才愿意编写成书。这可见他对于学术忠实而谨慎的态度。”当然,闻一多是受过欧美新思想训练的,所以,“以上种种都跟传统的研究不同:眼光扩大了,深入了,技术也更进步了,更周密了。所以贡献特别多,特别大。近年他又注意整个的中国文学史,打算根据经济史观去研究一番,可惜还没有动手就殉了道。”

学者纪念,有知音来谈谈他的学术成绩,那是最切实没有的了。朱自清正适合担当这一任务。

这一段时间,朱自清先后数次参加各界追悼闻一多的活动。这些场景对他有极大震撼。8 月 16 日,已经二十年不写新诗的朱自清,满怀对亡友的追思,写出一首《挽一多先生》:

你是一团火,
照彻了深渊;
指示着青年,
失望中抓住自我。

你是一团火，
照明了古代；
歌舞和竞赛，
有力猛如虎。

你是一团火，
照见了魔鬼；
烧毁了自己！
遗烬里爆出个新中国！

两天后，成都各界举行李公朴、闻一多惨案追悼大会。大会邀请朱自清报告闻一多生平事迹。开会之前，有许多传闻，都说当天可能要出事。一些人因此不敢前往。朱自清本着他的正义感，毅然前往，并做了报告。据参与者回忆：“（朱自清报告）不但博得全场掌声多次，而且使听众都纷纷吊泪。”

不久，《新华日报》记者也就闻一多事件采访了朱自清。采访中，朱自清对闻一多的爱国一面，作了充分表述和赞扬：“在成都召开的追悼李、闻大会上，由我报告闻先生的生平事略。我与闻先生有十多年的交游，对闻先生的学问、为人极为推崇，对闻先生的死甚为愤慨！”谈到闻一多的思想变化，他深刻地说：“闻先生的思想转变是因为政治上的黑暗与实际生活的逼迫。他教育青年，又为青年所鼓舞！闻先生一生中，有一个一贯的精神，这就是他的爱国精神。”

三

西南联大迁返北平后不久，为纪念学校为爱国献身的志士，清华大学校长梅贻琦先生，决定成立“整理闻一多先生遗著委员会”。学校聘请了七位教授，作为委员。他们是：朱自清、雷海宗、潘光旦、吴晗、浦江清、许维遹、余冠英；七人中，指定朱自清为召集人。

论做事，朱自清是个十分忠恳的人。每得到一项任务，他总是竭尽全力，争取一丝不苟完成。作为整理闻一多遗著委员会的召集人，在很短的时间，他就先行将闻一多已经出版过的著述拟出一个目录来。1946 年 1 月 30 日，朱自清召开了该委员会第一次会议。

闻一多的家属，希望借此机会，能将他的全集先编辑出来。在第一次委员会上，大家都同意了。可是，委员同仁却考虑，这个“全集”虽然由大家出力编辑，但是应由家属去印出发行，大家不必列名。文人在此时，显出了自己清高的一面。委员们是不忍列名编辑，又从“全集”稿酬中取一份应得的编辑费用。

在这次委员会上，还讨论到闻一多的大量未完成遗稿。大家认为：这些遗稿，颇有价值，应当整理出来。于此又根据各自的专业侧重做了分工：许维遹负责《周易》《诗经》部分；陈梦家负责文字学和古史部分；余冠英负责乐府和唐诗部分；朱自清则总负责。分工完毕，大家考虑，这些遗稿整理完成，至少得用两三年时间，为了尽快让“全集”面世，这部分待整理稿就不编入“全集”了。接下来，朱自清拿出自己先前拟出的“全集”篇目，请委员会同仁过目，希望能有所补充。

这份“全集”篇目，朱自清后来交给在报界比较熟悉的吴晗，希望能在报刊上先行发表，以使读者们能提供没有编入的篇目，或者将有篇目而没有文本的文章，请读者钞寄给编辑委员会。“全集”篇目在天津《大公报》和上海《文汇报》发表后，先后收到了一些读者或闻一多学生的来信。这些信虽然不多，但提供的文章线索却并不少，这就使得这部全集的篇目，更加完善了。

从后来印出的《闻一多全集》看，内容分成了八个部分：甲集“神话与诗”；乙集“古典新义”；丙集“唐诗杂论”；丁集“诗与批评”；戊集

“杂文”;己集“演讲录”;庚集“书信”;辛集“诗选与校笺”。这么分配,是朱自清考虑的。他后来这样说:“拟目分为八类,是我的私见,但是《神话与诗》和《诗与批评》两个类目都是闻先生用过的演讲题,《唐诗杂论》也是他原定的书名。”文稿没有按年代,而是以性质分类,这也是朱自清决定下来的。

四

即使在今天这样条件相当优越的情况下,整理一部《全集》也是十分费力的事。在半个世纪前的中国,仅从技术方面考虑,难度就不知须增加多少倍。此外,人员的组织,稿子的钞录……那都是十分细致,需要周详安排才能较好完成的事。这些琐细事,主要是朱自清来做的。在《闻一多全集》的跋文里,对朱自清的贡献,吴晗这样写道:

“为了这部书,他(朱自清)花费了一年的时间,搜集遗文,编缀校正,遗稿由昆(明)北运时,有一部分遭了水渍,请人逐页揭开,请人钞写。他拟定了目录,选编了尺牍,发表了许多篇未刊的遗著。并且,在他领导之下,动员了中国文学系全体同人,分钞分校,分别整理这集子以外的许多著作。一句话,没有佩弦先生的劳力和主持,这集子是不可能编集的。”

当时的朱自清,还是中文系的负责人。他的工作,当然不限于编《闻一多全集》一项。几乎同时,他还必须考虑中文系整个学程安排等事项;他是学者,还有许多研究文章要写;他是教师,还有教学课程需要准备……就在这样忙碌的情况下,在短短半年多一点的时间,他与同仁将《闻一多全集》编辑了出来。个中甘苦,难以言喻,可朱自清在“后记”中,还这样说:“惭愧的是我这负责编辑的人,因为时期究竟迫促,不能处处细心照顾。”当然,他也对同仁的努力简括地说了一句:“我们大家都很忙,所以工作不能够太快;我们只能够做到在闻先生被难的周年祭以前,将全集钞好交给家属去印。”

从来谦逊的朱自清没有多谈自己的作用,却连帮助钞稿的同仁也提到了:“一方面我们托了同事何善周先生,也是闻先生的学生,他专管找人钞稿。”这次编辑《闻一多全集》,大家基本是义务的:“钞写也承各位钞写人帮忙,因为我们钱少,报酬少。全集约一百万字,钞写费前后花了靠近一百五十万元。最初请清华大学津贴一些,后来请家属支付一半……”钞写者是外人,所以得付费的。

用了半年多一点时间,紧紧张张,《闻一多全集》总算大致编成。此时,还有一项重头工作——“全集”必须得一篇有分量,能公允评价闻一多各方面成就的序言。这项任务,朱自清责无旁贷。1947 年 8 月,朱自清经过很大的努力,完成一篇数千字的《闻一多先生怎样走着中国文学的道路》长文。文章开首,朱自清对闻一多整个的生命过程作了这样的介绍:“他是一个斗士。但是他又是一个诗人和学者。这三重人格集合在他身上,因时期的不同而或隐或现。”在对这三方面做了充分估价介绍后,文章最后从本质意义上,他又落脚到了闻一多的贡献上:

“闻先生对于诗的贡献真太多了! 创作《死水》,研究唐诗以至《诗经》《楚辞》,一直追求到神话,又批评新诗,钞选新诗,在被难的前三个月,更动手将《九歌》编成现代的歌舞短剧,象征着我们的青年的热烈的恋爱与工作。这样将古代跟现代打成一片,才能成为一部‘诗的史’或一首‘史的诗’。其实他自己的一生也就是具体而微的一篇‘诗的史’或‘史的诗’,可惜的是一篇未完成的‘诗的史’或‘史的诗’! 这是我们不能甘心的!”

五

“全集”编好,送给了家属。闻一多家属已与开明书店签了出版合同，事情总算大致完成一段落。可是，对于闻一多遗著的工作，朱自清并没有停下手来。闻一多的遗稿《全唐诗人小传》，并未完成，可是一项有意义的大工程。朱自清计划着，自1948年暑假后开始，由清华大学中文系的同仁集体来完成。扩充内容，形成一部《全唐诗人事迹汇编》。这项工程，所须人手众多，工作量极大，组织起来自然难度极大，可是朱自清自动将组织工作承当了起来。

1948年7月15日，朱自清在自己的病十分危重的情况下，参加了清华学生自治会举行的闻一多先生死难二周年纪念会。当晚朱自清与吴晗坐在第一排，为纪念起见，关熄电灯，燃起烛光，在栩栩如生，长髯飘拂，含着烟斗的闻一多画像下面，朱自清用低沉的声调，报告《闻一多全集》编辑和出版情况。他的弟子王瑶还记得，朱先生说：又找到两篇文章没来得及收进去，很遗憾。可见文字虽已经发排，后续工作却一直不曾停顿。这是朱自清去世前一月的事情。

朱自清逝世后，吴晗写出一篇纪念短文，其中专门谈到朱自清与《闻一多全集》的关系："一多全集的出版，我曾经说过，没有你是出不了版的，两年来你用大部分的时间整理一多遗著。我记得，在这两年内，为了一篇文章，一句话，一封信，为了书名的题署，为了编纂人的列名，以及一切细微末节，你总是写信来同我商量。只有我才能完全知道你对亡友著作所费的劳力，心血。"朱自清对于《闻一多全集》的出版，心力的付出，达到了如此的地步。

其实，就在朱自清病危前数天，他仍在为闻一多的遗稿操劳。去世的前一天，他手编的闻一多手稿分类目录，在校刊上公布发表；而这批手稿的数量，是254册又2包，光翻阅一次，那也将耗费不少时间。目录编毕，他又妥当地将这批手稿，放在清华中文系保存。他甚至在生命的最后一息，仍在做着这项工作。据王瑶回忆："他死后我在他的书桌上看见一个纸条子，是入医院之前写的；上书：'闻集补遗：(一)

《现代英国诗人》序。(二)《匡斋谈艺》。(三)《岑嘉州交游事辑》。(四)《论羊枣的死》。'他已经又搜罗到四篇闻先生的作品了。"

尽管为《闻一多全集》,朱自清花去了生命最后两年的许多时光,可惜,《闻一多全集》于1948年8月底由开明书店印出后,朱自清却见不到了。当月12日,朱自清因病医治无效,以51岁年龄辞世。朱自清在纪念闻一多的文章中说:"他是不甘心的,我们也是不甘心的。"这句话,他的弟子王瑶也借用过来:"闻先生的全集于1948年8月底出版,而朱先生已于8月12日积劳逝世。这又何尝不可以说'他是不甘心的,我们也是不甘心的'。"

吴晗此时痛心地说:"但是,一多遗集你竟不及见了,也许,两周内,一月内,书到了我手里,送到你府上时,看到的是你的遗像。你的书房空了,再也看不到书桌上的手稿,烟灰碟上的烟蒂。你想,教我怎么样能忍着眼泪进你的门,怎么样能把一多的书面交你的夫人和孩子,而不痛哭?"

虽然后世因为毛泽东的赞誉,常常将闻一多、朱自清并称而论,可了解到以上情况,我们不得不说,比较朱自清,闻一多还是幸运的。朱自清后死两年,而他最充分地利用这些时间,为同事,亡友闻一多,编辑完成了"全集";将其他遗稿,作了仔细妥善的安排。而这两年,正是社会处在大变局的关头,朱自清自己身体状况日渐衰竭,而他将自己最后一脉心火,为闻一多的遗业充分燃烧着。从这一点看,闻一多的确是幸运的。

从我们对闻朱两位先贤著作的阅读中,我们能感受到,闻一多先生是诗人,是一团火。他的生命,为他的事业激情燃烧着,所以他的诗作、著述、论文,都那么韵味十足,音节铿锵;所以他能为诗,为学术,为民主而奋身不顾;朱自清,却是恂恂儒雅一君子,勤勉谨慎,这从他的文字中多有透露。然而他又是真君子,"重然诺"。一件事,只要承担下来,就会奋不顾身。不管多大困难,仔细地,耐烦地,不计较个人得失地——完成它。这一点又与闻一多精神相仿。难怪将这两位性格有极大差异的人并称,我们不觉得多少不谐。在传达知识分子应有风骨这一点上,他们是相当一致的。这一致的精神,是异常明亮,恒久不熄的,也是后来知识分子应当最大限度继承,发扬的!

郑振铎与《北平笺谱》

一

1933年12月，一部集合当时北平多家印纸斋、阁木版水印笺纸名品的豪华精美"宝籍"面世。一时间，引得爱者争购。尽管价格十分昂贵，可仅在北京、上海两地，初版的100部也迅速销空。这成绩使得当初颇为销路担心的编者不得不立即着手再版。这部为中国木版水印保藏精品，并使得此种技艺得以延续、发展的大书，就是鲁迅、郑振铎合作编辑的《北平笺谱》。

当时的笺纸，与今天大不同。当年笺纸纸面，大都浅浅印有书画。或佳丽山水，或摇曳花卉；或简笔人物，或鲜活果蔬……这些笺画，是通过木刻加多层套版着色印出的，工序颇繁复，可也正因如此，保存甚至光大了中国书画的特有品貌。再加上选材合理，印制精良，使得一页页信笺自成风格，别具情致。虽然是供人们写信用的，可许多爱者却往往舍不得在这样精美的笺纸上着笔，而将它们置诸案头，当作艺术佳作进行品赏。

虽然如此,到了20世纪30年代左右,印制这种笺纸的行当却渐次式微。这一是时风所及。当时已有相当的人群不用毛笔;再是洋式笺纸出现,上面可用钢笔写字,人们不是过于在乎讲究了;加之木版水印对图的选择,对刻工、印工的要求都非常高,否则印出便会不伦不类。这些都大大限制了该行业的发展。

鲁迅先生对美术,尤其木刻的喜爱,这是人们都知道的。除去促成出版及自费印刷了《近代木刻选集》一、二两部,还出版有《士敏土之图》《〈死魂灵〉百图》《凯绥·珂勒惠支版画选集》《引玉集》等多种介绍外国木刻作品的著作。他向德国、苏联、日本等国收集这些作品的细节,在他的书信或日记中常常可以见到。后来他还举办外国木刻展览,主办木刻讲习班……在这方面做了极大努力。在介绍外国木刻艺术同时,他对传统的刻板印制也极重视。早年大量收集石刻、木刻拓片不消说,在北京时,他还同时收集过一批木版水印信笺。当然,当初多是为了使用(今天所存的鲁迅书信原稿,有许多都是写在这样笺纸上的,极精雅绝美)。就这,鲁迅先生还常常不忍着笔,以为在这种信笺上写字简直是糟蹋艺术。

1932年11月,鲁迅去北京探望生病的母亲,在琉璃厂的各家纸坊又搜集到一些笺纸。回上海后,写信时便分别寄给一些友人,也供他们欣赏。此时的鲁迅,正与一些爱好木刻的青年联系,对他们进行指导帮助,这些传统木刻笺纸便自然引发了他的特别关注。他想集制一部笺谱的念头,大约也就起于这段时间。

二

1933年2月初的一天晚上,鲁迅三弟周建人与家人去看望鲁迅,带去了郑振铎赠给鲁迅的《中国文学史》(一至三本)。这部郑振铎编写的《中国文学史》中,附有许多插图。这些插图,都是中国雕版的书封、内文及图画印件。郑振铎在当时爱好并收集中国古代雕版画已颇有时日和功绩,这种相同嗜好使鲁迅立即做出决定:收集、印制一部笺谱书,为保存这种艺术,也为中国木刻史留下鉴证。2月5日,鲁迅郑重地给北京的郑振铎写了一封信。这封信可以说是印制笺谱书的发端:

西谛先生:

昨乔峰交到惠赠之中国文学史三本,谢谢!

去冬回北平,在留黎厂(即琉璃厂)得了一点笺纸,觉得画家与刻印之法,已比《文美斋笺谱》时代更佳,譬如陈师曾齐白石所作诸笺,其刻印法已在日本木刻专家之上,但此事恐不久也将销沉了。

因思倘有人自备佳纸,向各纸铺择尤(对于各派)各印数十至一百幅,纸为书叶形,采色亦须更加浓厚,上加序目,订成一书,或先约同人,或成后售之好事,实不独为文房清玩,亦中国木刻史上之一大纪念耳。

不知先生有意于此否?因在地域上,实为最便……

(西谛即郑振铎,乔峰乃周建人)

对于这件大事的托付,鲁迅先生并不是随便的。因为除去郑振铎自己爱好并收集古代雕版画,具有相当眼力之外,鲁迅先生与他还有一段颇不寻常的相助联系。

郑振铎很早就开始研究中国古代小说,但早期收罗有限,“偶尔得到一部原版的《隋唐演义》却以为是了不得的奇遇”,至于“三言之类的书,却是连梦里也不曾读到”。(《永在的温情》)这时,鲁迅先生《中国小说史略》出版了,给了郑振铎的研究以极大的帮助。此外,鲁迅先生还给了郑振铎以具体帮助。一次郑振铎写信询问《醒世恒言》《警世通言》《喻世名言》的情况,鲁迅先生特别为他抄录来一张《醒世恒言》的全部目录。并告诉他,此书是从一位朋友处借来抄出的,这使郑振铎十分感激。

此外,1925 年 4 月时,郑振铎很想看看古籍《西湖二集》,他便去信问鲁迅先生有没有此书。鲁迅先生收信后,立即将自己所藏半部明末版的《西湖二集》(附全图)六册寄去。并在信中说自己现在不弄中国小说,这书留在手边无用,赠送给郑振铎。郑振铎被这种无私援助的真诚深深打动:“我平生从没有意外的获得……但只有这一集可宝贵的书,乃是我书库里唯一的友情的赠与——只有这一部书!”“这贵重的礼物,从一个只见过一面的不深交的朋友那里来,这感动是至今跃跃在心头的。”(《永在的温情》)

接到鲁迅先生函不久,郑振铎来到上海。那是 1933 年 4 月的一天。他先到为其转信的鲁迅三弟周建人处,由周建人偕他一块去拜访鲁迅先生。见到郑振铎后,鲁迅先生首先便谈到他在北京的感触:“木刻画如今是末路了,但还保存在笺纸上。不过,也难说,保全得不会久。”他搬出不少在北京买的彩色笺纸给郑振铎看,并且再一次强调:

“要有人把一家家南纸店所出的笺纸,收罗一下,用好纸刷印个几十部,作为笺谱,倒是一件好事。”

当然,这话在给郑振铎的信中已经写清楚了。此时,他大约还想鼓励郑振铎将此事做下去。接着,鲁迅先生又说:“这要住在北平的人方能做事。我在这里不能做这事。”郑振铎“心里很跃动,正想说‘那么,我来做吧。’而他慢吞吞地续说道:‘你倒可以做,要是费些工作,倒可以做。’我立即便将这责任担负了下来。”(《永在的温情》)

当时他们商量,由郑振铎在北京搜访,并将收集的笺纸寄鲁迅先生，由先生负责选择。他十分敬佩鲁迅先生的鉴赏眼光。最后由鲁迅先生出资将这些选出的笺纸在北京印店印出，预定只印50部，用以分赠友人们。

三

回到北京后，郑振铎便马上设法进行印刷笺谱的工作。这项工作首先得到各家印店里选购优秀的笺样，再与他们交涉印刷事宜。郑振铎到的第一家是琉璃厂一名为"清秘阁"的纸店。在这里购得好些笺样。于是就试着说起印刷笺纸的事，不料这家老板一口回绝了，说是50部绝对不能开印。又说了种种不能印的理由：如板片太多，拼合不易；印刷时调色过难；印数太少，版刚排好，调色尚顺手，便竣工了。这样工本费未免太大了。听了这些理由，郑振铎真有些丧气。他便问：印一百部行不行呢？老板并不一口应下，只说：到印的时候再商量罢。

还没来得及跑第二家，热河战事便开始了。日本侵略者不费一枪一弹，便占领了承德；不久又占领了热河全省，并继续向长城及滦西、察东等地进犯，平津一带受到很大震动。在北平的郑振铎便无法再继续进行下去。直到半年之后的九月初，他又到上海见到鲁迅先生，这样的心力才进一步被激发出来。

郑振铎当是带着十分凄婉的心情说到印笺谱的事，鲁迅先生说：那就印一百部，总不会没有人要吧？接着他鼓励郑振铎：这事我们得赶快做，否则，要来不及做，或轮不到我们做的。郑振铎得到鼓舞，回到北京后，便进入到真正、有实质性进展的搜辑工作中了。

接续着先前，他又到一家"淳菁阁"寻访。在这里他见到了许多"清隽绝伦"的诗笺。特别是其中陈师曾（即陈衡恪，陈寅恪之兄）的画幅，虽寥寥数笔，却潇洒不俗。似专为笺纸所制。以前许多笺画，多从幅面合适的画作中选出，像这样量身度制的极少。这些有陈师曾画的笺纸，郑振铎当然一幅也不能放过。另外在这里还见到吴待秋、金拱北等名家的作品和姚茫父的唐画壁砖笺，西域古迹笺等，郑振铎看着喜欢，便一一收回。

过了几天，郑振铎又到琉璃厂的“松华斋”访笺。在这里又见到陈师曾的八幅花果笺。“说他们‘清秀’是不够的，‘神采之笔’的话也有些空洞。只是赞赏，无心批判。”接着又见到陈半丁、齐白石的画笺。这几位画家，笔触简练，涂抹大胆，这样粗枝大叶不屑形似的作品，足以代表现代文人画的倾向，郑振铎几乎是照单全收。

有了这些收获，郑振铎赶紧将它们先行寄往上海的鲁迅，请先生予以选择。在收到来函还未收到笺纸时，鲁迅先生已经先在给郑振铎的信中开始设置此书了：

> 关于该书：（一）单色笺不知拟加入否？倘有佳作，我以为加入若干亦可。（二）宋元书影笺可不加入，因其与《留真谱》无大差别也。大典笺亦可不要。（三）用纸，我以为不如用宣纸，虽不及夹贡之漂亮，而较耐久，性亦柔软，适于订成较厚之书。（四）每部有四百张，则是八本，我以为豫约十元太廉，定为十二元，尚是很对得起人也。

为怕书信往返耽误时间，对于印制之事，他一应托付郑振铎。但还是提出了几点要求：“（一）应该每部做一个布套，（二）末后附一页，记明某年某月限定印造一百部，此为△△部云云，庶几足增声价，至三十世纪，必与唐版媲美矣。”鲁迅先生悬想遥远，快意心情，溢于言表。

北平一面，郑振铎也正在琉璃厂努力寻访。九月底，他来到著名的“荣宝斋”。这是当时“不失先正典型的最大的笺肆”。无论仿古或新笺，这里都有不少。在这里，郑振铎见到了林琴南的山水笺，齐白石的花果笺，吴待秋的梅花笺等，刻制较为精良。因数量多，郑振铎几乎在这里呆了一个下午，但最后和他们谈到印笺谱之事时，他们也感到有难处，以为印一百部不易动工，但也没有封口，只说到印的时候再商量。

从“荣宝斋”向东，过厂甸十字路口，便是海王村；再向东行，便是“静文斋”。这时已是下午，“太阳光淡淡地射在罩了蓝布套的桌上”。在这里，郑振铎发现了齐白石的四幅人物笺，神情色调都臻上乘。又有一套二十幅吴待秋、汤定之等人合作的梅花笺，也富有繁颐的趣味；另外清道人、姚茫父、王梦白等人的罗汉笺、古佛笺，都不错；古色斑斓的彝器笺，看去也颇为静雅……

搜辑的数目很不少了，都陆陆续续寄到了上海。此时的鲁迅先生，正加紧择选，并开始设定印制及装订、书名等事宜：

西谛先生：

笺样昨日收到，看了半夜，标准从宽，连“仿虚白斋笺”在内，也只得取了二百六十九种，已将去取注在各包目录之上，并笺样一同寄回，请酌夺。

……

书名。曰《北平笺谱》或《北平图谱》，如何？

这是择选笺样后给郑振铎的第一封信。接下的一段时间，鲁迅写给郑振铎的信特别密，几天一封，有时一天一封，甚至一天两封。多就该书纸张、大小、印制、装订、目录写法，甚至广告等事宜进行指导、协商，表现出极大的热情：

“前信曾主张用宣纸，现在又有些动摇了，似乎远不及夹贡之好看。不知价值如何？倘一样，或者还不如将‘永久’牺牲一点，都用夹贡罢。”

“名目就是《北平笺谱》罢，因为‘北平’两字，可以限定了时代和地方。”

“印色纸之漂亮与否，与纸质也大有关系，索性都用白地，不要染色罢。”

“页码其实本可不用，而与书签上刻明册数。但为切实计，则用用亦可，只能如来示所说，印在第二页的边上，不过不能用黑色印，以免不调和，而且倘每页用同一种颜色，则每页须多加上一回印工，所以我以为任择笺上之一种颜色，同时印之，每页不尽同，倒也有趣。”

“蝴蝶装虽美观，但不牢，翻阅几回，背即凹进，化为不美观，况且价贵，我以为全部作此装，是不值得的。”

……

在以上所引给郑振铎的信中，可以见出鲁迅先生为此书费了多少心力。不仅如此，他还特别提示郑振铎应将刻工的姓名署上。因为他们都认为，刻工在制笺中重要的程度也许不下于画家。彩色画笺，不仅要精刻，还要按色彩的不同分刻为若干板片；笺画最后能否传神甚至出“彩”，全靠分板刻制得当。画家在作画时可以自由使用颜色，但要传神地印出却要靠刻工仔细将颜色分析为四五个乃至十多二十个单色板片，这样才可还原不失图色特有面貌。

但是，将刻工姓名列入目录这个看似简单的工作却费了郑振铎不少精力。因为在一般人眼里，甚至在那些印刷店里，刻工也是被视为一般，甚至贱技来对待的。所以郑振铎访问刻工姓名时，这些店里觉得奇怪，有时根本就不知道他们的姓名，或仅知道绰号。如鲁迅先生信中提及的“板儿杨”“张老西”等就是如此。但是，这次“笺谱”出版，努力寻出并署上刻工之姓名，实在也是对雕版业的尊重和支持，同时对后期雕版史提供了重要文献。

经鲁迅、郑振铎两位编者的努力,需印笺纸终于选定。郑振铎购下并寄给鲁迅先生的共有500多种,最后由鲁迅先生选定340余幅。笺纸选定后,下来就该是印刷了,可不料此时又有许多麻烦。由于笺纸选自多家,就需要一一与他们协商。淳菁阁、松华斋、松石斋几家,一谈便应承下来;荣宝斋、宝晋斋、静文斋几家店,最先亦说一百部无法开印,但最后终于答应下来;唯有清秘阁一家坚决认为一百部无法开印,交涉多次也不能成功。弄得鲁迅先生有些生气了:"清秘阁一向专走官场,官派十足的,既不愿,去之可也,于《笺谱》并无碍。"可郑振铎终于舍不得溥心畬、江采等几位名家20余幅作品,最后又托请朋友从中通融,清秘阁才勉强答应印刷,但仍有十多幅色调较繁的蔬果笺被剔出,大约因费工费时也。所以最后印出时只是332幅。

选印完成,鲁迅先生于1933年10月30日,以文言为《北平笺谱》作一篇序:

"镂像于木,印之笺纸,以行远而及众,盖实于中国……北京夙为文人所聚,颇珍楮墨,遗范未堕,尚存名笺。顾迫于时会,苓落将始,吾侪好事,亦多杞忧。于是搜索市廛,拔其尤异,各就原版,印造成书,名之曰《北平笺谱》。"

序言以精粹文字,简述了中国雕版之源流,对其成就及对今日木刻的影响,作了精当评价。另一位编者郑振铎亦用文言写一序言:

"诗笺之作,由来已久,迨明季胡曰从十竹笺谱出,精工富丽,备具众美,中国雕版彩画,至是叹为观止。"

以下历数笺画发展,对画师、刻工、印工,均作了相应评价。亦表现了为中国雕版史留存史迹的心情。言犹未尽,郑振铎又在书后录一《访笺杂记》,备述访笺过程及苦辛。读后可使人对当时笺纸业之凋敝状况有相当了解。两篇序言写好后,本可铅印,可为保持一致情调,鲁迅先生让郑振铎在北京寻书家以笔录出付印。最终选定,沈兼士书封面书名;沈尹默题扉页名;鲁迅序由“天行山鬼”(即魏建功)书;郑振铎序请郭绍虞书;真正集书画之精粹,聚文采尽风流。

四

1933年12月,《北平笺谱》这部皇皇大书,终于在鲁迅郑振铎的努力呵护下完工。该书印造仅百部,每部六册,蓝色封面,白签书名;线装包角,煞是大方美观。全书共收笺332幅,计第一册48幅,第二册59幅,第三册61幅,第四册50幅,第五册55幅,第六册59幅;画师刻工,两俱列名。藏版者荣宝斋、淳菁阁、松华斋等九家均一一注署。为防止纸铺自己随意续印,鲁迅和郑振铎分别在版权页上签名,以为负责。

《北平笺谱》是1933年12月才印出的,可在上海的鲁迅先生早已急不可耐了:“只望令荣宝斋从速运来,因为这里也有人等着。”当时设想的50部,现在看来大大保守了。印的100部现在也不够了。按当初鲁迅先生计划,内山书店包销20部,自存及送人20部,计上海两处共需40部。但大约北平方面所需亦甚多,郑振铎想多留几部,与鲁迅先生商量,鲁迅不愿意:“至于我之二十部,实已不能分让,除我自藏及将分寄各国图书馆(除法西之意、德,及自以为绅士之英)者外,都早已约出,且还不够……不能折扣矣。”

从信中可以见出鲁迅爱书,欲急切得到书的心情,另外还透出一个信息:他想将这中国的“版画集”寄赠世界重要国家图书馆,以使他们通过此来了解中国。不过,他不愿意寄给当时法西斯统治的德国意大利以及常以老大自居的英国。

信寄出没几天,知道鲁迅先生急切等待的郑振铎,一方面催承装的荣宝斋赶紧向上海寄书,一面自己携了 部书赶往上海。1934年元月22日晚上,郑振铎将书交到鲁迅先生手里。鲁迅先生在日记中记述:“晚西谛至自北平,并携来《北平笺谱》一函六本。”2月23日,寄往上海的书全数收到。除交内山书店20部及留赠北平友人两部外,18部书全数来到鲁迅先生手中。当这散发着新印滋味的漂亮大书全部展现在眼前时,他也颇有些情不自禁了:“重行展阅,觉得实也不恶,此番成绩,颇在豫想之上也。”

接下来的几天,鲁迅先生急切地将这部“笺谱”发往各地,分赠友人,让他们亦分享阅赏的快意。从当时分赠的情况看,除寄赠蔡元培先生、台静农等人外,多种是寄赠给了日本友人。大约是日本人较能欣赏这种艺术的缘故。3月1日,鲁迅先生又寄苏联木刻家协会一部;3月5日下午,又分别寄纽约及巴黎图书馆各一部。后来又陆续赠送许寿裳、斯诺夫妇等人……

分在北平、上海书店的“笺谱”,销得也颇好。仅内山书店一家,三天便售出11部,不到一周,20部全部售罄。从各方需求看,再版几乎难免。这对于两位辛勤的编印者,该是多大的欣慰啊!受此次成功的鼓舞,两位编者不仅再版了《北平笺谱》,又立即着手刻印另一部著名的明版水印木刻图画《十竹斋笺谱》,还预备着编印中国古代小说雕版插图……

《北平笺谱》的印制成功,不仅为当时乃至今天提供了精绝的书刊设计典范,更重要的,他们为中国版画木刻史树立了“断代之唯一之丰碑”。在今天,鲁迅及郑振铎两位编者以为“画笺纸”可能凋敝的担心已然成了现实,但这部书的存在,却有力地为木刻水印的存在和水准作了集中的见证。近80年过去,我们也许更能清楚地估价这部“宝籍”的价值,更为鲁迅郑振铎两位先生当年的远见和努力感到钦佩,甚至感到由衷的庆幸。那么,将他们当时的努力过程记述出来,除去表达真诚的纪念,也自然有给我们今天的文化保存、建设,乃至发展,提供有益的借鉴、思考这一层应有的想法吧!

茅盾点染《李自成》

《李自成》是当代文学中风靡一时的历史长篇。它在第二卷初稿完成，第一卷重新修订之际，得到文坛大家茅盾的悉心评点。这——使得作者十分感怀。之后诗词相赠，相互唱和，形成一段特别时期的文坛佳话。

一

说起，茅盾与《李自成》作者姚雪垠，很早就结下因缘。1938 年春，姚雪垠最初创作的短篇小说《差半截麦秸》，在茅盾主编的香港《文艺阵地》杂志发表。由于运用了鲜活的群众语言，较成功地塑造出一个农民游击队员形象，作品得到茅盾的热情肯定。这是姚雪垠文学的起步，可以说，由于茅盾的支持，姚雪垠的作品在国内引起重视，他本人也因此获得了走向文坛的勇气。抗战时期在重庆，茅盾还曾与姚雪垠在文艺界抗敌协会的一个读书会共同学习，工作过一段时间。这使他们有了后来相互联系的基础。

正在"文革"当间的 1974 年，姚雪垠在艰难的环境中，写完了他的心血之作《李自成》二卷初稿。该书第一卷，虽早在 1963 年出版，但由于作者的摘帽"右派"身份，报刊上毫无对它的评价。眼下二卷完成，且不说出版，姚雪垠迫切希望获得他人的评价；当然，能够对自己艺术手法的探索有所领会的"知音"，更是他此时最为渴求的。这时，他想到了茅盾。

人们知道，茅盾不仅创作了大量文艺作品，他本人的艺术品鉴水平也相当高。包括姚雪垠在内的一批文学作者，都由于他的评价推荐，得以成长发展。《李自成》稿，倘能得到他的评价，自然是姚雪垠最希望获得的。

但此时，姚雪垠已与茅盾二十多年未见面了。连信也不知往何处投。经在朋友处打听，姚雪垠才在几十年未谋面的情况下，向茅盾寄出一封希望帮助的信。

茅盾的回信很快来了，态度谦逊而热情。读罢信姚雪垠方知，茅盾并没有读过《李自成》第一卷，他便赶紧寻出一册寄上。但是，此刻姚雪垠最迫切的，是希望茅盾对他的二卷初稿，提出意见，因为他要作进一步的修改。七八十万字的二卷初稿，他曾请人抄了一个副本。此副本字迹潦草，茅盾当时有眼疾，姚雪垠只希望副本能有人为茅盾读一下，但茅盾不习惯。他仍自己努力阅读，先是第一卷，再是二卷初稿，边读边记，边记边评点。这些文字，又汇成系统意见，寄给姚雪垠。

二

这些评点文字，最让姚雪垠愉快的，是茅盾指出了《李自成》中的"长篇小说美学"追求。姚雪垠在写作过程中，一直在"笔墨变化"，"刚柔交错"运用方面，进行探索。这些，一般读者也许能感受到，但能指出并领会作者特别匠心的，却并不多。而茅盾目光如炬，一一剖析指出，姚雪垠当然感到"深得吾心"。

1974年12月23日，茅盾在信中这样评点全书开首：“一部大书……以全力‘剿贼’开始，把这以前……李自成的功勋等等不作正面叙写，只在以后各章随时点补，这样的剪裁是极妙的。写崇祯君臣对卢象升虽似重用而又以高起潜掣其肘……既写卢出师，却又突然放下，画面转入潼关战场，从此进入李自成本传，这个笔力也是惊人的。”

注意到作者微观处理之外，茅盾还认为：“第一卷中写战争不落《三国演义》等书的旧套，是合乎当时客观现实的艺术加工，这是此书的独创特点。”茅盾举例：“以潼关南原之战为例，有时写短兵相接，有时写战局全面的鸟瞰，疏密相间，错落有致。义军分兵两路同时突围而略有先后，写了李自成一面，接写高夫人一面，重点在李自成，而高夫人一面仍然声势不凡，而两面有时亦复衔接。如此布局，极见匠心。”对姚雪垠的写作功力，大加赞赏。

除去大的布局而外，茅盾对姚雪垠的人物描写，也十分欣赏：“人物描写……是结合事变来表现而不是作抽象的叙述，这是主要的成功的一点；张献忠的性格也写得有声有色，而仍然还他个本色，自是低于李自成的人物。此外各将领，刘宗敏最有特色，是作者重笔写的第三个人物。老神仙是作者重笔写的又一人物。高夫人的作用及其性格本来是比较难写得有声有色的，然而作者指挥如意，使这一个女英雄跃然纸上。”正面人物而外，茅盾还谈到反面人物的写作：“至于在明王朝方面，崇祯等都以反面人物出现，独卢象升是例外，写他的战死十分悲壮，这是因为卢象升不是为‘讨贼’而死，是为抵抗外族侵略而死的。卢与后来孙传庭之死，事颇近似，但卢慷慨赴义，死重于泰山；孙传庭为‘讨贼’而进退失据，虽死于战场，他这死却轻如鸿毛。”

至于人物对话，茅盾更是欣赏有加：“此书人物的对话，或文或白，或文白参半，您是就具体事物、具体人物，仔细下笔的；这不光做到合情合理，多样化，而且加浓了其时其事的氛围气，比之死板板非用口语到底者,实在好得多。”

由此可以看出,茅盾对《李自成》的探索性的艺术处理,独创特点,人物描写乃至对白文字,都高度赞赏。这对于在寂寞中苦苦追求的姚雪垠,该是多大的慰藉!

因为姚雪垠写的是长篇小说,又是历史题材,所以茅盾除去希望从中国传统古典小说中汲取营养而外,还希望他能从外国著名作品里得到借鉴:“我以为兄(指姚雪垠)如欲借鉴前贤,吸收众长,则外国历史小说中之《战争与和平》似可一读。”根据自己的阅读经历,茅盾特别推荐了董秋斯由英文翻译过来的本子:“因董君于英文精通而中文之修养亦正足达旨传神。”接到茅盾来信后,姚雪垠立即托朋友从北京借董秋斯译本,准备再读。

三

从举例可以看出,茅盾对姚雪垠的《李自成》,从总体构思到细节描写,从人物刻画到语言表达,肯定是很充分的,可是,在许多描写上,他还是以内行的眼光,提出了一些意见及建议。例如,谈到《伏牛冬日》一节时,茅盾认为:“本单元中仍有个别段落文字可以更求简练,例如:邵时信痛斥三代血仇一段,红霞述红娘子身世一段,红娘子教射一段。”对于《河洛风云》一节,茅盾认为:“本单元开头起用郝摇旗一段,文字太长,有喧宾夺主之嫌,似乎可以在不妨碍刻画人物性格及李自成与老干部相互信任关系的范围内,力求文字之简练紧缩……从全书看,本单元与《闯王星驰入河南》都有继往开来的转捩点的作用。当然,本单元内线索、故事,比《闯王星驰入河南》那个单元复杂得多了,所以两不相犯;但因两单元中间只隔开另两单元,仍有重叠之感。是否可以设法避免——当然不动根本布局。”

此外,茅盾还对姚雪垠的总体写作,给予了中肯的指导。在1975

年7月7日的信中，姚雪垠告诉茅盾，自己曾有写三部长篇历史小说，即《李自成》外，还有《天京悲剧》《大江流日夜》的雄心大志。现在由于时间，《大江流日夜》的写作已完全放弃，“惟对写《天京悲剧》尚未死心。”10月7日的信中，姚雪垠又告诉茅盾，自己暂停赶写第三卷，而回头推敲校改第二卷，并且花费了极多时间。茅盾接信后，随即回信，对此谈了自己的看法。他认为：“第二卷的初稿我是看过的，我认为基本上是很好的，字斟句酌，细琢磨的功夫可留待将来，而现在以赶写第三卷为重要工作。假定年内能完成第三卷的初稿，明年能完成第四、五卷的初稿，那真是太好了。那就比琢磨好了第二、第三卷，而第四、第五卷尚无初稿好得多。”茅盾的这项建议，应该首先有他自己的切身感受在里面。茅盾的几部长篇小说，在结尾处，都比较匆促，有的甚至成了“断尾蜻蜓”。这就是没有一鼓作气写下来的遗憾；再从创作实际看，世界上许多长篇小说，在结尾处都有这样无可奈何的结果，所以，茅盾的告诫十分紧要。为了强调这一点，茅盾还举例说：“曹雪芹写《红楼梦》，大概写成一百二十回的初稿，然后再琢磨前八十回，可惜后四十回初稿遗失了。《李自成》规模比《红楼梦》大得多，你年纪也不小了，倘使只有前二卷的定稿，而没有后三卷的初稿，那真是一大憾事！”这话说得真是语重心长。

得到茅盾这封信，姚雪垠“反复诵读，深为您的关怀和鼓励所感动……”对于茅盾的建议，姚雪垠认为：“这几句话解决了近几年我心上的一个矛盾问题，为今后的工作确定了方针。”原来，在此之前，也有一些朋友劝姚雪垠先将全书写完，初稿不必精细，待五卷完成后，再返回头修改也来得及，可姚雪垠没有接受这个意见。他认为应当稳扎稳打，写成一卷算一卷。“假使我写成两卷或三卷而不幸早死，会给后人留下一部分大体成熟的艺术品，这样会比后人拿到粗糙的全书好一些。”除此之外，姚雪垠还认为自己身体不错，慢慢写来应该没有什么问题的。对于茅盾的切身而恳挚的建议,姚雪垠经过认真考虑:“您的意见,使我的想法改变了。”并表态:“争取在三年内写完,即六十八岁写完初稿。倘若身体上不遇意外情况,时间上不遇严重干扰,三年内写成初稿的可能性不小,顶多四年吧。这部书规模庞大,能够把全书初稿写完也是胜利。”从后来的实际情况看,姚雪垠直到逝世都未能将《李自成》五卷初稿充分完成。返过头来看茅盾的建议,真正价值非凡,颇有先见之明。

除去小说整体布局而外,茅盾对《李自成》的描写细部,也有颇多指点。例如对一段文字,认为“三字可删”;具体到某时间如何巧妙点出,减少独白,建议“改为一问一答的短对白,使文字流畅活泼”等等。对于每一单元之命名,茅盾也有特别建议。譬如说到单元题目“商洛壮歌”,他以为不足概括内容,且与下边“商洛风云”相犯,建议以章回小说的对联题目方式调整。他还顺笔拟出一回目联语:

弄巧成拙,郑制台棋输全局;

制敌机先,李闯王险渡难关。

茅盾还建议将书中的章改为“卷”。每卷包含数章,并试为其中“宋献策开封救牛金星”,“杨嗣昌出京督师”合卷拟了一副联语回目:

宋献策开封救友,

杨嗣昌襄阳督师。

另一章,茅盾也代拟联语回目:

相国寺刘体纯卖解;

禹王台李伯言填词。

他甚至建议:对联可长可短,适合内容。如果联语要庄严,可用四字句两句为一联,共八句为一对。如果需要跌宕,可用三、三、七的格式。由此看来,茅盾对这种形式不仅喜欢,且为善于的行家里手。

用联语作题目,其实姚雪垠在第一卷创作时曾尝试过,并拟写出一批回目,但后来抛弃了。他认为那是旧传统,想摆脱一下。茅盾知道后,便进一步建议:“但鄙见以为旧传统不妨以古为今用的方法而化为神奇。回目的造句形式是旧传统,属于形式方面的;但回目的内容,可出奇制胜,不落窠臼。”为了证明旧传统不妨化朽为奇,茅盾还举出鲁迅文集为例:《伪自由书》《准风月谈》,认为形式上看是旧,但“读起来新鲜有味”。又举出鲁迅《补天》《出关》《理水》等篇名,认为也属以旧出新的好题目。

姚雪垠后来不用回目,还有一点,认为全书下来有两百多个章节,要都用起来,将不胜繁琐。茅盾便建议:有些地方两章可并而为一,回目便可减少。并认为,每章字数也不必拘泥平衡,“何妨长短不齐……”

这项建议,从后来出版实际看,姚雪垠在最后定稿时,并没有采纳。虽然如此,但茅盾所耗费的心血,他还是深刻铭感于心的。在后来的文章里,姚雪垠认为茅盾“他是我的老师,也是真正知音”。

四

茅盾本人是作家,所以在评点《李自成》时,也充分展示了自己的功力。例如:“写李岩起义极有层次:对付知县的阴谋,嬉笑唾骂,目无群小,是第一层;见‘李’字大旗先怒而后释然,是第二层;读汤夫人信而心潮起伏,激昂与悲哀、徘徊与惘然,交织在一处,是第三层;下最后决心,处分家产,遣散家奴,是第四层;行军途中,三种面目对付三次不同人物的诱劝回头,是第五层;投奔闯王从红娘子发议,经过犹豫而终于下决心,是第六层……”文字张弛有度,十分有味。在读到一些精彩场面时,茅盾也不由得激情四溢,文采飞扬起来。例如谈及第二卷中“商洛壮歌”一章,茅盾用这样的文字予以点染:

“整个单元十五章,大起大落,波澜壮阔,有波谲云诡之妙;而节奏变化，时而金戈铁马，雷震霆击，时而凤管鹍弦，光风霁月；紧张杀伐之际，又常插入抒情短曲，虽着墨甚少而摇曳多姿。开头两章为此后十一章之惊涛骇浪文字徐徐展开全貌，有山雨欲来风满楼之势……行文如曼歌缓舞，余韵绕梁，耐人寻味。”

对于茅盾的点染，姚雪垠除去在艺术上受益，更对茅盾的人格赞叹不已。在茅盾81岁生日时，姚雪垠特地写出一首七律，寄呈祝贺：

笔阵驰驱六十载，功垂青史仰高岑。
平生情谊兼师友，晚岁书函泛古今。
少作虚邀贺监赏，暮琴幸获子期心。
手浇桃李千行绿，点缀春光满上林。

诗中第二句，是推崇茅盾在文学史上的应有位置；第五句里“少作”，指姚雪垠自己的小说《差半截麦秸》；六句“暮琴”即指《李自成》。“贺监”即唐代诗人贺知章。他曾赞赏后生李白为“谪仙人”；子期，即钟子期。用的是伯牙与钟子期琴音欣赏的故事。这两个典故，既夸赞了茅盾，同时对自己的作品和才能也颇显自负。

1977年春节，是粉碎“四人帮”后的一个大喜日子，但是，国家局势还不很稳定。怀着较为复杂的心情，姚雪垠写出一首七律，寄呈茅盾：

曾经霜冻百花摧，春色含烟次第回。
楼外五更多爆竹，胸中廿载是风雷。
雄心勃勃山河壮，笔力迟迟岁月催。
新作印成初到手，怅然无意觅茅台。

诗前有一小序，说明写诗时的心情："1957 年深秋之季，开始动手写《李自成》，至今将满廿载。第二卷第一分册刚印成，尚未发行问世。以下尚有三卷稿子未就，任务甚重。老马长途，力与心违。今值春节之晨，百感交集，怅然寡欢。赋此一律，聊抒余怀。"

茅盾当时的心情已经大为好转。接到姚雪垠的七律，他也立即相"和"一首："雪垠兄以春节感怀见示，步韵奉和并请指正"：

壮志豪情未易摧，文坛飞将又来回。
频年考史拨迷雾，长日挥毫起迅雷。
锦绣罗胸仍待织，无情岁月莫相催。
高龄百廿君犹半，贺酒料应过两台。

当时，姚雪垠常常向茅盾表示，除去《李自成》，自己尚有长篇历史小说《天京悲剧》在搜集材料和构思之中。所以，茅盾诗里最后一句，正是期望其能够陆续完成这两部大书，甚至超过预期，有更多的好作品出现。

由于《李自成》，姚雪垠与茅盾结下了很深的友谊。他们之间的通信，并非一般问候，而多为写作和学术上的探讨。在姚雪垠，是寻觅到"知音"；在茅盾，也似乎在寂寞里寻到了好的学业同道，每次复函，都十分详细，并且常写在友人间用的彩色水印写意画宣纸上。后来茅盾有病期间，姚雪垠前往探望，两人仍上下古今，谈兴极浓……

1981 年 3 月，茅盾因病逝世，姚雪垠内心数天不能平静。他后来诚实地说："我在老年对他（茅盾）的各方面有了较深的了解，因而对他敬佩和爱戴心情也超过了年青的时候。"1974 年，他曾在赠茅盾的诗中说：

老将殊勋青史在，长天一雁众星稀。

感叹“五四”文坛老将的凋零(诗句里,“雁”指茅盾,茅盾字雁冰)。此时,茅盾也辞世了,但在姚雪垠心中,仍“有嘹亮的雁声划破长空”。这“雁声”,也包括茅盾与姚雪垠的交谈,和写在那精美信笺上精湛的思想和文字吧?文化人之间,这难道不是最值得珍惜的吗!

李淑一与《蝶恋花·答李淑一》

一

1957 年 1 月，在新出的一期《诗刊》上，发表了毛泽东的十八首旧体诗词。这批诗词发表之时，引起了社会各界的很大反响。一些老的诗词作者，一批旧体诗词爱好者，也纷纷拿起笔来，迅速开始用这种久已不为人重视的艺术式样创作；或者发表欣赏毛泽东作品的文章。一时之间，《诗刊》及其他多种报刊，用旧体诗词表达新生活、新思想的作品，如雨后春笋，大量涌现。

此刻，湖南长沙第十中学的一位女教师，心情格外不能平静。短短几天，她就将毛泽东的这批诗词读熟了。是为了教学吗？是的。她是语文老师，有责任把领袖的这批作品弄熟讲好，但是，又决非仅仅为了教学。由这批诗词，引发了这位女教师的无限思绪。她想起，距当时 30 多年前，毛泽东还填过一首《虞美人》的词。词里的一些句子，她还隐约记得，可不太完全了。此时她想，毛泽东这样大量发表旧体诗词，这首《虞美人》也不应当遗漏呀！

这位女教师随即动笔，向毛泽东写信。在信中，为了唤起毛泽东的记忆，她还特别引了这首《虞美人》的前两句：

“堆来枕上愁何状，江海翻波浪。”

并请求毛泽东将这首全词写给自己……

她是谁呀？一个中学的语文教师，怎么知道毛泽东数十年前填的词？还这么寻常地，向当时雄心勃勃，正领导全中国亿万人民建设社会主义的伟大领袖写信……当然，此人此事，于毛泽东，说来实在有渊深的关系。她是李淑一，是毛泽东夫人杨开慧的挚友；她的丈夫柳直荀，是毛泽东的早年战友，当时已为革命献身……原来如此。

二

1920 年，杨开慧的父亲，时任北京大学伦理学教授，曾是毛泽东老师的杨怀中先生，在北京逝世。丧事办完之后，杨开慧便与母亲回到长沙。当时的杨开慧，思想开明，又处在思想先驱云集的北京，所以早早剪了短发。不料回到相对保守的长沙，竟被认为“过激党”，数家学校都不肯接受她。李淑一的父亲李肖聃，却出面极力帮助，推荐杨开慧进入长沙私立的福湘女中。因是同学，又有这一层关系，李淑一与杨开慧便结为好友，形影不离。

当年冬天，毛泽东与杨开慧结婚。第二年(1921)春夏之交，毛泽东沿洞庭湖的岳阳、华容、常德等地进行社会考察。相别之间，情难割舍，毛泽东便填写一首《虞美人》，赠给杨开慧。好朋友相处，彼此无间，杨开慧也将毛泽东的赠词让李淑一去读。如此，李淑一就不仅知道有此词，而且能够大致记得词的内容。

据李淑一回忆，这首《虞美人》，原文如下：

堆来枕上愁何状，江海翻波浪。夜长天色怎难明，寂寞披衣起坐薄寒中。晓来百念都灰烬，倦极身无恁。一钩残月向西流，对此不抛眼泪也无由。

这首词，与后来毛泽东的许多诗词风味不尽一致。可见人的内在世界及表达方式，内涵是十分宽阔的。此词后来刊出时，有所改动："怎难明"为"总难明"；"薄寒中"为"数寒星"；"倦极身无恁"被全改为"剩有离人影"了。

当时杨开慧在毛泽东的影响下，积极从事反帝反封建运动。她同时帮助李淑一，向她讲述革命的道理。李淑一出身书香门第，父亲李肖聃，曾留学日本，作过一段时间革命党人梁启超的秘书；后来在湖南大学任教授。在杨开慧的影响下，李淑一也努力摆脱社会和家庭束缚，投入到革命的工作之中。

柳直荀，当时是湖南雅礼大学的学生，与毛泽东、夏曦、郭亮、滕代远等人时常往来，策划革命。他当时常去小吴门外清水塘处过访毛泽东，得以与杨开慧认识。后经杨开慧介绍，柳直荀与李淑一相识。1924 年，柳李结婚。他们此时一并结伴，到长沙韭菜园附近清水塘的一栋旧房子，看望毛泽东杨开慧。相互之间，结下了很深的友谊。

1926 年，柳直荀担任湖南省政府委员，并被选为省农民协会秘书长，与毛泽东等一同从事当时轰轰烈烈的农民运动。1927 年 7 月与毛泽东一起，出席了在武汉召开的政治局常委扩大会。之后赴南昌，参加了著名的"八一起义"；后来担任过中央长江局秘书长，中央军委特派员兼中央湖北省委书记等职。

柳直荀 1927 年与李淑一相别后，四处奔走，为革命征战，之后再未归家。但他仍惦念李淑一及还很小的孩子。在他三十岁生日时，他在一张化装后照的相片上题字："何日平胡虏，良人罢远征。"用古人的句子，表达他思念亲人，同时为革命大业奋身的志向。这张照片，他通过弟弟转给李淑一。不料这张照片竟被敌人查出，他们将李淑一抓去，逼迫她提供柳直荀的地址。后虽经家人奔波，李淑一得以交保开释，可柳直荀却怕妻子孩子受到牵连，从此再不敢与妻儿联系。

柳直荀后来到了湖鄂西洪湖苏区，担任红二军团政治部主任兼红六军政委。1932 年，他在湖北洪湖地区被害。他牺牲的消息，当时李淑一只是隐约听说，但如何牺牲，她并不清楚。后来经过学者考证，人们才知道，柳直荀这位忠诚的战士，并没有牺牲在对敌的战场上，而是死在党内所谓“肃敌”运动中，死在自己人高举的棍棒之下。置他死地的，是他当年一起往来，又一同参加南昌起义的同学旧识夏曦。

虽然李淑一从道路传言中，知道柳直荀已经牺牲，但她如一切的亲人一样，一直还存着一线希望——“直荀也许有欣然归来之日”。1933 年夏季的一天，已与柳直荀分别有六年的李淑一，在梦中惊见丈夫衣衫褴褛，浑身血迹斑斑，不禁在恸哭中惊醒。她万感灰心，便马上将自己当时的情感，填成一首《菩萨蛮·惊梦》：

兰闺索寞翻身早，夜来触动离愁了。底事太难堪，惊侬晓梦残。
征人何处觅？六载无消息。醒忆别伊时，满衫清泪滋。

此时“和泪填词”的李淑一，并不知道柳直荀已经牺牲。她确知丈夫的死讯，已是在长沙解放以后。曾是柳直荀战友，当时任统战部部长的李维汉，给李淑一去信，告知：“直荀同志，1933 年（实为 1932 年 9 月 19 日。笔者注）牺牲于洪湖革命战争中。工作时我和他在一起，牺牲时我们已离开。”至此，李淑一才确知柳直荀的消息。柳直荀的被害真相，李淑一是在 1951 年才从谢觉哉的口中得知。此事对她打击极大，她很难理解的是，柳直荀竟死在十分了解他，知道他对革命无限忠诚，又是他老同学的夏曦之手。

毛泽东的夫人杨开慧，曾与毛泽东一起，从韶山前往广州，又从广州到武汉。“八七”会议后，她与毛泽东一道回到长沙，住在北门外沈家大屋旁的八角楼。毛泽东部署发动“秋收起义”后，率领部队去往井冈山，杨开慧则在板仓地区从事秘密革命活动。1930 年 10 月，杨开慧被敌人密探发现，遭到逮捕。押到长沙后，杨开慧遭到敌人的严刑拷打和百般利诱。他们妄图从她这里，打听到地下党组织的名单，还希望从她这里，得到毛泽东的具体地址。可杨开慧不是拒不开口，就是以“不晓得”回应。

当时杨开慧才不过 20 多岁，身边又带着孩子，敌人便妄图由此来瓦解她的意志。一次，一个执法处长在客厅接待杨开慧，假惺惺地说：“你年纪轻轻的，上有老母，下有孩子，要好好想一想，何苦执迷不悟，跟着毛泽东呢？只要你登报声名，和毛泽东脱离夫妻关系，就可以马上得到自由。”这，遭到杨开慧的愤怒拒绝。敌人见从杨开慧身上得不到他们所需要的东西，便下令杀害她。1930 年 11 月 14 日清晨，杨开慧在长沙浏阳门外识字岭光荣就义，年仅 29 岁。

三

李淑一不仅丈夫被害，挚友杨开慧也为革命壮烈牺牲，自己的身心也受到很大摧残。1950 年 1 月 17 日，她给毛泽东寄去一函。她祝贺毛泽东领导中国人民旋转乾坤的胜利，并把自己所知道杨开慧牺牲的情形告诉毛泽东。对自己在白区多年的生活及丧夫的痛苦，她也一并向这位丈夫多年的战友陈述。4 月 18 日，毛泽东给李淑一回信。在信中，毛泽东深情勉慰李淑一：

“直荀牺牲，抚孤成立，艰苦备尝，极为佩慰。”

信末还问候柳直荀的父亲柳午亭和李淑一的父亲李肖聃先生。

李淑一后来知道，毛泽东在延安时，就向来自长沙的同志打听李淑一母子的生活情况。到北京后,毛泽东又让秘书打电话给柳直荀李淑一的儿子柳晓昂,问生活上有什么困难没有。一段时间,李淑一生病,半年多没有教书。有人就将此情况告诉毛泽东,并建议让毛泽东出面,向专门容纳文化界人士的中央文史研究馆推荐,让李淑一来此担任馆员。这中间,当然也有照顾革命烈士亲属的意思。但是,毛泽东却感到这事有些困难。他打算自己来承担对李淑一的帮助。这件事,我们从毛泽东当年写给秘书田家英的信里可以见出:

"李淑一女士,长沙柳直荀同志(烈士)的未亡人,教书为业,年长课繁,难乎为继。有人求我将她荐到文史馆为馆员,文史馆资格颇严,我荐了几个人,没有录取,未便再荐。拟以我的稿费若干为助,解决这个问题。未知她本人愿意接受此种帮助否?她是杨开慧的亲密朋友,给以帮助也说得过去。请函询杨开智先生转询李淑一先生,请她表示意见。"

杨开智是杨开慧的哥哥。后来,受委托的杨开智专程看望了李淑一,转达了毛泽东的意思。毛泽东的这封信,透露了建国初期的许多信息。当时,就算位高权重的毛泽东,推荐几个人到中央文史馆工作,竟都未被录取。就连革命烈士亲属的李淑一,也只好"未便再荐"。只能自己想法子,用稿费帮助。当然,毛泽东还是很重情谊的。李淑一到北京自己儿子家时,毛泽东马上派自己亲属王海容前往探望。后来李淑一只是在湖南省挂了个文史馆员的名。相较而言,比中央文史研究馆馆员级别和待遇,差得很远。直到1977年,李淑一才终于受聘到中央文史馆工作,可那时已是在毛泽东逝世之后,是由邓小平同志批准才办理的。

1957年1月,毛泽东18首旧体诗词发表,李淑一读后颇受感染。2月7日,她便直接给毛泽东写信,表达她读了诗词后的感受;同时,她还就毛泽东诗词中的个别字眼,提出了自己的看法。之外,她还将自己1933年所写怀念柳直荀的那首《菩萨蛮·惊梦》附上,以见自己当时心迹;最后,她还录了毛泽东当年写给杨开慧的《虞美人·枕上》开首的二句,希望能得到词的全部。

接到李淑一的来函,自然也勾起毛泽东的绵长思绪。他随即填出一首怀念杨开慧和柳直荀的《游仙》词,写在回给李淑一的信中。此词别具风格,孕思念于神游之间,记哀情却饱含乐观精神,是一首难得的佳作。今天,它已广为人们所知,但毛泽东写给李淑一的函件,亦颇富情致,值得录出:

淑一同志:

惠书收到。过于谦让了。我们是一辈的人,不是前辈后辈的关系,你所取的态度不适当,要改。已指出"巫峡",读者已知所指何处,似不必再出现"三峡"字面。大作读毕,感慨系之。开慧所述那一首不好,不要写了吧。有游仙一首为赠。这种游仙,作者自己不在内,别于古之游仙诗。但词里有之,如咏七夕之类。

我失骄杨君失柳,杨柳轻飏直上重霄九。问讯吴刚何所有,吴刚捧出桂花酒。

寂寞嫦娥舒广袖,万里长空且为忠魂舞。忽报人间曾伏虎,泪飞顿作倾盆雨。

暑假或寒假你如有可能,请到板仓代我看一看开慧的墓。此外,你如去看直荀的墓的时候,请为我代致悼意。你如见到柳午亭先生时,请为我代致问候。午亭先生和你有何困难,请告。

为国珍摄!

毛泽东　一九五七年五月十一日

在毛泽东的函件里，这要算很长的了。当时毛的工作极为繁忙，抽暇来草函填词，可见其对此事的看重。接到这样一封饱含深切情谊，同时又有新填词作的珍贵函件，李淑一自然异常兴奋。有人以两句诗，形容此情此景："卅年化雨鱼离水，一阕新词蝶恋花"。真正十分贴切。

兴奋之余，李淑一在给同学上课时，便将这首毛泽东的新词，介绍给大家。许多同学听了课之后，便把词作抄在自己的笔记本上。当时正在李淑一任教的长沙第十中学实习的，湖南师范学院中文系三年级的学生，读到这首词后，便要求拿出去发表。李淑一对他们讲："这是私人唱和，如果要公开发表，得经过毛主席的许可。"

年轻人有热情，无所顾忌。几个同学一起，便立即给毛泽东写了一封信，请毛泽东批准该词在他们所在学院发表。写信的时间是1957年上半年，可大约当时国内运动纷繁紧张，或者是考虑该词发表的时机，一直到当年11月底，毛泽东才给学生们回信：

"来信收到，迟复为歉！《蝶恋花》一词，可以在你们刊物上发表。《游仙》改《赠李淑一》。祝你们好！"

在回信中，毛泽东还将学生随信寄去的原词抄稿，亲笔校正了笔迹不清的草字，改正了抄错的标点符号。对于诗词之类，毛泽东是颇为用心的。但是，不知出于何种考虑，毛泽东将原词题目由"游仙"改为"赠李淑一"。其实，在给李淑一的信里，他已将为何命题"游仙"，作了明白的解释。从词的内容及辞采看，"游仙"这个题目是十分贴切的。

1958年元月1日，毛泽东的这首词，就在这所普通学校的院刊《湖南师院》上发表。题目便成了《蝶恋花·赠李淑一》。发表之后，当然很快产生反响。上海《文汇报》首先转载了这首词。之后，《人民日报》《诗刊》和全国多家报刊，也纷纷刊载，很快在读者中广泛流传。

1958年7月，人民文学出版社出版了《毛泽东诗词十九首》。除了先前在《诗刊》发表的十八首外，增加的就是这首新填的《蝶恋花·

赠李淑一》。

1963 年,人民文学出版社出版《毛泽东诗词》,这首词的题目,由“赠”改为“答”:《蝶恋花·答李淑一》。这当然是毛泽东本人考虑定下来的。李淑一见到后,认为这样改:“更切词意了。”在后来的回忆文章里,她这样分析:

“比如,我在抄给毛主席的《菩萨蛮》里,写道:‘征人何处觅?六载无消息。’毛主席向我回答了‘征人’的去处:‘杨柳轻飏直上重霄九。’又如我在《菩萨蛮》词中写的后两句是‘醒忆别伊时,满衫清泪滋。’主席答我的是:‘忽报人间曾伏虎,泪飞顿作倾盆雨。’我是在想念传闻中牺牲了的亲人,毛主席答我烈士忠魂也因人民革命的胜利而高兴落泪。”

四

因李淑一而引发的这首毛泽东《蝶恋花》词,使得对杨开慧的纪念也有了助益。杨开慧牺牲后,人们为了纪念她在板仓的革命活动,将她的忠骨运到板仓,埋葬在她故居附近棉花坡的山冈上。全国解放后,当地对杨开慧的墓进行了多次整修。1958 年,毛泽东这首词发表,人们将当地清泰乡改为“开慧公社”;烈士故居板仓命名为“开慧大队”,并在烈士幕后立碑,镌刻有“光辉长照后人心”的题字。

由这首词,我们可以看出,毛泽东对杨开慧的确有很深很浓的感情。就在杨开慧牺牲之时,远在苏区的毛泽东听到噩耗,立即写信给杨开慧的亲属。信中有“开慧之死,百身莫赎”的句子。毛泽东当时还寄钱为杨开慧修墓。那块以子女名义,最早立起的碑,就是毛泽东寄钱所立:

毛母杨开慧墓

男　岸英　岸青　岸龙刊

民国十九年冬立

1962 年章士钊在与毛泽东谈到这首词时，询问到“骄杨”一句，毛泽东慨然回应：“女子革命而丧其元（头），焉得不骄！”当年 11 月，杨开慧母亲去世，毛泽东在发来的唁函里，致以沉痛哀悼，并称杨开慧为“亲爱的夫人”，情感的深挚绵长，清楚可见。

在接到毛泽东的信及词后，遵毛的嘱咐，李淑一到板仓去祭扫了杨开慧的墓，并把祭扫的情况写信告诉毛泽东。当年 12 月 17 日，毛泽东又复一封短函。毛泽东还请李淑一去看望杨开慧的母亲。

1959 年 6 月 27 日，毛泽东回到长沙，接见了李淑一及杨开慧的兄嫂杨开智、李崇德。会见时，毛泽东对在座的柯庆施、华国锋等人说：她就是李淑一，是开慧的好朋友。前年她把悼念柳直荀的词寄给我看，我就写了《蝶恋花》这首词和她，完全是照她的意思和的。

不久，李淑一还想与毛泽东见面，便写去一信。毛泽东 9 月 27 日回信：一星期后，如有时间，拟请你来此一叙。如无时间，则作罢论，尔后还有见面的机会。

可是，这个机会终于没有了。1976 年 9 月 9 日，李淑一在上海妹妹家，惊悉毛泽东逝世的消息。她悲痛欲绝，哀号不已。当年 12 月 26 日，毛泽东生日之时，李淑一感奋之间，欣然作诗一首，表达情怀：

吴刚方罢中秋宴，忽报神州来伟人。
杨柳翩跹迓迎客，嫦娥歌舞寿佳宾。
更喜尘寰除白骨，又看天上耀金星。
韶山红日昭千古，西岳峰高腾巨鲲。

1977 年，在毛泽东逝世之后，经邓小平的关照，李淑一被聘为中央文史研究馆馆员。住房待遇亦有了改观，住进了当年被世人看重的“部长楼”。在这里安度了近 20 年后，于 1997 年 6 月 13 日逝世，享年

96岁。

毛泽东一生，作诗填词甚多。或浩然兴会，或舒展深情，均大气磅礴，光亮夺目。在这些诗词里，因李淑一而生发的《蝶恋花》一曲，别具特色。该词以神奇想象，抒思怀情致，将民族大业与个人价值，都容纳其间，使人在缅怀中扬奋进精神，在振作里含深微情思。是一首超迈一时一地，使读者在时代思考和情怀感染两面，都获得丰富教益的可传可诵佳作。

这首词的诞生，是李淑一的激发，我们为她对先烈的缅怀感动。毛泽东对“杨柳”二烈士的纪念，是一种更高境界的升华。将生与死的思考表达，都放置在更广阔的层面去展开，这当然更值得我们珍视。珍视历史，珍视艺术，珍视伟大而深挚的人生的情怀！

曹聚仁:记录出一本经典

一

上世纪二十年代,是西方文化思想进入中国的高潮时期。当此之际,一批深受中国传统文化影响的学人,面对这些与自己一生所受教育和研究大相径庭的东西,真如遇见“洪水猛兽”。所以,起而迎对,甚至激烈反抗,真是再正常没有的。毕竟,这些东西动摇了人家赖以安身立命的精神根基。

1922年春,上海的一个江苏省教育会,约请在传统思想文化方面极有造诣的章太炎先生,作有关“国学”的系列演讲。其目的,当然是希望通过宣传“国学”,迎对汹汹而来的西方文化。在对外发布的《省教育会通告》上,是这样解说的:

“自欧风东渐,竞尚西学,研究国学者日稀,而欧战以还,西国学问大家来华专事研究我国旧学者,反时有所闻,盖亦深知西方之新学说或已早见于我国古籍,借西方之新学,以证明我国之旧学,此即为中国文化沟通之动机。同人深惧国学之衰落,又念国学之根柢最深者,无如章太炎先生，爰特敦请先生莅会，主讲国学。”

章太炎是一代古文学大师，对于一般人，听他的演讲，机会自然十分难逢。这次系列演讲，安排在当时上海西门职业教育的大礼堂，时间是每个星期六的下午，每次两个小时，一共十二讲。说来有趣，尽管组织者与听讲者都有很足信心，第一天演讲，就吸引了一千多人到场。对于一场学术演讲，可算得盛况空前。可第二天，人数便大大减少，不足百人；再往后益发少了，最少的一次仅二十来人；只是最后一天，人们捧场，数量多了一些，也不过七八十人。对于一些人的“复古”信心，由此状况看，该是一个很大的打击吧。

为何会出现如此结果呢？也许有几方面原因：首先，章太炎讲的内容，太过专门——“国学的派别”“哲学的派别”“文学的派别”“今文”“古文”（传统本意），“今古文”家各方观点争执等等，虽然他“对中国古籍研读至深，有着深刻的理解和卓越的创见”，可这些内容，对于一般人说来，绝大部分听不懂，也不感兴趣；再就是章太炎如许多学人一般，满口土语，是一种带余姚方言的杭州话，一般人很不容易懂。在演讲过程中，章太炎还一面吸烟，一面低声演讲……几方因素凑合，演讲的效果就可想而知了。

虽然如此，江苏省教育会事前的安排还是周致的。为留下内容，他们专门派了两位对旧学有些根柢的老先生，随堂记录。可惜，记下的东西，完全不能成篇。后来发表在《申报》上的一部分，错误百出，只好停载。另外，《申报》《新闻报》等，也都派出记者，随堂报道，可从结果看，也完全不能懂演讲内容。可是，由民国元老邵力子主持的《民国日报》的“觉悟”版上，却刊载出忠实可靠，文字顺畅的演讲内容。这叫读者，甚至章太炎本人都感到惊奇。

二

原来，章太炎的这次系列演讲，主持“觉悟”版的邵力子也前往听讲。当时为了给报纸发文,他带了一个记录员,这个记录员是年仅22岁的曹聚仁。从后来的记录结果看,曹聚仁的确十分称职。可人们也许会不解,前面所说记录的几个问题,这小青年怎么就解决了呢?说来还真凑巧,与章太炎同样,曹聚仁也是浙江人。章太炎是浙江余姚县人,曹聚仁为浙江浦江县人,两县相距不远,所以口音听起来没有什么困难;另外,从学问方面讲,曹聚仁对章太炎的演讲内容,也颇能领会。

人们也许更就奇怪,江苏省教育会派去的两位记录员,是对旧学尚有根柢的老先生,结果弄出来的东西错误百出,《申报》《新闻报》记者,更加不在行,曹聚仁不过22岁,他怎么就能对章太炎的演讲内容,记录得“高度正确”(章太炎之语)呢?这一点,也许得从曹聚仁受的教育说起。

原来,曹聚仁的父亲是一位程朱派的理学家。从他那里,曹聚仁接受了朱子《近思录》《小学》这样的著述来作为入门功课;其它《大学》《中庸》,更是童蒙教育的一部分。他后来的老师朱芷春,是一位醉心于王船山史学的人;对曹聚仁影响很深的,是著名学者单不庵先生。单不庵是考证学家,在校勘训诂上有很深的功力,对段玉裁的《说文解字注》,也深有研究。曹聚仁在这些前辈的指导下,对旧学那些东西,不仅是一般了解,而且有相当的领会,这应该是他能记录章太炎深奥学问的基础。

这且不说,曹聚仁在杭州一师上学期间,由于老师们的影响,他又翻读过了章太炎的《国故论衡》和《检论》之类著述,对章太炎的学术思想,有了相当的了解,这样一来,章太炎讲的那些东西,对于曹聚仁,理解起来就容易多了。

当然,就算有这些条件,在记录章太炎的演讲内容时,曹聚仁并不敢怠慢。听讲之时,他又把章太炎《检论》《国故论衡》拿了出来,随时翻检，所以，章太炎演讲的思路及内容，在曹聚仁，就没有什么隔碍了。有些地方，章太炎演讲有所疏简的，曹聚仁又根据其著述的有关内容，加以充实、批注，这样下来，这份演讲记录稿，不仅内容准确，且颇为完善，所以受到邵力子先生的赞扬，并安排在《民国日报》“觉悟”版上连载。

因为几家报纸都在发表章太炎演讲的内容，章太炎本人当然都读到了。可是，他对“觉悟”版面上发表的演讲记录稿，却大感惊异。阅读下来，他对人说：这记录的文字，没有错过一句话，没有写错过一个人名，一个地名，可以说“高度正确”。因此，章太炎到处探问这个记录者的学历。结果，他首先没有想到这只是个 22 岁的小青年。他以为具备这般学问，总该是位饱学的长者才对。后来，章太炎从钱玄同那里知道了曹聚仁是单不庵的弟子（钱玄同的嫂嫂是单不庵的姐姐），这才知道这小子真有些学问，他便托人带话，让曹聚仁去拜门做他的弟子。

三

这个章太炎演讲记录本，在报纸上连载时，便获得人们欢迎，后由章太炎本人肯定，可靠当然不成问题。于是，这份记录稿当年很快便以《国学概论》之名，由上海泰东图书局印行了出来，署名：章太炎讲演，曹聚仁整理。这是曹聚仁出的第一本书，也是极有影响的一部书。说来也有趣，章太炎本人的《国故论衡》，只在一些学问家的圈子中流行，发行十分有限；而这部由曹聚仁笔录的《国学概论》，却成了一部畅销书，竟先后刊行了 32 版，成了当时及后来很长一段时间的大中学教材或参考书……此外，还有大西、武田两个日文译本，三个香港本，时至今日，上海古籍出版社、中华书局等出版机构仍将此书先后印出，作为经典予以解说……就在曹聚仁生前，他说印数“总在十万部”，加上近年来的印数,对于一部学术著作,数目之大,说起来真像是奇迹。

从读者方面去考虑,在章太炎的著述中,除内容艰深外,文字的古奥,也是阻碍了一部分人阅读兴趣的方面。而在曹聚仁的记录稿中,这些内容就必须以相对明了的白话录出,再加上记录者的随时疏解,深奥内容就可以以较浅白的文字表达出来,这也是该书得以畅销的一个重要方面。当然,章太炎先生所讲的扎实内容,也是该书能站得住脚的根本。

对于该演讲的价值,记录者曹聚仁在出版时这样说:"任在何时何地的学者,对于青年们有两种恩赐:第一,他运用精利的工具,辟出新境域给人们享受;第二,他站在前面,指引途径,使人们随着在轨道上走。因此可以说:学者是青年们的慈母,慈母是兼任饲育和扶持两种责任的。太炎先生是当代的学者,我们读他所著的《文始》《国故论衡》《齐物论释》《新方言》《小学问答》等书,就可明白他辟出多少灿烂的境地!先生以前在东京、北京,这次在上海,把国学为系统的讲明,更可见他对于青年们扶掖的热忱。"

从江苏省教育会的初衷看去,他们当然是想通过章太炎的国学演讲,收到人们信旧复古的功效,可不料从直接的听众看来,感兴趣者却没有多少;就连一份完整的曹聚仁记录稿,也由于在"觉悟"版发表时,随时加以别样解说甚至批判,作用上更就大不同了。例如,章太炎在讲到现代白话文时,有一段议论:"诗至清末,穷极矣。穷则变,变则通;我们在此若不向上努力,便要向下堕落。所谓向上努力就是直追汉、晋,所谓向下堕落就是近代的白话诗,诸君将何取何从?"曹聚仁是受到新文化熏陶的青年,当然不满意这般看法。在发表这一节记录的几乎同时,自己写了文章《讨论白话诗》,以给章太炎的信的形式公开发表出来,接着写出《新诗管见一》,对其观点予以辩驳:"新诗古诗,道并行而不悖。若抱入主出奴的鄙见,以爱恶为去取,则于学问为不忠实,于个人为自满徒引起无谓的争执罢了。……太炎先生主张‘新诗不是诗’,是先确定了‘有韵为诗’‘白话诗全无韵’两前提,理论上并无错误。他承认《百家姓》《千字文》《急就章》是诗,也并非故意强辩,为了排斥新诗才引之入内的。他的主张,在新诗未发现以前已确立,是本之于古而立言的。……我们再看各杂志报纸所载新诗,其中固然有无韵的,但有韵的也很多。可见太炎先生的丙(即白话诗与有韵文字分离)观念完全错误。”

接下来,曹聚仁又写出《新诗管见二》,在批评“有韵为诗,无韵为文”的观点上,更进一步认为:“诗文是同源的。”不过是人类的一种需求:“由于语言不能完全申述需求的意思,才产生文字,由文字而产生诗与文,所以我说诗文共同的本源是‘需求’。……诗文既同出一源,可见根本上并无区别。”在谈及诗文分歧的原因时,曹聚仁认为:诗文虽然是人的需求所致,可需求又含有“智、情、意”三种作用。“诗、文所以分歧,便是因此。情意作用发达的是‘诗’,理智发达的是文。”结论为:“并且由情意而发出的诗,完全是天然的,不期其有韵而韵自具,白话诗也是如此的。所以我们判别诗文决不可专重在有韵无韵的。”应该说,章太炎在强调一个观点时,确是有些以点盖全的问题。

主张发表章太炎演讲稿的邵力子,也以《志疑》为题,发表了批评的看法:“太炎先生似乎有两种积习未能全除:一,好奇。二,恶新。……关于白话诗,他(章太炎)既知道《尚书》即是当时的白话,何以古时的白话文可奉为经书而现代的白话文便无价值呢?……太炎先生又疑白话文纪述方言各异的口语,不应尽同,似乎他于近人‘文学的国语’的主张未曾看过,但我还请太炎先生下一比较的断语!白话文固然也不能尽传真相,但比文言文又如何呢?”

由此看来,曹聚仁、邵力子等一干受到新思想熏陶的文化人,虽然参与到记录、整理、发表这些演讲稿的过程,但他们决不满足于整理发表，他们还要发表自己的见解，写出这些犀利的文字，来对章太炎的演讲内容进行辩论。可见就在当时，文言与白话的斗争还相当激烈。同时，人们对于国学的宣传，倒也没有犯一概而论，一棍子打死的毛病，人们从这部记录出的《国学概论》里，读到的还是有关中国文史方面的相关知识，也并没有陷入“复古”的彀中，这在今天可以看得格外清楚。

那么，曹聚仁从章太炎的演讲里，除去得到一份变成畅销书的记录稿，还有哪些收获呢？据曹聚仁在近五十年后的回忆看，首先，章太炎启发曹聚仁的，不仅是国故知识，而是他的“论史观点”。例如，古典儒家重要著作《大学》里，有“身修而后家齐，家齐而后国治”这样久远影响后世的话。章太炎却说：能治国的未必能齐家，如唐太宗，要算是历史上的贤明君主，唐太宗时，要算是太平盛世，可是李氏的家，真是一塌糊涂，事事不可告人的。为了争王位，兄弟自相残杀，李世民的残忍，跟雍正皇帝差不多。不仅此也，他杀了长兄幼弟，连嫂子和弟妇都搜入后宫去的……所以，家齐而后国治的话是靠不住了。听了章太炎的解读，曹聚仁说，对自己有“启发昏蒙”的作用。“从那以后，我才敢怀疑一切所谓金石良言，尤其是儒家哲理。我那时已经劈过孔圣人的神主牌，什么斤斗都敢翻了！”

此外，在一些具体问题的解说上，章太炎同样给曹聚仁以良好教诲。章太炎曾经讲：赋者，铺也，如铺衣卧似的。古代凡兵事所需，由民间供给的谓之赋。在收纳民赋时候，必须一一按件点过。赋体也和按件点过的一样，因此而得名。听了章太炎的解说，曹聚仁不禁赞叹“说得多么透辟”。由此生发，曹聚仁联想到“诗赋”“词赋”这样的文艺名词，例如班固的《两都赋》、张衡《两京赋》、左思《三都赋》，都是所谓的传世名作，都轰动一时，大家都去抄，弄得“洛阳纸贵”。可后来在《文选》上读到这些名篇，感到并没有什么了不起。想不通。这样的东西，让人连念都不想念，何况叫人去抄？章太炎告诉说：古代没有字典,一般人识字不多。这些赋篇,有如《千字文》一样,供给了许多新字,所以大家抢着去抄。不过当字典用罢了。听了这话,曹聚仁恍然大悟!由自己会心去读古书,用怀疑的精神去读圣贤书,应该是曹聚仁从这次记述章太炎演讲经历中最大的收获了。

四

曹聚仁由此与章太炎结下了因缘。这缘分后来竟传了下去。曹聚仁笔录整理章太炎演讲文稿 60 多年后的 1980 年代,三联书店要出版曹聚仁晚年作品《听涛室随笔》。此时曹聚仁已经逝世,受托整理这部著作的,是章太炎的孙辈章念驰。这部作品,经校订后更名为《中国学术思想史随笔》,在 1986 年印出。在"校订说明"里,章念驰感叹地说:"我受托整理这部著作,从事这桩很愉快的劳动。六十年前,曹先生为我先祖父笔录了国学演说《国学概论》;六十年后的今天,我竟有幸为他整理生前的国学著作,真是历史的巧合。"

今天,又面临着一个"国学热"的时期。什么是"国学",对它应该持一种怎样的态度?笔者想,从当年曹聚仁记述章太炎关于"国学"的演讲过程,已经留下了许多可以参照、借鉴的东西。曹聚仁从章太炎这位先哲那里获得的"论史观点",也许是今天人在"国学热"中应该特别关注的。这,对于此文说来,应该不是什么题外话。

郭沫若与《资本论》

郭沫若先生以诗人又历史学家著称于世，但是，他对社会改造的理论问题，对马列主义一直怀有极大的兴趣。我们从他研读马克思的巨著《资本论》过程，可以清楚见出这一点。

一、差点翻译了《资本论》

1924年11月，在国外留学的郭沫若由日本的福冈携妻儿回国。抵达上海后不久，一个名为"学艺社"的组织，打算办一所私立大学——学艺大学。郭沫若被指派为筹备委员，并被预定为学校的未来教授。当时离学校的开办还有相当一段时间，所以郭沫若必须找一点工作以维持全家人的生活。因此，他便打算翻译马克思的巨著——《资本论》。

当时郭沫若欲翻译《资本论》是很有道理的。首先，《资本论》出版已近60年了，它的价值已经在世界各国强烈反映了出来；并且，多个国家都有了它的译本，而中国当时却是一个空白。再，在日本时，郭沫若曾将日本河上肇博士的《社会组织与社会革命》翻译了出来。该书是日本初期马克思经济学说研究的高峰。因为翻译的缘故，"不仅使我认识了资本主义之内在的矛盾和它的历史蝉变，而且使我知道了我们的先知和其后继者们是具有怎样惊人的渊博的学识。世间上所诬蔑为过激的暴徒其实才是极其仁慈的救世主。”（见《创造十年续篇》）基于此，郭沫若便立下了认识马克思主义理论，并翻译《资本论》这部巨著的宏愿。

当时郭沫若的想法，是在翻译期间，每月由出版社提供若干生活费，书译成后，交出版社以为偿付。这其中有个原因，先前郭沫若翻译的河上肇《社会组织与社会革命》一书，是由商务印书馆印行的，而且当时国内论实力商务印书馆数一数二，《资本论》这样的大书，也只有商务来承当印行比较可靠。因此，郭沫若便向商务印书馆提出要求。

将《资本论》的出路定在商务，除去实力外，还因为郭沫若有许多朋友也在该书馆任职。翻译《资本论》的想法，首先得到了朋友们的赞成；尤其是当时商务编译所任庶务主任的何公敢，他甚至迫不及待从东方图书馆中，将翻译需参考的《资本论》英译本都为郭沫若借了出来。在朋友们看来，这事并不成问题，只须在编审会上通过一下便可以定下契约了。

应当说，由郭沫若来翻译这部著作是很称职的。他对社会问题一直有很浓厚的兴趣，同时又熟稔德文，又有日文译本可供参照，因之，他对这件事是抱着很大希望的。当时郭沫若预定下一个五年译完《资本论》的长期计划。据他估计，《资本论》全部译成，中文大约会有四百万字左右，而且内容又较为专门，所以时间需得充分一些。此外，据郭沫若所知，日本的一位译者是用了十年时间才将《资本论》译成日文的。用这个时间比较，郭沫若以一人之力完成此译本，五年时间是合适的。

但出人意料的是，翻译《资本论》的计划，在商务印书馆的编审会上未获通过。理由是——“不便”！潜台词大约是该书的色彩会为书馆带来一些麻烦。在这个“不便”的后面，对郭沫若还补充了一句：翻译其它任何名作都可以。

因为郭沫若计划翻译《资本论》,是有为中国介绍一部名作这样抱负的。而现在叫他改换其它著作,他便失却了兴趣。连翻译的念头也打消了。但他对《资本论》这部著作,仍然怀着尊崇的心情常常阅读的。可惜的是机不凑缘,由郭沫若这样的名人来翻译马克思巨著《资本论》这样的良好愿望,成了一个无奈的历史遗憾。

二、细读《资本论》

没有翻译成《资本论》,在郭沫若看来是"一桩遗憾",但这却并未影响他对这部著作的重要性的认识和仰慕之情。

1927 年,有感于蒋介石攫取革命成果,并向革命者挥动屠刀的行为,郭沫若写出了著名的讨蒋檄文《请看今日之蒋介石》,遭到蒋介石的通缉;接下来郭沫若又被推举为"八一"南昌起义的革命委员会成员。之后,郭沫若在上海秘密休养了三个多月。没有也不便在国内公开露面了。为度过这段时间,郭沫若首先补译、整理出了歌德《浮士德》第一部,写出了以《恢复》为名的 24 首新诗;此外,为充实自己的理论认识,郭沫若还通读了一遍《资本论》的第一卷。

1928 年元月 16 日,郭沫若的日本籍夫人安娜到书店为他买回了日文译本《资本论》两册。这个译本的译者是日本著名学者高畠素之。高畠素之以十年之功译出了这部巨著,译完后不久便病逝了,所以有人认为这是翻译过程中过度操劳所致。由此说来,这个译本是由作者和译者心血共同玉成的。

为什么在这么紧张甚至危险的状态下,郭沫若要来啃这个大部头呢?就在此前几年,为讨论社会发展出路,郭沫若与许多人进行过论辩。在辩论过程中,一些人引用过马克思原著中的论述;郭沫若自己也不断引用马克思、恩格斯以及列宁的一些论述。经过了严酷的阶级斗争现实,郭沫若更感到有周详、深入研究马克思主义的必要,所以购回了这部著作的译本(当时,中国还没有《资本论》的中文译本)。

拿到这个译本后,郭沫若在当天便读完了其中“商品与价值”这一章。为对照,他又参读了列宁的《党对于宗教的态度》一文。接下的几天,郭沫若又读了马克思《政治经济学批评·序言》,并将其中关于唯物史观的一段重要结论译出记录在日记里。

这段时间里,郭沫若在作文时,常常引用马列的一些论述,来评及现实生活中的文艺及其他现象。譬如在阅读《资本论》的期间,他写了一篇表达文艺观点的杂谈《桌子的跳舞》。在其中,他引用了列宁《左派幼稚病》中的一段话:

“大众的同盟者虽然是一时的,动摇的,不安定的,而且是难于信赖的东西,但为确保其与无产者的联盟,就是最小限度的可能性我们都要无条件地利用。”

对这段论述,郭沫若认为:“这是伟大的战略,我觉得在文艺线上也可以应用。我们应该组织一个反拜金主义的文艺家的大同盟。”

在《桌子的跳舞》一文中,郭沫若还引用了著名马克思主义文艺理论家,卢那察尔斯基的《文艺领域内的党的政策》一文中的话,来论述作品思想倾向对于社会影响的效果。可见当时他对马克思主义及其有关著作的阅读是较为广泛的。

虽然这段时间郭沫若一边写诗,一边作文,但到 29 日这一天,他终于陆陆续续读完了日译本《资本论》第一卷。从购到的当天算起,到此也不过十二三天功夫,可以见出郭沫若还是很努力在挤时间阅读的。在 29 号的日记里,郭沫若结合阅读及自己的实际和现实状况,对革命者的出身及遭际作了一番论述:“威特林与蒲鲁东均工人出身,但均逃入了小资产阶级阵营。马克思和恩格斯并非工人出身,却成了无产阶级的伟大的导师。谁说无产政党不要知识阶级?谁说非工人不能做无产阶级的文艺?……法兰西二月革命影响及于全欧,但德、奥、比、法军相继失败，白色恐怖弥漫，马、恩却只得向海外亡命。”

郭沫若这段时间对马列原著，特别是《资本论》的研读，对他后来常常发表的关于无产阶级文学的看法，有着密切的联系；对他思想，也有十分明显的影响。

三、考证出《资本论》中提及的中国人

虽然自己没有翻译出《资本论》，但是对《资本论》的中文译本，郭沫若是颇为关注的。1930年，著名经济学教授陈启修先生翻译的《资本论》中译本第一卷第一分册，由昆仑书店出版。成为我国第一个该著作的译本。1936年间，正在日本亡命的郭沫若在阅读这个译本时，发现其中对《资本论》中唯一提及的中国人是谁没有搞清楚，于是做了一番考证，并终于考证出了这个中国人的姓名及相关情况。

《资本论》中唯一提及的中国人的地方，并不在正文中，而是在首卷第一篇第三章标号为“83”的脚注里。在经济学教授陈启修先生翻译的《资本论》第一卷第一分册里，涉及唯一中国人的一段是这样翻译的：

中国的财政官万卯寅（原文是 Wan－mao－in，我曾托友人到清史馆查此人的原名，现在还无结果，这里姑译为“万卯寅”，等将来查明时再改正罢。日译本译成“王猛殷”或“王孟尹”，那当然是因为日本人不知道中国人的罗马字拼音法的缘故，却也未免差得太远了。——陈）暗暗地立了一个计划，想把大清帝国纸币变形为银行兑换券，打算把那个计划，奏请皇帝裁可。他在一八五四年三月的帝国纸币委员会的报告当中，大大地碰了钉子。不过，他到底因此受了照例的笞刑没有，却还没有明白的消息……

这段翻译与今天的翻译相较有许多用词的不同，但从译文中的自注可以清楚见出的，是当时的确还没有弄清楚这里提及的中国财政官“Wan－mao－in”究竟是谁。因此便有了“万卯寅”以及日译的“王猛殷”或“王孟尹”等猜测译名。

1936 年 6、7 月间，郭沫若先生抽出时间重读了陈先生这个中文译本。读到这一段时，顺便对此人（Wan - mao - in）做了一点考证。他翻阅了手头的《东华续录》，竟一下子查到了关于此人的记录。一八五四年是咸丰四年，那年的三月初一是庚子，在初五日甲辰项下有这样一条记载：

“户部右侍郎王茂荫奏：钞法未善，酌拟章程四条。并以兵民怨恨，自请严议。得旨：王茂荫身任卿贰，顾专为商人指使。且有不便于国而利于商者，亦周虑而附于条款内，何漠不关心国事，至如此乎？并自请严议，以谢天下。”

在接下的初八日丁未又有涉及的一条：

“谕内阁恭亲王奕訢、亲王衔定郡王载铨，奏：遵议王茂荫条陈钞法窒碍难行一折，著即照所奏均无庸议。……”

以下是对王茂荫的申斥之辞。对他的奏折大为不满，认为他“殊属不知大体！复自请严议以谢天下，尤属胆大！”云云；最后是“王茂荫著传旨严行申饬”。

郭沫若先生读到这两节记载，结合《资本论》脚注中所述相互比照，认为：“这王茂荫必然就是 Wan - mao - in 无疑。”日本的河上肇博士译为“王猛殷”，及高畠素之译为“王孟尹”，“王”字被他们猜中了。反倒慎重的陈启修先生的“万卯寅”一字也没有对准。

姓名查考出来，郭沫若先生十分振奋。按照资料提供的情况，他又对《资本论》脚注中提及的内容进行了一番论述。在全部弄通后，他认为陈启修先生译文不够妥当，便自己动手，将这个脚注的前半又翻译了一遍：

“中国的财政大员王茂荫上一条陈于天子，请将官票宝钞暗渡为可兑现的钱庄钞票。在一八五四年三月钞法核议会的奏呈中，王茂荫为此大受申饬。然其曾受法定的笞刑与否，则无明文。该奏议之结尾有云‘本核议员等曾将其条陈详加审核，其中所言专利商贾，于朝廷毫无一利。’”

郭沫若先生还对《资本论》这个脚注写了一点感想：

“马克思在这简单的几句话中，我看对于王茂荫是有充分的同情的。他担心这位大员的下体怕受了竹杖的敲打，其实这是过虑。王茂荫在严受申饬之后的第四天被调为兵部右侍郎，这或者是有些微左迁的意思，但他并没有受笞刑，却是可以断言。”

郭沫若先生的文章在上海《光明》（半月刊）1936 年 12 月第 2 卷第 2 号上发表之后，立即引起数篇文章响应。这些文章，对王茂荫的情况及王茂荫的钞法奏折有详细的介绍和补充。在读到这些学者的文章后，郭沫若发现自己的译文对其中一个词“Banknote”理解有误。按马克思行文中的概括，该词应是“泛指现代一般的银行钞票”，而先前郭沫若将它译为“钱庄钞票”，看来是不对的。因而，他在另一篇文章中，又将该段文字翻译为：

“献一条陈，暗将官票宝钞改变为可兑现的钞票。”

在科学事实面前，郭沫若从来是谦虚、严肃的。至此，《资本论》中这个注脚才算基本清楚了，这位官员名字的落实，对于国人颇为重要的疑点由此真相大白。这件事的首功，无疑当属细心读书、有心读书的郭沫若先生。

四、责任感的启示

郭沫若先生是二十世纪有影响的中国文化人。他所取得的成就虽然主要是在诗歌、历史学等领域，但是，探索中国社会发展的恰当道路，始终是当时一代知识分子不能释怀的责任。所以郭沫若一而再、再而三地阅读、研究，甚至准备翻译社会经济学原著《资本论》，那正是他对祖国富强的强烈责任感的表达。

今天，我国的经济较之郭沫若先生所处的时代，有了长足的进步。但是，如何使社会经济和文化全面、健康发展，仍然是当今知识分子所应当关注、研究的大问题。郭沫若先生当年研读《资本论》，关注社会问题的精神、情怀，至今仍值得我们发扬、继承，这是我们今天来回顾这段过往的意义所在吧。

史沫特莱创作朱德传记《伟大的道路》

1979 年 4 月，一部生动描述著名无产阶级革命家朱德的著作，在中国问世。不过，该书的作者不是中国人，而是中国革命的热烈赞颂和同情者，美国作家艾格妮丝·史沫特莱。而且，这也不是一部新作。如果从最早问世的日译本（1955 年出版）算起，距时也有二十多个年头。人们由此可以想见其中的曲折。所以，中文译本校者在序言的第一句，就用极具时代特色的话语说："《伟大的道路》中译本终于和我们广大读者见面了，这是粉碎林彪、'四人帮'的一个胜利成果。"

一

1937 年 1 月，作家兼记者的史沫特莱，来到了中国西北的一座古城——延安。在此之前，她在中国已经呆了七个年头；对中国当时的局势，从报纸中也有了一些了解。但是，为什么几百万甚至更多正直而勤劳的农民、工人，满怀理想的学生和知识分子，乐于赶赴陕北这片黄土地，为一种信念而奋斗甚至牺牲呢？这中间的情形，她却不能在官方的报纸中得到答案。于是，她决定自己亲眼去看一看，亲身体验一下这块具有磁石般吸引力，甚至有许多神奇色彩的地方。

到达延安的当天晚上，史沫特莱便与两位朋友一块去见朱德将军。

这样做的理由，非常简单但充满好奇。史沫特莱在中国的几年里，从国内甚至外文报纸上，读到了太多有关朱德的消息。这些消息，对他的称谓，并不那么好听：赤匪头子、共匪、杀人犯、强盗、放火犯等等。围绕着他的名字，可以听到人们编织的成百上千的传说。因此，史沫特莱最初的想象里，她将见到的朱德将军，一定是个“坚强英勇、脾气暴躁的人物，其滔滔不绝的论断，几乎可以使森林燃烧的钢铁般的革命者”。

但是，她见到的这位声名远播的将军：“看起来完全是一副普通面貌。要不是因为他身穿制服的话，很容易把他当作中国哪个村子里的农民老大爷，而忽略过去。”

当然，还是有一些不同寻常的东西，呈现在史沫特莱的眼前：一张简陋的，没有经过油漆的桌子上堆满了书籍、文件及信件；朱德的长相“既不丑陋，也不漂亮”：圆头，剪得短短的，头发黑白相间；前额很宽，而且微微隆起；颊骨也很突出，鼻子宽短，面色黝黑。而且，脸上皱纹很深，双颊下陷。看起来，比他的实际年龄（朱德当时刚满50岁）还要见老。史沫特莱后来知道：这时史诗般的红军长征刚结束不久。这一切，是营养失调和苦难在他脸上留下的烙印。

从这一切看去，朱德似乎真如一些对他怀有好感的人的评价：单纯、亲切、平易近人。但联想到他传奇般的经历，史沫特莱对眼前的这位将军，还是以自己对生活的体验认为：单纯，这个字眼也许需要稍加保留才显得真实。因为朱德看他们的眼睛，注意力非常集中，深邃而富有观察力。与许多中国人的黑色眼珠不同，朱德有一点淡褐色。大大的一对，闪烁着智慧和判断力。史沫特莱以女性特有的敏感和细腻想象:这样一位有着多年苦痛经历的革命指导者,既然能够生存下来,就不可能非常单纯。

朱德与来访者进行了一些交谈。史沫特莱以记者的方式,提出了许多关于朱德个人经历的问题,朱德简洁却真诚地作了回答。他还做了一些纠正。例如自己出身是在一个佃农家庭,而不是一些人传说的富有的地主家庭。但是,当史沫特莱站在局外人立场,轻松地提起报纸上称朱德为“土匪”的说法时,她以为朱德会像自己一样,不置可否或一笑了之。可这位将军却不仅没有笑,反而突然默默垂下了头,眼睛望着地面,面孔犹如悲剧人物那样,流露出深沉甚至悲戚的表情。虽然这只是一瞬间,但朱德回答的音调却高亢起来:

“土匪问题是个阶级问题。”

从朱德回答问题过程中,史沫特莱感受到无限的丰富;从她获得的整个感觉看:声音、动作,以至朱德的每一个脚步,都充满了大丈夫气魄。而一个有这样经历和品格的人,人们却很少了解或基本无人了解。史沫特莱有一种强烈的冲动:为这位并不被人深入、深切、深刻了解的人物写一部传记,因为他与其它报纸和传言中的形象有太大的距离。而他的经历和性格,又有更多可以透视这个国度,这个社会的地方。

这个念头一产生,史沫特莱便将它凝定下来。当朱德问她打算在延安做些什么事时,史沫特莱立即回答:“我希望你把一生全部经历讲给我听!”

朱德感到有些突然:“为什么呢?”

“因为你是一个农民。中国人十个有八个是农民。而迄今为止,还没有一个人向全世界谈到自己的经历。如果你把身世都告诉我,也就是中国农民第一次开口了。”

二

尽管朱德告诉史沫特莱，自己的生平只是中国农民和士兵生平的一小部分，并劝告她先到各处走走，与其他人见见面后再做决定。史沫特莱也听从了他的建议，到延安等地陆续见到了更多各类人物；甚至，许多人的经历比朱德还富有戏剧性——他们的生平足可以成为长篇大型文艺作品的素材。但是，史沫特莱清楚地意识到一点：中国农民并不充满戏剧性。她的设想坚持了下来。1937 年 3 月左右，这项计划开始实施。

可实际上，这项工作并不容易进行；相反，其中还存在着很大的困难。因为尽管朱德将军有着极丰富曲折的经历，但是，中国当时多数家庭文化水平十分低下，农村的简陋生活，又使他们无法对自己的过往十分留意；加之参加革命后，朱德长期不断迁徙，使他几乎没有留下任何可供查询的材料。在这种没有信件、日记、文件参考的情况下，朱德甚至无法对一些重要事件提供较为准确的时间……这些，对于一个认真，同时想写一部详实传记的史沫特莱，实在是绝大的难题。

尽管如此，工作仍在缓慢进行。每个星期，他们便抽出两到三个晚上，进行交谈。一般由史沫特莱提问，朱德来回答。有时由着朱德展开思路，尽量发挥；有时遇见朱德谈得不够翔实，或并不大乐意深入下去的话题，史沫特莱也运用自己记者的直截方式和追根溯源的不懈精神，“逼”朱德详细讲出来或延伸下去……所以尽管速度缓慢，但史沫特莱手中的材料仍越来越多，愈来愈丰富。

他们当时交谈的场面，也是颇有特色的。虽然史沫特莱在中国已经呆了数年，但中文并不通畅，所以身边有一位中文教师兼秘书和翻译。一般交谈，朱德和史沫特莱用中文；有时感到语意表达不够，便用朱德也懂的德语；遇见更复杂的句子，就只好双方都用母语，再由翻译从中转换。总体上说，语言是数种混用，使得场面活跃了许多。

当然，仅仅通过交谈，对于了解一个人，是远远不够的。因此，在其它的时间，史沫特莱也一直直接间接地关注着朱德。

例如，史沫特莱与朋友在院子里晒太阳、喝茶时，朱德也会在工作间隙走出来，与他们一起讲故事，唱歌，磕花生……用朱德的常用语，是“吹一吹”，“摆一摆”（四川方言，“摆龙门阵”）。

再有些空闲时间，人数多，气氛热烈，史沫特莱便把大家排成一队，教他们跳自己家乡的一种弗吉尼亚土风舞。朱德对此兴趣极高。用史沫特莱的话：“世界上没有任何东西可以阻止朱将军参加，他和舞伴们旋舞起来，而且按一、二、三的拍子，好像刚参加阅兵式的新兵一样，踢得尘土飞扬。”

不仅学土风舞，朱德还要学西方式的交际舞，并且孜孜不倦。但是，在史沫特莱眼里，虽然很喜欢跳，但他的舞跳得并不出色，没有贺龙将军那与生俱来的跳舞家的才华。

为了多接触朱德，史沫特莱还常常到红军大学——抗日军政大学，去听他的演讲。讲演完毕后，朱德还常常与青年干部战士一起打篮球。在球场上，朱德却并没有在战场上那般自如。下场后，他常常对史沫特莱摇头感叹，说这些战士嫌他球技差，组队时都不愿意要他参加。这一方面反映了朱德的举止，同时也反映出当时共产党军队官兵打成一片的和谐。

史沫特莱还观察到，朱德的精神中：“人类生活的各方面似乎没有哪一方面是他不愿探索和了解的。”除去跳舞，打球，朱德还喜欢戏剧，喜欢唱歌。他总是不放过欣赏各种演出。后来到延安的美国军事观察组放映电影，朱德几乎每场都到。当时美国一部滑稽电影中有“高脚七”和“矮冬瓜”两个角色，分别由阿波德和考斯提洛扮演。当银幕出现滑稽镜头时，朱德总是纵声大笑……

但是，这样对朱德的近距离观察和采访，并没有持续多长时间。几个月后，朱德担任了八路军总指挥职务，率军东渡黄河，向山西前线挺进。此时，对朱德的生平纪录，也就是《伟大的道路》的材料搜集，只完成了一半左右。因为战争，这次有重要意义的访问，终于被阻断。

朱德当时奔赴前线，奋勇杀敌。在战斗间隙，他写下一首诗，表达情绪：

群峰壁立太行头，天险黄河一望收；

两岸烽烟红似火，此行可当慰同仇。

这首《出太行》的诗作，反映出将军的豪迈和驱逐侵略者的决心和信念。

在后方的史沫特莱，此时患有慢性胃溃疡，后背还受过伤。但她还是利用这段时间，遍访了多处的后方医院。希望能在国际上，为他们争取援助。

史沫特莱还曾到过朱德的指挥部，并在这里与朱德发生了一次“争执”。

那是1937年的冬天。史沫特莱的友人卡尔逊，获准可以上五台山抗日前线。史沫特莱知道此消息后，在吃饭时便向朱德要求，希望能准予自己同去。朱德和政治部主任任弼时都不同意。他们提出了种种理由。譬如说凡是上前线的人，都要有打仗的准备。

“我也能打仗，我是在西部（美国）长大的。”

史沫特莱自豪地说。

“可你是一个妇女。”朱德和任弼时几乎同时这样表示。

这句话激起了史沫特莱的强烈不满。她一生都是一个积极的女权主义者，所以一下子发起火来：

“我并不是因为想要当妇女才成为妇女的。”接下来，她抛出一句辛辣的讽刺话来：

“是上帝把我造成这个样子的！”

据在场的卡尔逊记述，这句话引起了朱德、任弼时的哄堂大笑。因为她提到了上帝，而这些将领们，都是坚定的无神论者。

尽管如此，史沫特莱还是亲眼看到了朱德在战场上的活动情景。这样的观察，仍然持续了很长一段时间。

1938年的大部分时间，史沫特莱是在武汉度过的。她在这里，参加了争取协助中国军队和中国红十字会的国际医疗援助活动，动员和组织了包括白求恩、柯棣华在内的一些欧洲、加拿大、印度医生到解放区工作。

在与军队同进退的过程中，史沫特莱在战地医院做了大量工作。她还将这些经历，写成报道，发送给多家国内外报刊。她以李先念部队派给她的勤务员沈国华为原型，写成的报告文学，被著名作家海明威选收入《最终的胜利之后》这部战争文学集中。在这篇报告文学里，我们可以见到史沫特莱的一些活动片断。例如她曾到过一个小镇。这小镇上从未来过外国人。勤务员沈国华便向群众介绍史沫特莱：

“她是一个妇女，是我们的美国朋友！她为我们救死扶伤。在丁家镇，她发现了一名伤兵；她亲自喂他吃东西，给他洗澡，甚至帮他解手。”

沈国华拉起史沫特莱一只绑着绷带的手，对群众说：“她给一名伤兵洗澡，端起一锅开水时，烫成这样的。她等于是我的生身父母。你们谁要是有病，她准给治好。”史沫特莱特意将这一片断记入报告文学，大约因为可以反映她的生活场景，同时，也表现出她特别喜欢这种朴素、真挚的赞颂和介绍。

三

《伟大的道路——朱德的生平和时代》真正开始写作，已到了距最初采访8年之后的1945年。

1940年9月，史沫特莱身体到了必须住院疗养时，她才去了香港一段时间。回到国内后，她因为长期宣传和帮助八路军，受到戴笠部下的时时"关照"。就在"皖南事变"发生后不久，1941年的夏天，史沫特莱回到了美国。她准备在那里作一番调整，然后再返中国。在这片土地上再与朱德合作，完成这部《伟大的道路》。

但是，中国国内的战乱和美国国内局势，使这位在中国与革命发展共同进退十多年的作家记者，终于没有再回到这片土地。不！生前没有。

在中国旅居十多年后，回到美国的史沫特莱，生活一直是不安定的。直到1945年夏天，她才从纽约搬到一个叫耶德庄的地方。耶德庄以前是著名富翁特列斯克的宅第，周围有广袤达600英亩的土地。这里有森林、湖泊、起伏的原野和房舍。这位富翁临终时，在遗嘱里说，将这处地方专供艺术家和文学家们使用，成为他们从事创作的中心。在这里，史沫特莱获得了良好环境。首先的，她要潜心下来，完成写作朱德《伟大的道路》的宏愿。

但是，远在数千里之外的美国，来写作一个正在续写革命历程的伟大革命者，仅材料的搜集，环境的距离，就增加了极大难度。为了充实原有的材料，她需要更多、更丰富的东西。当然，她只能求助于中国，求助于朱德本人。

1945年10月，史沫特莱请代表中国解放区，到美国参加联合国制宪会议的董必武，向朱德转去她的一封信。希望能再次获得朱德本人的帮助。

当时中美间的通信并不通畅。朱德又处在极紧张的与国民党斗争的状态。所以，直到1946年7月1日，朱德才借美国邀请周扬去访问的机会，写出一封信致史沫特莱，并准备了一些相关材料和礼品。

后来周扬终于没能成行，但朱德的信和材料仍辗转送达到史沫特莱手中。

朱德在这封信中说：

“首先，对你和所有的美国朋友为中国的和平与民主运动寄予的关注和所作的努力，我必须表示深切的感谢。”

朱德高度评价了如史沫特莱这样的美国友人的贡献：

“美国的民主活动极大地加强了中美人民之间的友谊，并使他们坚决相信这一友谊的无限发展。”

对于国内局势，朱德论断：

“中国的和平民主事业，虽然遭到了中国反动派（在美国反动派的怂恿和合作下）的破坏，然而我和所有同志却坚信这不过是暂时的现象。反动派的阴谋，虽然在表面上可能得逞于一时一地，但终将为中国人民的浩浩荡荡的大军所击败……中国的和平和民主化的确是一项艰巨的任务，很可能要经过一段曲折的道路。但是，中国人民无疑将达到他们的目的。”

对于史沫特莱想写自己的计划，朱德谦逊地表示：

“我很感激地了解到，你想花费一些精力写我的生平。应当说，我的生平仅仅反映了中国农民和士兵生活的非常之少的一部分。是否值得你花费时间，我表示怀疑。由于你那样地坚持并已着手写作，我也只能答应所求。”

朱德的信中，对于美帝国主义支持中国反动派，给予了严厉指责。但是，他也对美国人民给中国革命的支持表示了衷心感谢。史沫特莱除将这封信翻译后抄写给许多关心中国革命的美国友人——如爱泼斯坦等外，还将朱德信中的一段话印在贺年片上——一共150张，寄发给为中国革命出过力的朋友。她说：“我以这种方式庆祝了圣诞节和元旦。”

按照史沫特莱的要求,朱德寄去了一部分资料。其中包括有红军各级人员百余人所写的诗歌、故事、特写、日记等编纂而成的两卷本《长征》;刘白羽写作的《朱德传》部分手稿,以及朱德自抗日战争到当时发表的各类文章……颇具纪念意义的,包裹里有两枚镶嵌着朱德和毛泽东肖像的小圆别针,朱德与外国友人的合影照片,还有一块产于延安,人工手织的披肩。

这件披肩,据一位当时接触到史沫特莱的日本作家讲,史沫特莱是很喜爱的。但是并没有自己使用。有一次在细心鉴赏后,又若有所思,原封不动地折叠起来。这年冬天,在纽约的一次关于中国问题的集会上,史沫特莱将这件披肩展示给数十位与会者。在介绍了它的来历后,宣布为了筹募救济中国战灾基金而将其义卖。这块披肩被人以一千美金的价钱购去。

四

史沫特莱以万分认真的态度来叙写这部著作。为了感受到中国的气氛,她将朱德寄给她的别针装饰在房间的壁炉架上;旁边放着一个花瓶,瓶里插着一些楠树枝。史沫特莱告诉友人,听朱德叙述,他的家乡盛产楠木,朱德从小就是在楠木丛中度过了一段岁月。为了体验这种环境,史沫特莱便向美国南部的朋友要来这些楠树枝。由此一点,也可看出她写作的细致和周到。

当然,写作不仅仅是愉快。思路的不畅,材料的不完备,也常常带来很大的焦虑。一位与她呆过一个时期的作家注意到,她的表情是时时变化的。有时由于内心痛苦不安,她的面部皱纹便紧攒加深,整日愁闷不乐;有时写作顺畅,她的心情便开朗,笑容满面,露出纯真优美的样子。但是,写复杂、沉重的中国题材,史沫特莱常常是忧戚而深沉的。

史沫特莱后来在写给朱德的信中说："这是一本不容易写的书，因为它不仅是您个人的生平，而且是您的贯穿着六十多年来中国历史的生平。这一生平的背景是帝国主义列强对中国的冲击，这也必须写进去。"

也许由于这一点，也增加了史沫特莱内心的不安。她曾在给朱德的信里说："由于内战，您和您的全体同志都蒙受了很大的痛苦。我了解，我国应对这种痛苦负责。"一个美国人，因为政府的所作所为而承当道义上的痛苦，这也许是史沫特莱写作时所处的复杂心境之一。

远隔重洋也增大了写作的难度："我必须为这本书从事大量的研究工作，以期书中所涉及的每一历史时期都准确无误。"

为了潜心写作，史沫特莱还努力地排除可能干扰的各种因素，包括一些好的活动机遇。在她到达中国之前，曾经因为支持印度的独立活动被捕入狱。为此，后任印度总理的尼赫鲁曾经表示，等印度真正独立后，将欢迎她到印度去。1946 年夏天，印度即将宣告独立，一名政府的高级官员便致函这位印度革命的同情者，邀请她前往印度，以顾问名义参与新政府的工作。

史沫特莱收到这封信，十分激动。亚洲此起彼伏的革命及成功消息，使这位长期关注这片既富饶又贫穷土地的女性，感到无比振奋。她是一个特别喜欢活动的人，天性乐于参与实际的奋斗过程。而且，印度与中国的相邻位置，是吸引她前去的又一理由。

但是，史沫特莱终于决定不去印度。一些朋友告诫她，《伟大的道路》可以等待一段时间再写，印度之行却不可缓，何况到印度仍可以继续写作。史沫特莱却感到，为了研究这部书的时代背景，几乎已将她全部的精力消耗殆尽。而且中国的历史越研究越觉得深邃广博，她不能较长时间从这种状态中脱开……先舍弃去印度这样的极好机会。

直到 1949 年初，史沫特莱才写完《伟大的道路》初稿。但是，新中国即将诞生的形势,使支持蒋介石的美国政府十分恼怒。当年 2 月,史沫特莱突然被指控为一名“仍然逍遥法外”的苏联间谍,证据是谍报机关在日本秘密档案中见到的内容。控告她多年以前,便是一名在中国从事反对日本的间谍。这次指控有些可笑。美国当局似乎此时关心起中国、日本的战争和形势起来。

当然不是,史沫特莱后来在致朱德的一封信里道出原因:“其实,是多年来我在美国全国许多地方发表了关于中国的讲演,并在第二次大战中到一些陆军训练营去作了这样的讲演。我也写过关于中国的著作,并且参加过关于中国的全国性、甚至是国际性的广播。”

尽管政府在提出这一指控后几个星期,美国陆军部又宣布对史沫特莱的控告,是一个“faux pas”(社交性质的过失),用史沫特莱的比喻:“有点像在美国做了当众剔牙这类事情。”

虽然如此,史沫特莱生活却因之受到极大影响。不能发表讲演、出售文章——而当时,这是她收入和生活的基本来源。她所寄居的朋友家庭也被牵连,家里人的工作也几乎不保,史沫特莱只好搬出;但在纽约她几乎租不到房屋,最后只好住进房租高昂的一家小旅馆。

史沫特莱只能选择出国。当时,她当然不能申请到中国。但是,连到英国或意大利这样的欧洲国家,也申请不到护照。护照局的官员称,即使不考虑东京案件,却仍然确信她是共产党员,证据是史沫特莱所写的关于八路军的著作。

激忿中的史沫特莱甚至考虑,如果她最终被拒发护照,她准备采取极端方式。一、将自己的案情提交联合国人权委员会;二、正式放弃美国国籍,“试图在其他国家例如中国获得国籍。”她的首选是中国。这是她在给朱德的信里郑重表达的。

在这样的境况中,《伟大的道路——朱德的生平和时代》的出版,当然就遇到了难题。这部著作,史沫特莱曾与美国一家著名的权威出版社——史诺夫出版社签订了出版合同。这家出版社,曾出版过史沫特莱同样写中国的著作《中国的战歌》。此时,出版商和审稿人却突然提出,《伟大的道路》中对中国革命的见解是教条的,并要求她在书的结尾加进反共的内容和攻击新中国的文字。除去一些文字质量上的要求外,对内容,史沫特莱断然拒绝修改。这些,使得这部书的出版又遭搁浅。

1949 年 10 月,中华人民共和国成立。这一消息使史沫特莱异常兴奋。在收音机旁,她听到了周恩来担任总理兼外交部长的消息;听到了苏联同国民党断交并表示打算承认新政府的消息:"来自中国的这条消息使我感到极大的欢乐,我的心终于安定了下来。我应该身在中国,可是我却停留在这个被上帝抛弃了的国家。"

史沫特莱马上给朱德写去一封长信。在这封信中,她对自己当时的处境并不在乎:"我将支持新中国直到我死的那一天,我要尽一切力量声援中国。""我打算去中国写第二卷。我把你的生平写到您六十岁那年,这一年是引向胜利的内战时期的头一年。""我希望您和毛(泽东)还是三十岁,但是,我也知道在你们的前头仍有许多岁月。假如哪一天我能重返中国,我一定要亲一亲它的土地。"

五

经历了许多周折,史沫特莱的护照终于办了下来。当然,不可能让她到中国,是英国。但这也与中国有关。她到英国的寄居处,是在中国认识的朋友希尔达家。

史沫特莱到了伦敦之后,马上参加了在这里举行的英中友协成立大会。据一位参加会议的中国留学生描述:

"在会议大厅里,一位头发斑白的美国老太太走上了讲台。她充满激情地介绍她在中国的所见所闻,介绍英雄的中国人民及其领导人，在缔造新中国的过程中，创造出史诗般的事迹，深深地感动了全体听众。在雷鸣般的掌声中，她提议，为在解放事业中献出了生命的，千千万万中国人民的好儿女致哀。这位老太太就是史沫特莱。”

此时的史沫特莱，患有严重的胃病，身体很弱。但是，她仍孜孜不倦地从事《伟大的道路》一书的修订工作。同时，只要有与新中国有关的事，准定有她参加。她经常出席伦敦中国留学生会举办的各种活动；约中国学生去她那里交谈，吃她亲手做的中国菜……

在这样的情境里，史沫特莱的情绪就会特别好。当时虽是数九寒天，但围坐在壁炉边，友谊便更加升温。史沫特莱滔滔不绝地叙说着关于中国的话题。旁人几乎没有插话的余地。一位英国朋友评论：

“她就是这样不可救药地热爱中国！”

的确如此，史沫特莱说：“……我是一个美国人，但我是忠于中国的，也许你们会感到奇怪吧！是的，让我告诉你们，我到过很多很多国家，但无论到哪儿，我总归是一个外国人；只有当我去中国的时候，我就不感到自己是个外国人。不知是什么缘故，在那儿，我总以为自己是中国人民中间的一个，我仿佛已经生根在那块土地上了。”

她这样评价她见到的中国人民：

“中国人是非常善良的人民。他们的俭朴、勤劳和勇敢，他们的毫无虚饰的真挚的友情，以及他们的领导人的动人的个性，智慧和远见……所有这一切都使我不能不对中国产生深厚的感情，有一天，我终究是要回到中国去的。”

但是，这位深心热爱中国的美国友人，终于未能在生前再踏上那块蕴蓄着巨大变化的热土。虽然她还在顽强地修订《伟大的道路》，但健康情况却日益恶化，胃癌销蚀着她最后的生命。

史沫特莱大约也意识到医治的困难和危险。所以一边满怀希望地表示，如果手术成功，她将立即到中国去，和中国同志一起战斗。同时在 4 月 28 日写下遗嘱，一份与中国血脉相通的遗嘱：

“我的唯一信念和唯一誓愿，就是那些贫苦的，被压迫的人民的解放。而中国革命的成就，已经是这一解放事业的中流砥柱。”

她在遗嘱里写明，遗物交朱德总司令处理。而主要遗物，就是这部仍在修订的《伟大的道路》手稿。她还同时要求，自己的遗骨埋葬在中国，葬礼上演奏中国的《义勇军进行曲》国歌……

1950 年 5 月 6 日，史沫特莱因手术不治逝世。1951 年 5 月 6 日，在史沫特莱逝世一周年之时，她的骨灰在北京安葬。这位“大地的女儿”（史沫特莱著作名），终于在中国——这块她梦萦魂牵的国度，回归大地。

今天，人们走进八宝山公墓，可以在陵园西侧见到一块大理石墓碑。碑上镌刻的，是朱德亲笔书写的题词：“中国人民之友 美国革命作家 史沫特莱女士之墓。”

这部《伟大的道路——朱德的生平和时代》，虽在作者遗嘱执行人的同意下，由专家对原稿进行了编辑加工，但由于当时的社会环境，它在几年中未能获得原文出版。倒是日文译本于 1955 年先行问世，英文本晚一年才出版。中文本更迟至 1979 年出版。此时，距这位“不可救药热爱中国”的“大地的女儿”辞世，几乎相隔三十年。

朱德，是中国革命的伟大战士，他波澜壮阔的一生，充满了不断追索和进取，具有丰富的传奇色彩。史沫特莱，是美国一位女作家、记者，她以一个关心中国革命的友人，在曲折、艰难的情况下，为朱德写出了一部《伟大的道路》。从中可以看出，无论国度，人类对进步事业的追求和向往，对旧世界的决绝与抗争，是相同、共通的。

重读《伟大的道路——朱德的生平和时代》，我们仍时时为其中叙述的旧时代情形感到压抑；为革命历程的艰辛壮烈而震撼。当然，我们也自然为其中追求理想的光明照耀。由此,我们缅怀朱德等老一辈革命家的丰功。同时,我们感念史沫特莱这位国际友人。她以笔,以生命记述,传达了这段历史和其中的英雄,这是我们应当继承和永远铭记的。

《文坛登龙术》的由来及遭遇

一

1933 年 5 月,一部名为《文坛登龙术》的著述,在上海出版。这部标名特异的作品,一问世便受到人们瞩目。赞赏者有之,痛骂、申斥者有之……大约也由于此,书销得就很好,当年便重版两次。这部作品,以杂文的不拘笔调,把当年文坛的种种状态,不无调侃地描述出来。实为揭示,名却"指示":"文坛登龙术!多响亮,又是多美好的一个名词,音节好而且看起来也好,在你心神上引起的联想又是好。你不是会想到文坛要招一个乘龙快婿吗?你不是会想到一登龙门身价百倍吗?你不是会想到龙潜于渊龙跃于天吗?不能有再好的名词了。"(《文坛登龙术·解题》)虽然由于种种原因,作者并未从这部还算畅销的书中获得多少实际利益,可作品造成的影响,却因为有名人的参与,并且"得罪了所有的文人",所以很大并较长远(甚至迁延于今),这在今天看来,倒是颇有意味的。

这部《文坛登龙术》的作者,是当时文坛上并无多大名气的章克标。章克标是浙江海宁人，曾留学日本，毕业于京都帝国大学数学系。求学期间，开始文学创作，后来出版过散文小品集《风凉话》，长篇小说《银蛇》《一个人的结婚》；短篇集《恋爱的四象》以及译作《菊池宽集》《夏目漱石集》《现代日本文学选》等。《文坛登龙术》写作于 1932 年，可是，如何想起写这么一部谐谑之文，时间却可以追溯得较早一些。

据章克标记忆，在上中学之前，除去读了《三国演义》《封神演义》《水浒传》《西游记》这些古典作品外，他还读到了不少坊间流行的笑话书：《笑林广记》《一见哈哈笑》《谐铎》，还有《梦笔生花》《文章游戏》之类，看了大感兴趣，对这种诙谐、讽刺、滑稽笔调，也颇受影响。他后来说："读了……这一类文章，觉得也是一种极好的文章格式，其好处在于不打官话，不代圣贤立言，完全没有庙堂气、宫殿气以及闺阁气、幺艳气，跟我们这些志不在圣贤、也不想为官作宰的平凡人，倒很相宜。"

可是，直接引发《文坛登龙术》写作的，却是一位日本作家的作品《一唱三叹当世书生气质》。这部书的作者是著名早稻田大学的坪内逍遥。此人是该校文学部的开山祖师，他曾费去几十年功夫，用日本古旧诗词体文辞，翻译出《莎士比亚全集》。由于看不惯日本文坛新文学运动的一些弊病，以充满冷嘲热讽的长文大篇，予以抨击声讨。章克标当年在日本留学时读到此书，留下很深印象，回国后数年，虽然具体内容已记不大清楚，可文章的笔调和气息，却一直存在。后来章克标还肯定地说："但是一定，我写《文坛登龙术》，有点受他这本书的影响的教唆的，更确切的说是感应。我写这些谐谑之文在 1932 年，读那本书已十多年了，但影响和感应可能会相隔愈久远而愈强烈……"

《文坛登龙术》分派九章：资格、气质、生活、社交、著作、出版、宣传、守成、应变。每章中又按内容多少，分出若干小题目。例如"气质"一章下面，又有"风流放诞""吹法螺搭架子""懒惰和欺诈""怨天尤人”“重情轻知”“飘飘然莫名其妙”等小目；“社交”下面，有“留心文坛大势”“拜访名人”“集会结社”“党同伐异”“联络感情”“异性朋友”“国际的联合”云云……仅由这些节目标题，我们或许能够窥见其中大致内容，甚至可以感知作者文字的谐谑味道。

《文坛登龙术》的出版，说起也还有些意思。章克标当时在邵洵美办的时代图书出版印刷发行公司工作，作品交给他们出版，当然很方便；或者还可以交开明书店，因为这家书店同仁与他也相熟。可是，章克标却采用了自己出版的方式，将书以“绿杨堂”的名义印了出来。这样做，有几方面原因，一是当时时代发行公司不大宽裕，书出版后或许拿不到酬劳；再是书稿交出，又须编辑部、出版部几道手续，不及自己拿来印刷方便。这样的想法和做法，从后来结果看，并未奏效。

此外，章克标这样做，还基于一些实际条件。当时的一些印刷所，为了得到生意，装订费用可以欠账，纸张也可以赊上一点，这样作者可以不拿本钱，等书印出销售后再还本。章克标当时对此书还是颇有信心的，所以他用了虚拟的“绿杨堂”作出版机构名。据他解释，用这个名字，是想到了“洛阳纸贵”的典故。“绿杨”“洛阳”谐音也。当然是希望书出版后，能如左思《三都赋》那样风靡。

《文坛登龙术》印出后，第一版发行还不错，可以立刻再版。可这次得先付清前面的纸张、印刷装订费，还得付第二次印刷纸张费，所以章克标并没有收到什么钱。后来书虽然销得不错，可由于是交书店代理发行，有点余款也不能方便取出，结果直到章离开时代书店，账仍未完全结清。这样，为此书出版，章克标自己费了许多心力，又多做了编辑校对工作，结果不但没有捞到他想象的收益，老板邵洵美还认为章克标这是不支持书店“闹独立”，真可谓弄巧成拙，两面不讨好。

二

不仅如此，这部书还引发了章克标尔后一段岁月十分难堪的境遇，这是鲁迅借此书作文《登龙术拾遗》带来的。鲁迅当时虽没读到《文坛登龙术》，可文坛现象却见得多多。于是，仅从报刊广告见到其中一点文字，他就以作家邵洵美为对象，写出一篇《登龙术拾遗》的讽刺之作，来为章克标此书增补："要登文坛，须阔太太，遗产必需，官司莫怕。"邵洵美之妻，为著名实业家盛宣怀。鲁迅因为与邵及章克标有过节，故借章克标文来挖苦邵洵美，笔法可谓老辣。

鲁迅为何要写这篇文章，从表面看去，目标针对邵洵美。这是没有疑问的，可是，其中对章克标，文笔也颇有调侃意味，这也十分明显。近些年来，有研究人认为，鲁迅仅仅借《文坛登龙术》，作了个搭题文字，与章克标没有什么干系，甚至还推断出鲁迅对章克标之书，还"很表赞赏"，这一点，无论从现实情况及鲁迅行文看，都不切实。

鲁迅与邵洵美，以及章克标之间的矛盾，是十分明显的。仅从《登龙术拾遗》一文，便可看出鲁迅对邵洵美的讨厌。章克标，鲁迅之所以借他的《文坛登龙术》，绝不仅仅搭个题，对章的不满意，语调中也看得很清楚。这，除去章克标替邵洵美做事，被鲁迅牵连外，还有其他缘故在。

章克标在与邵洵美编《金屋》月刊时，曾写有对鲁迅小说集《呐喊》的评论文字。虽然章克标不是学文学的，并自谦："根本不懂文艺批评是怎么回事。"可是，他对鲁迅《呐喊》中的几乎每一篇作品，都予以了评说。文章中，章克标有一个主要观点，即认为鲁迅有点精神病。在《狂人日记》及其他几篇作品中，都有这种征兆。他后来曾解释：当然不是说患了某种精神病，只是说在某些地方，有这种征兆。这些看法，显然是受了当时流行的弗洛伊德变态心理学的影响，他将这种领会用在文艺批评上，应当说，在当时还有些新鲜的味道。可是想想，鲁迅读到这些认为作者写了《狂人日记》，就是精神病征兆的高论，会有怎样的感受。

就在写了《登龙术拾遗》后不久，鲁迅为日本《改造》杂志，写了一组三篇短论。章克标见到后，便翻译出其中之一《谈监狱》，发表在邵洵美编的《人言》周刊上。文章前面，章克标做了一点说明："惜译者未知迅翁寓所，问内山书店主人丸造氏，亦言未详，不能先将译稿就正于氏为憾。但请仍用翁的署名发表，以示尊重原作之意。"在章克标看来，因为鲁迅有号召力，发表他的文章，不过想借重大名，多招徕几个读者。不料文章后面的一节注，却大大激怒了鲁迅。注中说：

"鲁迅先生的文章，最近是在查禁之列。此文译自日文，当可逃避军事裁判。但我们刊登此稿目的，与其说为了文章本身精美或其议论透彻；不如说举一个被本国迫逐而托庇于外人威权之下的论调的例子。鲁迅先生本来文章极好，强辞夺理亦能说得头头是道，但统观此文，则意气多于议论，捏造多于实证，若非译笔错误，则此种态度实为我所不取……"

该文的译者，虽用了"井上"的署名，可被鲁迅一眼看穿。故在《准风月谈》"后记"中说："姓虽冒充了日本人，译文却实在不高明，学力不过如邵家帮闲专家章克标先生的程度……"对于文章后面的注，鲁迅认为："这编者的'托庇于外人威权之下'的话，是和译者的'问内山书店主人丸造氏'相应的；而且提出'军事裁判'来，也是作者极高的手笔，其中含有甚深的杀机。"人们知道，鲁迅晚年一直深居简出，文章也不断变换笔名，应该是为了保护自己。可这段注中，既指了内山书店与鲁迅相识，又用了"军事裁判"这样的语言，这不分明暗示当局动用家伙收拾作者吗？所以鲁迅说："我见这富家儿的鹰犬，更深明明季的向权门卖身投靠之辈是怎样的阴险了。”

其实，这中间有一点误会。此文虽然是章克标翻译，前面的附白也是章克标所写，可文末的注，却是邵洵美写的。鲁迅一路看去，自然认为是章克标所作，所以称之为“富家儿的鹰犬”“向权门卖身投靠之辈”云云。不仅如此，鲁迅在致郑振铎的一封信中，还为此事直斥章克标：“章颇恶劣，因我在外国发表文章，而以军事裁判暗示当局者，亦此人也。”虽然这一点有所误会，但鲁迅对章克标的看法态度，显现得再清楚没有了。今天一些论者，辩称鲁迅在《登龙术拾遗》文中，仅仅针对邵洵美，而无讥讽章克标的意思，看来是靠不住的。

三

《文坛登龙术》这部书，今天看来，应该说以或深或浅的调侃方式，平白流利的笔调，对当时文坛的种种情态，进行了描摹和集中陈述。一些内容，虽并未点出名姓，可明眼人还是可以看出所指；有些则指明人物、文艺团体，以及出版人等。大家为这样颇为不恭的口吻描写，想来都不很愉快吧。多年后章克标也这样认识：“《文坛登龙术》一书，得罪了所有的文人，因为书中全没有指名道姓（笔者注：还是指出有许多姓名及文艺团体的），也没有具体事例，所以人人可以自动对号入座，认为所说的就是他老先生。”

尽管如此，倘若章克标自己不在乎，别人对他也莫可奈何。可到了 1949 年之后，情形不同了。鲁迅的地位被迅速提升，达到了“文圣”的地步。这时候，章克标因与鲁迅的这些过节，便成了他的某种罪过。“土改”（上世纪五十年代初）时期，工作队中的文化人，对章克标与鲁迅的关系，虽也不十分“拎得清”，可他被鲁迅文章提及，被讥讽的大致事实还略知一二，所以，这也作为一条罪名给章克标算上，再加上抗日战争期间章曾在汪伪政权做过“文化”工作，两两相加，尽管实际土地及其他硬件不足,仍被定为“地主”成分。接下来,土地被没收,家产成“浮财”,拿出来重新分配。到了1958年,章克标又被宣判为“反革命分子”,交群众管制三年。这三年其实无期,这顶帽子,在那个年代,谁戴上便永无出头之日。这一时期,章克标的命运,与《文坛登龙术》是联系在一起的。我们仅从1981年《鲁迅全集》的注释中,就可以大致了解当时的看法:

“章克标,浙江海宁人。他的《文坛登龙术》,是一部以轻浮无聊的态度,叙述当时部分文人种种投机取巧手段的书……”

章克标的处境,一直到“文革”后才有了改观。1985年,上海杨浦区法院撤销对章克标“反革命分子”的判决,改为“无罪”。再往后,章克标被接纳为浙江省文史馆馆员、海宁市政协委员。百岁高龄,还被中国作家协会、上海市作家协会吸收为会员,成为这两家协会年事最高的作家。

一个人,因为一部写作笔调、手法较为特异的著述,不仅受到时人纷纷议论,还在之后的生活中,受到牵连,这在正常社会环境下,是不应当出现的。可是,文革期间,这样的做法却屡见不鲜,大约是生活环境不正常之故。所幸章克标活得足够长,见到了越来越开放的时代,并受其恩惠,社会地位有了改观,有了提高,他的这部曾带来灾难的《文坛登龙术》,还能为几家出版社重新出版,让世人通过著述本身去建立起自己的认识,这完全有赖于整个社会的长足进步。

从《文坛登龙术》本身看,应该说,作者自己所承认的“此书结构基础已有问题,是不稳固,不牢靠,不健全的”,是基本事实。从行文看,章克标自认的“明快、清新、流利……”该书也承当得起。自然,如作者自承的,我们对《文坛登龙术》的成绩,也不宜估价过高,说它多么有益社会和人心……实事求是看去,该书以一种特别的谐谑语言,以一种带有创造性的叙述方式,对当时的文坛,进行了扫描;对一些不良作为,予以了揭示和批评,这应当是《文坛登龙术》的贡献。一个社会,一个文坛,希望是多种多样,百花竞放,这样的社会才有繁荣景象。如此,《文坛登龙术》该被看作一株带刺而别致的奇葩才恰当。

人　缘

徐志摩“欣赏”沈从文

一

1931 年 11 月 21 日下午，山东青岛大学中文系闻一多、梁实秋、沈从文、赵太侔等几位学人，正在校长杨振声家吃茶谈天，突然得到北京来的一份电报：“志摩乘飞机于济南附近遇难……”一时间，大家感到十分惊愕。在座的沈从文马上表示，想搭夜车到济南去一趟。

因为情急，沈从文只买得一张三等车厢票。整整一夜，沈从文一直大睁着双眼。虽然三等车厢大都是农民，他却想寻到一个学生模样的年轻人，想告诉他——一个诗人死了，徐志摩死了！随着火车碾轧的声音，沈从文脑海中想起的，是徐志摩那首《火车擒住轨》的诗：

> 火车擒住轨，在黑夜里奔：
> 过山，过水，过陈死人的坟；
>
> 过桥，听钢骨牛喘似的叫，
> 过荒野，过门户破烂的庙；

睁大了眼，什么事都看分明，

但自己又何尝能支使命运？

是呵，“自己又何尝能支使命运？”可是，在生命之途，经人援手，而步入理想正道，这其中的机缘，是何等神奇！对于这援手者，抱有深切的感念情绪，又不正是人最正常的衷心表达？此时的沈从文，对徐志摩，正是抱着这样深切的感念情绪！

二

1922年，正在湘西当兵吃饭的沈从文，跨出了对他有着决定意义的一步——离开家乡，到北京，“进到一个使我永远无从毕业的学校，来学那课永远学不尽的人生了”。

可是，沈从文似乎将这一切想得太简单了些。到北京，他本想求学，可仅有的小学学历，并不能让他考入大学，更不要说他想进的清华、北京大学了。那么，他就只好自学了。开放的京师图书馆，他一早进去，直到闭馆才返回。当时他的眼界，还在那些旧的杂书：《笔记大观》《小说大观》《玉梨魂》之类。图书馆不开门的时候，他便呆在会馆，在没有火炉的屋里，窝进被子，看他那本自己带来的《史记》。后来为了靠近北京大学，沈从文在沙滩附近的银闸胡同，找到一个由贮煤间略加改造的极小房间——“窄而霉小斋”，这是沈从文为它取的斋名。

在这里，沈从文度过了精神上颇为丰裕，生活上极端贫困的两年时光。北京大学当时向一切人开放，沈从文就当了一名不注册的旁听生。在这里，他结识了许多友人：刘梦苇、黎锦明、陈翔鹤、董秋斯、司徒乔、焦菊隐、韦丛芜……听了许多著名学者的课。甚至辜鸿铭的一段有关辫子的话，也给了他启发，“并产生一种信心：即独立思考对于工作的长远意义。”精神上满足了，学业上进步了，可生活中，沈从文却困窘到了极点。他几乎没有任何经济来源,连最基本的吃,都是靠着友人相互接济,这里蹭一顿,那里混一顿,或者,赊账:在公寓和小饭馆吃上几次。(数年之后,一次他从上海返北京,还在一家小饭馆的欠账牌上,看到“沈从文欠××元”的字样。)

为了生存,也为了把自己思想、所见所闻表达出去,在这段时期,沈从文开始拼命写作起来。可是,对于一个学历低,没有一丁点名气的青年,社会最初的反应可想而知。他向北京多家杂志报刊文学副刊陆续寄出了大量稿子,全部石沉大海,毫无音讯。这还不算,他后来还听说,《晨报副镌》的一次编辑聚会上,沈从文投寄的十数篇文章被连成一个长条,摊在桌上,为众人奚落:这就是某大作家的作品!不仅如此,他的稿子,甚至因为没有邮资,连寄发出去都成了问题。这种屈辱,沈从文写进了一篇速写《一封未曾付邮的信》。其中受到二掌柜的轻蔑和冷脸,以及作者本人的尴尬,令人实在不堪。生活的穷困和精神上不被认同,一般情况总会很快毁灭一个人的。可沈从文却有着湘西人的深刻忍耐和永不退缩的倔强,他仍然一边努力读书,一边将他的生活阅历和生命感受,写成文字,向那些大小报刊一再投去。

这样的不懈努力,加上沈从文非同寻常的阅历和独有文字,他的文章渐渐零星为几家报刊接纳。但是,他的最早为报纸充分认可,有编辑欣赏,因而有多篇诗歌、散文、小说刊出,最大限度激发沈从文创作信心的,却是在1925年10月之后。那家报纸,竟然是先前曾奚落他的《晨报副镌》,不过,编辑却换了人,他是从欧洲归国未久的诗人——徐志摩。

三

1925年10月1日,在诗坛上已有相当名气的徐志摩,受朋友的坚邀,出任《晨报副刊》(即《晨报副镌》)主编。报纸天天出,副刊也几乎天天有，这样一来，徐志摩就感到稿件有些不足。他又是一个不肯苟且的人，一般稿件，他看不上眼。所以，最初，他的办法除去约请好友支持供稿，自己也不得不大量写稿。其余不足，他当然得从来稿中间择选。这样，沈从文便进入到他的视野。

经徐志摩刊发的沈从文作品，检《晨报副刊》影印本，最早应该是《一天是这样过的》。此文刊发于 1925 年 10 月 21 日，就在徐志摩接手办报的当月。第二篇是《夜渔》，刊发在当月 26 日，署名是后来沈从文常用的“休芸芸”；第三篇为《卖糖复卖蔗》，刊于 10 月 29 日。沈从文当时还主要是从个人出发，去叙写生存感受；或从经历中，抽出片段，认真描述出来，还没有突显出后来文字运用的自在和从容，可语言却由于融入了家乡特点，不是一般半生的书面用辞，算得上生动可感；从形式看，散文、小说，还有诗歌，都在尝试。《卖糖复卖蔗》就是一首叙事剧似的“拟曲”。

一月之中，在这家有影响的报刊连发三篇作品，这在今天看也不能算少。而且当月在《晨报副刊》上发文的，大都是胡适、梁启超、张奚若、刘海粟、陈西滢、凌淑华、余上沅、舒新城、闻一多、朱湘、赵元任、冰心、江绍原……一干名流。沈从文能跻身其间，想来信心一定会大大增强。这之后，徐志摩还与沈从文见过面，从沈从文那里，取去了一册稿子，这就使得随之而来的第二个月，徐志摩一口气给沈从文发表各类作品达七篇之多。这家前不久还奚落这位青年的报纸，此时的作为，可以算得上过誉补偿吧。而这一切，又是由徐志摩来完成的。对于身陷困境的沈从文，这份提携，这种见重，来得多么及时，多么紧要。这一切，叫沈从文生出由衷的感激，甚至感恩心情，真是再正常没有的了。

说起沈从文对徐志摩的感激，徐志摩对沈从文的欣赏，在当时还真留有一个实例。当年 11 月 11 日，《晨报副刊》刊出了沈从文的一篇散文《市集》。这篇被作者注着“故乡归梦之一”的文字，精美、细致而鲜活地描述了家乡“市集”的景象，叫今天人读去，仍觉着富有神采。非常特别的是徐志摩在文末写下的一段文字，干脆就是“志摩的欣赏”：

“这是多美丽多生动的一幅乡村画。

作者的笔真像是梦里的一只小艇，在波纹鳞鳞的梦河里荡着，处处有著落，却又处处不留痕迹。这般作品不是写成的，是‘想成’的。给这类的作者，批评是多余的，因为他自己就是最不放松的不出声的批评者。奖励也是多余的，因为春草的发青，云雀的放歌，都是用不着人们的奖励的。”

将沈从文文章的自然比作“春草的发青，云雀的放歌”，再恰切没有了。可是，这却引起了沈从文的不安。原来，这篇稿子先前曾交给过《晨报副刊》前任编辑，署的是“休芸芸”这个笔名，结果没有得到回音。沈从文便将此稿通过熟人发表在《燕大周刊》上；另一位朋友看见喜欢，又拿去转载到《民众文艺》上；此时徐志摩再拿出来发表，已经是第三次面世了。沈从文感到有些对不住徐志摩，便写出一篇《关于<市集>的声明》寄给徐志摩：“志摩先生：看到报，事真糟，想法声明一下吧。”在陈述了一些事实经过后，沈从文说：“不期望稿子还没有因包花生米而流传到人间。不但不失，且更得了新编辑的赏识，填到篇末，还加了几句背膊发麻的按语……”这篇短文，徐志摩给登了出来。在文章后面，徐志摩又加了一节附言，写得有趣有味，值得照引：

“从文：不碍事，算是我们副刊转载的，也就罢了。有一位署名‘小兵’的劝我下回没有相当稿子时，就不妨拿空白纸给读者们做别的用途，省得搀上烂东西叫人家看了眼疼心烦。

我想另一个办法是复载值得读者们再读三读乃至四读五读的作品，我想这也应得比乱登的办法强些。下回再要没有好稿子，我想我要开始印《红楼梦》了！好在版权是不成问题的。志摩”

注意，徐志摩在这里虽然文字有些波俏，可意思明白，沈从文的作品，是可以入“值得读者们再读三读乃至四读五读的作品”之列的。不妨说，这是别一种的“志摩的欣赏”。

四

《晨报副刊》由于徐志摩的主持，带来了新的气象。那批文坛学者名流的加盟，使得报纸的反响，一天天强烈起来。沈从文，以一个小学学历资格，能够跻身这群“大家”其间，除去本身特色，主编徐志摩的欣赏和宽容，当然有莫大成分。由于这些缘故，沈从文的名字，也陆续在其他多家报刊出现了。1926年，北新书局出版了沈从文的小说、散文、诗歌、戏曲等多样文体的合集《鸭子》；1927年，徐志摩参与其间的新月书店，出版了沈从文第一本小说集《蜜柑》。沈从文的文学事业，由此得以奠定。他对徐志摩的知遇之恩，当然绝不能忘怀。1936年，沈从文在《从文小说习作选集》“代序”里，写下了这样一段由衷之言：

“这样一本厚厚的书能够和你们见面，需要出版者的勇气，同时还有几个人，特别值得记忆，我也想向你们提提：徐志摩先生、胡适之先生、林宰平先生、郁达夫先生、陈伯通先生、杨今甫先生、丁西林先生，这十年来没有他们对我种种帮助和鼓励，这本集子的作品不会产生，不会存在。尤其是徐志摩先生，没有他，我这时节也许照《自传》上所说到的那两条路选了较方便的一条，不到北平市去做巡警，就卧在什么人家的屋檐下，瘪了，僵了，而且早已腐烂了。”

其中特别再次提到徐志摩，那份知遇和感恩的心情，表现得再明白没有了。从实际看，徐志摩对于沈从文的支持帮助，也当得起沈从文的这番肺腑之言。

由此结下的友谊，他们之间还一直在延续，伸展。1927年后，随着中国政局发生变化，政治中心向南转移，上海日渐成了中国文化繁荣之地。沈从文常发表文章的几家报刊，有的迁往了上海；出版他两本集子的“北新”和“新月”书店，也先后迁往上海；在上海享有盛誉的《小说月报》，也开始接纳沈从文的作品……这诸多因素使得沈从文决定离开北平，前往上海求发展。这成了他生活的又一大转折。

到了上海后，沈从文与丁玲、胡也频联手，办过刊物，还以出版社及“丛书”的名义，出版了若干单行本。可最终没有获得成功，还欠下了一堆债务，为摆脱困境，他们决定分头寻找出路。此时，徐志摩又对沈从文伸出友谊之手。1928 年，当沈从文在上海为生活挣扎时，徐志摩曾给他写信：“还是去北京吧，北京不会因为你而米贵的。”（笔者按：这里徐志摩用了白居易初进长安时的一个典故）可沈从文没有回北京，而觉得卖文没有了出路，又想进上海美术专科学校，跟刘海粟学绘画。徐志摩听到他的打算，不同意：还念什么书，去教书吧！此时，胡适正在上海中国公学担任校长，听到徐志摩的推荐，他便将这个只有小学学历的沈从文，聘请到中国公学来担任讲师，主讲大学一年级“新文学研究”和“小说习作”。当然，胡适的决定也并非完全为了人情，这与他想改造中文教学只偏重古典，只研究理论的观念有关。他想通过有文学创作经验的老师，来提高学生对创作的感性认识和兴趣。在后来的日记里，胡适还有这样一段话：

“北大国文系偏重考古，我在南方见侃如夫妇（按：即陆侃如，冯沅君）皆不看重学生试作文艺，始觉此风气之偏。从文在中公最受学生爱戴，久而不衰。大学之中国文学系当兼顾到三方面：历史的；欣赏与批评的；创作的。”（见 1934 年 2 月 14 日日记）

沈从文后来这样说：“这个大胆的尝试（按：即启用小说家任教）可说是适之先生尝试的第二集（按：胡适的第一本诗集名《尝试集》）……”

在这里，沈从文寻到了自己的爱人张兆和。其中的浪漫故事已广为人们所知，此不赘述。不久，胡适由于呼吁民主，被当局迫使辞去校长职务。沈从文随即也跟着离开。经胡适、陈西滢努力，沈从文去往武汉大学任教。不久，为救援被捕的胡也频，接下又陪丁玲送孩子回湖南老家，沈从文耽误了武汉大学的课程，便不回去，又呆在了上海。为陪丁玲回湖南，沈从文还从徐志摩那里借了一笔钱，作为路费。

五

1931 年秋，经胡适、徐志摩的推荐，沈从文又应聘去杨振声为校长的山东青岛大学任教。在这里，他得到了徐志摩的死讯，这对他的打击可想而知。从他与徐志摩交往的整个过程看，尤其初期的大力提携，使得沈从文对徐志摩产生了深厚的情感。由此我们也就不难理解，当时在青岛大学任教的闻一多、梁实秋、赵太侔、孙大雨、陈梦家等，均为徐志摩的同仁，有几位堪称至友，却只是沈从文一人搭夜车去了济南，为徐志摩送最后一程。

徐志摩去世了，因为以上因素，“给沈从文的打击是相当沉重的。”（梁实秋语）所以沈从文长久地将他记在心里。之后的不长时间，在纷繁的情绪中，沈从文写出一首诗，来纪念徐志摩：“多少人从你有活气的生活里，/贫血的脸儿皆不免泛一点微红……活下来你是一堆火，/到什么地方就在什么地方焚烧。”这是说徐志摩的热情与活力。不久再起一首诗的头……可惜，这两首诗都没有最终完成，生前也就没有发表出来。一直到三年之后，沈从文才写下并发表出第一篇纪念徐志摩的文字（之前他给胡适等人写过多封信，报告徐的后事情况，促使为徐志摩出版著作，搞纪念活动等等）《三年前的十一月二十二日》。文章陈述了徐志摩逝世情况后，对徐志摩的精神，给予了高度评价：

“我以为志摩智慧方面美丽放光处，死去了是不能再得的，固然十分可惜。但如他那种潇洒与宽容,不拘迂,不俗气,不小气,不势利,以及对于普遍人生万汇百物的热情,人格方面美丽放光处,他既然有许多朋友爱他崇敬他,这些人一定会把他那种美丽人格移植到本人行为上来。……”

“纪念志摩的唯一的方法,应当扩大我们个人的人格,对世界多一分宽容,多一分爱。也就因为这点感觉,志摩死去了三年,我没有写过一句伤悼他的话。志摩人虽死去了,他的做人稀有的精神,应分能够长远活在他的朋友中间,起着良好的影响,我深深相信是必然的。”

这样高度地评价之后,沈从文仍感不足。之后,他又写出了《论志摩的诗》,不仅高度评价徐志摩的诗歌创作,还涉及徐的散文:“其文字风格,便具一种诗的气氛。文字中糅合有诗的灵魂,华丽与流畅,在中国,作者散文所达到高点,一般作者中,是还无一个人能与比肩的。”

再之后,沈从文以给学生讲课的方式,写出又一篇《从徐志摩作品学习“抒情”》:

“在写作上想到下笔的便利,是以‘我’为主,就官能感觉和印象温习来写随笔。或向内写心,或向外写物,或内外兼写,由心及物由物及心混成一片。方法上变化多,包含多,体裁上更不拘文格文式可以取例作参考的,现代作家中,徐志摩作品似乎最相宜。”

“徐志摩作品给我们感觉是‘动’,文字的动,感情的动,活泼而轻盈。如一盘圆圆珠子,在阳光下转个不停,色彩交错,变幻眩目。他的散文集《巴黎的鳞爪》代表他作品最高的成就。写景,写人,写事,写心,无一不见出作者对于现世光色的敏感,与对于文字性能的敏感。”

1935 年 12 月,距离徐志摩逝世已经四年了。沈从文在自己主持的《大公报 · 文艺》副刊上,组织了一期《徐志摩纪念特刊》。在“附记”里,沈从文写道:“死者(按:徐志摩)的诗歌与散文,兼有秀倩与华丽,文字惊人眩目,在现代中国文学上可以称为一朵珍异无比的奇花。”“死者那种心胸廓然，不置意于琐琐人事得失，而极忠实于工作与人生的态度，以及那种对人对事的高贵热情，仿佛一把火，接触处就光辉煜然，照耀及便显出一分生气的热情……”

这种记忆和怀念一直持续到沈从文的晚年。1980年，穿过了漫长的时间隧道，经历了一般人难以想象的波折，沈从文又一次复现在国人视野。这一年，他去了美国讲学。在那里，他见到了当年徐志摩介绍给他的朋友王际真。在王际真家里，他看到了自己当时向王报告徐志摩遇难的一封信。这又勾起了他对徐志摩的无限思念。回国后，他写出一篇动人的文章《友情》，再一次谈到了徐志摩对自己的深刻影响：

“志摩先生突然的死亡，深一层体验到生命的脆弱倏忽，自然使我感到分外沉重。觉得相熟不过五六年的徐志摩先生，对我工作的鼓励和赞赏所产生的深刻作用，再无一个别的师友能够代替，因此当时显得格外沉默，始终不说一句话。后来也从不写过什么带感情的悼念文章。只希望把他对我的一切好意热忱，反映到今后工作中，成为一个永久牢靠的支柱，在任何困难情况下，都不灰心丧气。对人对事的态度，也能把徐志摩先生为人的热忱坦白和平等待人的希有好处，加以转化扩大到各方面去，形成长远持久的影响。”

在后来接受采访时，沈从文还专门谈到徐志摩的对人“纯厚处”对自己好的影响：“到我作《大公报》文艺副刊编辑时，对陌生作者的态度，即充分反映出他（按：徐志摩）对我的好影响。工作上要求自己严，对别人要求却较宽。”

从为文到为人，如此分量的友情文字，沈从文似乎还未在其他人身上用过。通过以上叙述，结合沈从文的奋进经历，我们可以领会，他的这些有分量的话，是真诚而切实的。没有徐志摩的欣赏和提携，沈从文的文学道路，也许真要大大改观也未可知。但是，我们却最终从他们之间，读到了欣赏，读出了无私的提携，读到了一个天才作家的终于成就，读出了长久不忘的友情……文人之间，形成这么深厚情感的并不多，沈从文与徐志摩，几乎可作为一个典范，一段传奇。这也许是我们将此描述下来的一个充分理由。

叶圣陶慧眼识丁玲

1927 年 12 月，著名的《小说月报》18 卷 12 号的重要位置，刊出了一篇名为《梦珂》的小说。小说感触深挚，描写细腻，极具特色，因而引起很大反响。小说作者的署名在文坛上显得颇为陌生——“丁玲”。不久，同一作者的一篇《莎菲女士的日记》又在《小说月报》重要位置刊出。这篇“日记”，以青年女性追求理想灵与肉统一生活的描写，来表现一代觉醒者的苦闷和热望。由于主人公精神思想展示大胆而袒露，一时间，引发了更强烈的反响。

不长时间，同一作者的《暑假中》刊出，《阿毛姑娘》刊出……《小说月报》破例地为一个不知名的作者连续发表小说，并且均占重要位置，这实在有些罕见。自然，除去丁玲作品的思想和文字极具特色外，编辑的大力推举，也叫人看出其敏锐的眼光和开阔的胸襟。

一

在今天，丁玲当然不再是一个陌生的名字，但编辑，用后来以“丁玲”之名在文坛驰骋多年作者的话:“当年要是您不发表我的小说,我也许就不走这条路。”这编辑,就是文学研究会主将,当时在文坛已颇有名声的叶圣陶。

叶圣陶是在代郑振铎编辑《小说月报》时发现并发表丁玲小说的。当时的《小说月报》,经过新文学重要人物沈雁冰(后来以“茅盾”名世)大力改造,使它成了新文学运动的重要阵地。后经郑振铎等人的努力,《小说月报》当时在全国文艺界,已经有了举足轻重的地位。这段时间,也在商务印书馆工作的叶圣陶,正代郑振铎主编该刊物。在来稿中,他发现了一篇寄自北京的小说《梦珂》,读出了别具的新意,便立即安排发表。

《梦珂》的发表激发了作者,她立即写下了自己的成名之作,也是代表作的《莎菲女士的日记》。这篇小说,用丁玲晚年的话来说:“《莎菲女士的日记》不是一个浪漫的爱情故事,莎菲追求的,最根本上说是生活意义。因此,她对待爱,既不顾及什么礼教束缚,同时也是严肃的,认真的,纯洁而神圣的……莎菲苦闷,彷徨,那是因为她始终不泯灭理想,她是理想主义者。”这样的作品,诞生于上世纪二十年代,真正惊世骇俗。就在后来几十年里,这篇作品仍因其内容而毁誉参半。当时将它发表出来,编辑的眼光和魄力也确实值得人感佩。

不仅如此,叶圣陶在编发了丁玲这几篇小说后,又给丁玲写信,以为她可以出一本集子了。并说如果作者同意的话,他可以代为与开明书店交涉。小说发表已算幸运,出书就更叫初出茅庐的作者意外了。她当然立即同意。经过叶圣陶斡旋,丁玲第一个短篇小说集《在黑暗中》于 1928 年出版。小说的连续发表和小说集出版,丁玲的名声在文坛越来越响亮起来。

数十年后,丁玲在回忆起此事时,感激之情依然浓烈:

“我写完第四篇小说《阿毛姑娘》,把它寄给了叶圣陶先生,叶先生把它发表在《小说月报》上，同时回信给我，说把这篇稿子加在一起，可以编一本集子，并且问我是否愿意交给由章锡琛先生主持，他自己也参加编辑工作的开明书店出版。一个才写了四篇小说的学徒工除了对叶先生怀着感激之情外，还能有什么意见呢。但用八十年代的眼光看来，这个学徒工实在是一个傻瓜，竟然没有想到应该请叶先生为这本小说集写序题词至少写几个字在封面上；或者请书店的责任编辑写几句评介本书内容、介绍作者的话；这一些都没有……我的第一本小说能在开明出版，我引以为荣。对于开明书店的编辑先生们，我一直把他们看作自己的师长。几十年后，现在回想他们那时的工作作风，仍使我感动……”

叶圣陶当时的提携对于丁玲有多么重要，这在外人也看得出来。沈从文在 1934 年出版的《记丁玲》一书里曾这样说：“她（丁玲）于是开始写了《在黑暗中》以次诸篇章。对于这个新作家的写作，给了最大鼓励的，实为那时《小说月报》的负责者叶圣陶。《小说月报》用了她的文章，且随即就寄给了一笔出乎两人（指当时生活在一起的丁玲及胡也频）意料以外的报酬。……作品刊载后就证明了编者（叶圣陶）的见识，超人一等，对于这无名作家作品的采用，并不见得错误。”至于本书出版后的影响，沈从文说：“丁玲女士的名字，在北方，在南方，皆被年青人用一种亲切的友谊加以注意，成为一个非常时髦顺耳的名字了。《在黑暗中》一出版，作家间无人不承认‘这是国内一种崭新的收获’，这收获又显然如何超越了稍前一时代的作品标准，另向一新方向上展开与突进了。”

因为这样的成绩，也为了更大的发展，1928 年，丁玲与爱人胡也频从北京来到上海。暂且安排住下后，他们即刻想见到发现并大力支持丁玲的编辑。其实当时叶圣陶也不过三十来岁，但他的温文淳厚，使丁玲感到长者般的温暖。叶圣陶在发表丁玲作品时，并不知道作者是男是女。《梦珂》,尤其《莎菲女士的日记》发表之后,上海编辑、出版界朋友多来向他打听作者情况,叶圣陶当然也无从说起。现在作者——年轻的女士站在面前,并不善言辞的叶圣陶对感激他的话一再推辞,只是谆谆叮咛作者:“继续写吧,认真地写。”

此时的丁玲,已颇有了些文名。由于叶圣陶的介绍,她与出版其小说集的开明书店同仁也有了联系。叶圣陶除去关心丁玲的创作,还关心着她的生活。一次,他与老友王伯祥、徐调孚等去海宁看钱塘潮,也不忘约丁玲和胡也频一起去。这在他们彼此的记忆中留下很深的印象。

二

个性的张扬和反叛,常常导致对社会改造的热望。丁玲在展示了自己个性描写之后,因为与瞿秋白、冯雪峰等革命者的接触,渐渐对革命斗争和群众运动表现出很高热情。与先前文字迥异,她关注旧中国农民无穷尽苦难的小说《水》出版了。很快,她又写出上海工人生活的《夜会》等作品,在观念及表现手法上有了很大的转变和拓展。1933年,丁玲担任了“左联”党组书记,已经成了很有名的作家。

尽管叶圣陶并不是一个完全的“左翼”作家,但在这个时期,丁玲与叶圣陶,在大的事件中,看法仍是一致的。1932 年“一·二八”战事发生,由鲁迅、茅盾、陈望道、胡愈之等五十余人联名发表《上海文化界告全世界书》,叶圣陶与丁玲均名列其中。丁玲担任左联机关刊物《北斗》主编时,在约稿名单中,首先就是自己以师礼事之的叶圣陶。经过叶圣陶的扶持,丁玲已经成熟了。

意外出现了。1933 年 5 月 14 日,国民党当局绑架了丁玲,并很快由上海带往南京关押。在这里,她一呆就是两年多。她不仅为此精神上受到很大折磨,在而后的岁月,她还为这次绑架遭受到无尽的麻烦。

丁玲被捕之后，文化界为营救她及同时被捕的潘汉年，组成了“营救会”。蔡元培、胡愈之、邹韬奋、林语堂、郁达夫等著名人士，联名致电南京政府，请查明真相，将人释放或移交法院办理。叶圣陶正是签名者之一。最后，文化界的努力并没有使得当局释放丁玲，但却让国民党不敢轻易下手杀害她，还使她的活动在很小范围有了些许自由。

这关闭丁玲期间，文化界一直在关注着这位女作家。鲁迅先生为此写出著名的《悼丁君》：“如磐夜气压重楼，剪柳春风导九秋。瑶瑟凝尘清怨绝，可怜无女耀高丘。”但是，随着关押时间渐久，当局又散布许多不良信息，有关“丁玲转向”的谣言便在文艺界传开了。

尽管后来丁玲为“转向”问题受到很大影响，但叶圣陶却并不相信那些。丁玲关闭两年多后，生活上有了一点点松动，这时，获知消息的叶圣陶，立即给她写去一封约稿信，希望她能为纪念开明书店创业十周年写一篇作品，以便收入纪念文集。两年多不写东西，与外界基本隔绝的丁玲，接到约稿信，心情可想而知，她于 1936 年 5 月 3 日，急忙回了叶圣陶一信。信中对这个时期的情况及心理有充分表现，内中的愉快、感激之情，有活生生的显露；同时又为自己已有些生疏的笔感到不安（信已几不为人所知，故略录如下）：

“我不特没有忘记你，而且我可以说是热切地想念你们，我想看一切我见不到的东西。我人是一动也没有动，可是心却是一刻也没有停，尽向远处飞，尽向高处飞。我什么都不愿意说，不希望向任何人解释，只愿时间快点过去，历史证明我并非一个有罪的人就够了。三年过去了，我隔绝着一切，我用力冷静我自己……

你的信真使我喜欢得跳了起来，我是晚上收到的，我一夜也没有睡好。一点什么东西来到了我的心头，我来回想着一句话：‘我一定要赶忙写一篇文章给他们。’你真是没有想到你们所给我的勇气和鼓励呵！只是我很难过，我怕我锈烂了的笔尖写一点生硬到可怕的东西；

我最怕的，最使我难受的，就是我会使一些爱护我的朋友们失望，我不愿以我的不努力来伤了什么人的心。不过我总写就得了，如果写得不好，你就莫放进去，等下次有比较看得的再放在什么地方好了。我很愿意以后可以写点好的才好！"

这封署着本名"冰之"的信里提到要写的作品，便是短篇小说《一月二十三日》。此作品后来收入1936年7月开明书店的十年纪念文集《十年》当中。这是一部为纪念，也为感谢多年支持的老作者的多人集（书店为这批作者付出很高的稿酬）。集中收有老舍、张天翼、王统照、巴金、叶圣陶、茅盾、萧军等人的作品。丁玲的作品收入其中，对她的处境是一种消息传递，对她作为作家的个人，精神上及物质上都是一种极大的支持。

三

1936年秋，丁玲从南京逃出，去往延安。在那里，她担任过陕甘宁边区文协副主任，写出了许多与延安战士、领导人及民众有关的作品；通过亲身参加土改，她写出了后来获得声誉的长篇小说《太阳照在桑干河上》。

1949年后，丁玲先后担任了中国作家协会党组书记、副主席，中共中央宣传部文艺处处长等职；并主持《文艺报》《人民文学》的编辑工作。为培养青年作家，丁玲建议创办中央文学研究所（后改名"文学讲习所"），上级批准后，让她任所长。为搞好教学，她曾请教了叶圣陶等在文化方面有很深造诣的老作家。看来，丁玲对那段知遇之恩是念念不忘的。

不仅如此，1950年时，丁玲在一篇《"五四"杂谈》文章中，对当时的作品作了回顾。其中除鲁迅外，她仅列举了两位作家：冰心、叶圣陶。她对叶的作品评价颇高："那时写小说的很多，写的比较多而且好的还有叶绍钧(叶圣陶原名。杨按)。叶先生的文笔是非常修整朴素的,我们读他的小说,从来没有碰见做作的地方,也没有太洋化的句子,也不用古文,也没中国半文不白的陈词滥调。而且他的文章也是对旧社会下着批判的……叶绍钧的小说很多题材是写旧中国的腐化的教育……《倪焕之》长篇小说是他的代表作,也是写这方面的题材的。他早年的《稻草人》也是非常感动人的……这种作品的确会使人看过要去思索一些问题,而不仅当着故事看得热闹,或兴奋而已的。”从这些征引和评论看,丁玲对叶圣陶的作品,颇为熟识,对叶的推崇在那时是相当高的。

但是,丁玲很快被打成“丁玲陈企霞反党集团”人物;1957 年被打成“右派”,在底层生活了 20 年之久,直到 1979 年才由劳改地回到北京。到北京刚刚稳定下来,她便第一个拜访了自己一直执弟子礼的叶圣陶先生。

彼此间不通音问二十年,他们连上次见面是什么时候都忘记了。叶圣陶此时已八十有五高龄,陪着接待丁玲的还有叶的大儿子叶至善。叶至善还能记得丁玲五十多年前访问叶圣陶时送给自己玩具的情形,他还记得当时丁玲穿一件湖色连衣裙。大约这种色调及式样在当时较为别致吧！使叶至善把儿时的印象留到了老年。

丁玲告诉了叶圣陶自己这数十年的行旅,更多的,他们是拉家常地谈到了早年相识的情形。丁玲心情复杂地说:“叶老,当年要是您不发表我的小说,我也许就不走这条路。”叶圣陶接不下去这句话了,只是温厚地笑着。丁玲走后,叶圣陶回首往事,夜不成寐,他以“喜极”的心情,填写了一首“六幺令”词,感今顾昔:

启关狂喜,难记何年别。相看旧时容态,执手无言说。塞北山西久旅,所患惟消渴。不须愁绝。兔毫在握,赓续前书尚心热。

回思时越半纪,一语弥深切。那日文字因缘,决定今生辙。更忆钱塘午夜，共赏潮头雪。景云投辖。当时儿女，今亦盈颠见华发。

由词中可以见出，他们当天还谈到丁玲的病，甚至追忆到当年叶圣陶邀请丁玲、胡也频到钱塘观潮的情景，这样长久的时光及友谊追溯，在人生中实在不多。

五年之后的1984年3月，年逾九旬的叶圣陶老人，勉力参加了老舍85岁诞辰纪念会，回家后即因胆结石住院。在家人的犹疑中，老人却坚持同意做了胆囊切除手术。住院期间，丁玲与丈夫陈明，带着花篮前往看望。叶圣陶十分感怀，手术第六天，他便在病榻上写下《丁玲陈明馈花篮问病作此奉酬》一诗：

三色苍兰一篮盛，红黄粉艳露犹莹。

对花历历念旧情，深感丁玲与陈明。

敢告手术经过好，已能扶起纵远眺。

昔年剖胆今割了，自谓胆量尚不小。

丁玲得到这首诗，“读后令人感奋，欣喜，不能自已。”她希望更多的人来感受老人的精神，便写下一篇“附记”。其中有这样的句子：“叶老曾是我的师长，这次他在病魔面前显示出的顽强的意志，乐观的精神，旺盛的生命力，浓郁的诗兴，更策励着我辈不敢枉自言老，不敢稍懈自己的斗志。”这首诗和丁玲的“附记”，不久在《光明日报》上发表出来。使人们在了解他们友谊的同时，也获知了他们对待生活的精神态度。

尾声

可惜的是，由于几十年的生活颠沛及精神压力，丁玲的身体受到极大损伤。为了这些年没有能较好从事自己的文艺事业，她以全副精力写文章，主办刊物……直到生命最后一息。1986年3月，丁玲——这位在文学史上留下自己深深印迹的一代名家，走完了她八十二年的人生道路。年高九旬的叶圣陶先生得知此消息，久久无语。他回想丁玲坎坷的一生，想到丁玲告诉他可终于没有完成的创作计划，十分痛心。尽管病目已久，可老人仍勉力地写出一文《悼丁玲》。在回忆起1979年丁玲来看望他时，叶老说："那一天，她跟陈明一同来我家。突然见到她，我真是又惊又喜。人当然老了，鬓角有了白发，但还是那样热情、健谈。……突然她说：当初要不是我发表了她的小说，她可能不会走上文学这条道路。我不同意这句话，走上文学道路是她自己的选择，也是她自己努力的结果。可是我理解，她并无埋怨的意思，只是表明她虽然经受了非同寻常的折磨，却毫不反悔，而且打算在这条路上继续走下去。"对于丁玲的逝世，老人遗憾地说："要是她多活几年，或者在过去，就让她多写个十来年，那该多好呀。"

是啊，叶圣陶当年抱着那么大的热情，将丁玲这位极富艺术才华作家的作品推出，当然怀有为中国文艺事业贡献一份成绩的良好愿望。可几十年过去，这位富有才情的女作家，却因人生的种种波折，未能充分展示才华，这在深懂文艺的叶圣陶心里，该是多么的遗憾。

但是，因了叶圣陶的慧眼，丁玲毕竟为中国现代文学史留下了生动而特别的人物形象，为中国历史的演进记录下不可磨灭的社会场景……为此，他们彼此都是可以欣慰的。不过在我们今天的读者，的确还应当有不忘过往，珍惜人生特别经验的教训在其中。

沈从文结缘林宰平

一

1925年5月4日，北京的《晨报副刊》，专门出版一期“五四运动纪念号”。这些纪念文章，并非如今天只一味颂赞，其中第一篇的题目，竟是《每逢五月便伤神》。梁启超也写有一文，题目是《学生的政治运动》。另有署名“唯刚”的《大学与学生》一文，因为牵及另一个名家——当时的跋涉者，所以值得略作介绍。

《大学与学生》首先谈及一种现象，即北京一些连“专门”都不称职的院校，纷纷改称“大学”。这类事，作者以为是“最觉肉麻的”“脸皮更厚了”，并以为这是因为“在社会上无论办学人们乃至教员学生大多数为一种‘虚伪’恶魔所征服……”作者感慨：“教育就筑在这个可怕的地盘上，大家试想这是一种多么危险的事情！”

至于学生情形呢？作者引录了一节学生的文章。这节文章，记叙了学生在公交车上与一位女子同坐而产生的种种思绪：因为贫寒，导致内心自卑、压抑，以及由此而生的一种自伤、孤独……在引录文章后,“唯刚”感慨:“上面所抄的这一段文章,我是作不出来的,是我不认识的一个天才青年休芸芸君‘遥夜’中的一节。芸芸君听说是个学生,这一种学生生活,他是很曲折的深刻的传写出来,——‘遥夜’全文俱佳——实在能够动人。”至于内中透露出的情绪:“然而凄清,颓丧,无聊,失望,烦恼,这是人类什么生活呢!”

“唯刚”进一步说:“我们以为现在学生们,尤其大学生,应该有一个共同的目标,即是立志要在天地间做一个人,不要随随便便混过了有用的光阴。”接下来以加重点号强调:“改良社会可先改良学校,立志做人要先立志做好学生,万事不可待诸将来,眼前一举一动,就是毕生成败的关头。……总而言之,统而言之,虚伪与堕落,是我们的公敌,大家非拿革命的精神硬把他打破不可!”

今天我们知道,《大学与学生》的作者“唯刚”,是有名学者,当时在北京大学兼职的林宰平,文中所引用的学生文章作者“休芸芸”,即从湘西到北京未久,正试图以自己的笔,来闯出一条生存路径的沈从文。

二

1922年,抱着“好坏我总有一天得死去,多见几个新鲜日头,多过几个新鲜的桥,在一些危险中使尽最后一点气力……似乎应当有意思”的想法,沈从文从湘西军队,撞进了北京,“便开始进到了一个使我永远无从毕业的学校,来学那课永远学不尽的人生了。”初到北京的几年,沈从文是在求学,读书,学习写作中度过,可实际生活,却一直在挨饿和受冻中挣扎。为了吃饭,他差点又去当兵,去寻过在图书馆打工的营生……但或不愿意做,或不成功,终于还是忍饥受冻。直到1924年底,这个小学毕业的湘西人,才开始在《晨报》等副刊发表一些被沈从文自己后来称作“素材”的散文、诗歌等小作品,每月有个几块,十块或十多块的收入。后来《晨报》副刊由徐志摩主持,他欣赏沈从文才华,多发他的作品,还写文字称赞他,由此,沈从文与徐志摩结下了终生友谊。在人生存最艰难的时期,雪中送炭,人往往记忆一辈子。

林宰平的这篇文章,写在徐志摩的“欣赏”之前,虽然从内容上说,是对这位作文的“学生”有所教诲的,可是,沈从文却从中听到了别样的欣赏和鼓励。林宰平的文章,沈从文是四天后才读到的。据他自己说,因为没有三分钱,无法去购一份《晨报》来读。一个朋友读到林宰平的文章,见其中引了沈从文的散文,又有评价,便专门送给沈从文看。

一读之下,沈从文感慨良多。他立即写出一信,寄到晨报社,请“副刊记者转唯刚先生”:

“觉得自己无聊简直不是一个人,惶恐惶恐。”因为林宰平在大学任职,他笔下的学生当然就是“大学生”了。沈从文由此话发挥:“可惜我并不是个大(中也不)学生……我虽不是学生,但当先生说‘听说是个学生’时,却很自慰。想我虽不曾踹过中学大门,分不清洋鬼子字母究竟是有几多(只敢说个大概多少个吧),如今居然便有人以为我是大学生!”这当然值得沈从文“自慰”。

接下来,沈从文介绍了自己的“非学生”经历,说明自己为何没有读成书的情形,甚至写作文章,也没有多么高尚的理由:“不消说,流浪了!无聊(实在找不出聊)与闲暇,才学到写文章。想从最低的行市(文章有市价,先生大概是知道)换两顿饭吃。萎萎蕤蕤活下去再看。”对于林宰平在文章中的议论,沈从文以为有针对自己而发,所以想起而辩解几句:“若先生有命到过学堂,——以及别的命好能读书的人,当然要‘立志做人’立志‘做好学生’,掯着什么‘毕生成败关头’。我呢?堕落了!当真堕落了!然当真认到我的几个人,却不曾说过‘虚伪’。”

沈从文自然不是无志之人，可在当时情形下，远大理想云云，似乎还不好说起。针对林宰平认为自己文章中表现出来的“凄清，颓丧，无聊，失望，烦恼”情绪，他辩解道：这些“当然不是什么立志改良社会，有作有为，尊严，伟大，最高学府未来学者的应有事情。人生的苦闷，究竟是应当或否？我想把这大问题请学者们去解释。至于我这种求生不得，于生活磨石齿轮下挣扎着的人呢？除了狂歌痛哭之余，做一点梦，说几句呓语来安置自己虚空渺茫的心外，实在也找不出人类夸大美满的梦来了！”

信的结尾，沈从文对林宰平文中希望青年人应多“替社会做事业”的总体思想，作了一句从自己出发的回应：“这些是有用人做的。我却只想到写自己生命过程所走过的痕迹到纸上。”

三

从林宰平对应沈从文文章所发的议论看，针对当时的一批学生，他是抱有热望和感慨的，可他的确未能了解这位“非学生”“休芸芸”的生命境况。在沈从文致林宰平的信中，他陈述了生存无从解决，当然谈不上远大抱负，改良社会这样堂皇却遥远目标的现实。这一点，林宰平引用沈从文文章时一定不知晓。沈从文这封致“唯刚”（林宰平）先生的信，本是请《晨报·副刊》记者转交的，可编辑将其刊发了出来，时间是当年5月20日。

从林宰平引用沈从文的那节文字及后来的评论看，他虽不了解沈的生活情形，可对其表现内容的文笔，还是颇表欣赏的。称其为“天才青年”，认为“这一种学生生活，经他很曲折的深刻的传写出来，——‘遥夜’全文俱佳——实在能够感动人。”沈从文以一个小学学历的身份，领受林宰平看做“大学生”的真实评价，那心情，自然相当“自慰”。读到沈从文发表出来致自己的信，林宰平这位关心学生群体的学人，此时是更关切这位“非学生”的沈从文了。他托人找到沈从文,邀请他上自己家里谈话,据沈从文后来回忆,他与林宰平,年龄虽相差20多岁,可第一次见面,却整整谈了一个下午。在谈话中,林宰平了解到沈从文目前的处境。这位富有同情心的学者,语重心长地对沈从文说:要找事做,可以替你想办法。一个人仅仅活下来,不困难,可活下来,还要抱着自己的理想不放,坚持下去,却很难。从沈从文后来的表现看,这个湘西人是个了不起的汉子。他不仅在极艰难中活了下来,还坚守着理想,在文坛打开了一片宽阔的天地。

林宰平认真为沈从文找工作起来。他将沈从文的生活困境及能力还告诉了著名学者梁启超。梁启超将沈从文介绍给自己的朋友熊希龄。熊希龄当时在香山办有一所慈幼院,便请沈从文到此院图书馆做办事员。

当然,这个过程亦并非一帆风顺。虽然林宰平大力向别处推荐,可当时沈从文的境况仍十分艰窘。拜访林宰平不久,沈从文又有一信致奉,陈述自己的苦况。从信上看,大约沈从文要求读书,林宰平曾介绍他到一家暑期学校去听课。可该校后来有变故,沈从文无法成行;林宰平所托另一人,此时也没有消息,此人答应代沈从文将所欠寓所钱还清,“然而他是不会想到一个人寻生不得便不忧伤死也会饿死的。即如这时说我是第三天没有一颗米塞进肚里,但靠到由一家铺子赊来值廿枚一个咸面包与几杯开水延持,谁个又肯信呢。”

在这样极度的饥饿逼迫下,沈从文感慨颇多:“别人的肚子,不是拿来装那些鱼肉,便是装上些油鸡肥鸭,白酥的奶乳,像珠子似的白饭。纵不堪,也还能每日按时塞上些馒头,烧饼,枣糕,窝窝兜,看看自己,却时常委屈这肚子。这还有什么说呢?肚子虽可怜,但不幸寄托了这样一个无进取力,脆薄颓伤的灵魂,而又处到这么一个世界里,如今还不饿死,已算得一个奇迹了。”

信的末尾，沈从文几乎是与林宰平诀别，不，与人生诀别了："拥着被来听雨，檐溜虽是吵响不宁，但心情却死样的静沉，一切在往日所想往的这时都不须了，连最易拿来做懦怯安慰的眼泪也没有用了。所需要的只是永久的空虚。我故意这样平静地永远睡下去。请先生以后不必为这命运贱踏下的薄命人措意，我希望世界一切都把我忘却！……"

从这封信的内容看，应该写于与林宰平见面后不久。信上内容应该加快了林宰平援助沈从文的努力。（从其他人的回忆知道，林宰平应当还给沈从文一些经济上的帮助。）沈从文后来经梁启超的推介，到香山慈幼院图书馆工作，是在这之后很近时间的事情。

这封致林宰平的信，不久沈从文引进了自己的一篇小说之中。当然，经过了前叙，后尾，以及青年心绪的发散描述，这内容已经融成了小说的一部分，成了一个忧郁又饥寒交迫青年向这社会发出的告白。但是，沈从文自叙式的写作，仍然清楚地展现了他当时的生命境况，成为今天人们研读他当时心情状态的可靠资料。

四

可以想见，若果一个人处在这样的窘况下，得到一位长者的赞誉甚至支持援手，会发生怎样的感恩心情。事实是，沈从文与林宰平，由此结下了终生的情谊。用沈从文告诉他人的话——"没齿难忘"。

除去生活上，林宰平还在精神上给予沈从文以帮助。对于沈从文当时在外人看去有些古怪，易怒的性格，林宰平一直劝诫他要善于克制；在写作上，林宰平一直予以支持，使他终于排除种种挫折，决心以写作为事业。沈从文后来告诉研究者，林宰平反对沈早期作品里自我中心的悲观主义。沈从文曾自我辩解说，这是他的权利，可在内心深处，他接受了林的批评，认为自己当时的作品主要是为了谋生，而不是为了推动文学革命。林宰平以哲学家的高度,帮助沈从文与自我怜悯情绪一刀两断。林宰平让沈从文真正认识到,文艺创作不仅仅是门职业,而是一项毕生事业,应当从中亮出自己的思想……这些帮助于困窘、困惑中的沈从文,有绝大益处。他的笔渐渐向广大处展开,并最终写出了他生命里荡漾的“云和水”,精神中活泛的“湘西”,文学史上不朽“边城”“长河”里鲜活的女儿汉子……

1936 年,沈从文已经在文坛广有声誉,他在一册《从文小说习作选》代序中,这样提及在生活途程中帮助过他的人:“这样一本厚厚的书能够和你们见面,需要出版者的勇气,同时还有几个人,特别值得记忆,我也想向你们提提:徐志摩先生,胡适之先生,林宰平先生,郁达夫先生……这十年来没有他们对我种种帮助和鼓励,这本集子里的作品不会产生,不会存在。”

对于林宰平的帮助,沈从文念念不忘。据林宰平的一位弟子讲,他在上课时看《湘行散记》,被老师发现。林宰平知道后,马上说,你爱看从文的书,等将来我给你们介绍。1946 年,沈从文从昆明一回到北京,就打听到林宰平的寓所,立即前往看望。当时沈从文对林宰平的态度,使这位学生非常感慨:“从文师对宰老的尊敬爱戴,足为我们后辈楷模。而他对青年人的提携,鼓励和培养,固然出自本心;但我想,这里面也有继承宰老热爱人才,热爱青年的因素吧。”

林宰平 1960 年病逝。1963 年,他的遗著《北云文集》出版,处境并不佳的沈从文仍特别写出跋文,表达深切领会:“宰平先生逝世已三周年,他的温和亲切的声音笑貌,在熟人友好印象里,总不消失,还和生前一样,大家谈起时,感觉几乎完全相同。宰平先生并不死!他做学问极谨严、认真、踏实、虚心,涵容广大而能由博返约。处世为人则正直、明朗、谦和、俭朴、淳厚、热情。在解放后,高龄已过八十,精神思想犹显得健康敏锐,闪耀着青春的光辉……这一切,不仅仅使他的朋友、学生怀着深刻的敬爱,而且也给予许多同事与熟人以难忘的印象,对于有较多机会接近先生的晚辈,更形成为一种长远鼓舞向前向上的力量。”

对于林宰平的成绩,沈从文以为在两个方面。其中之一:“对个人影响,多半从事学术研究和言行践履素朴笃实的态度,能给人以鼓舞启发,这一点,他的友好学生感受格外深刻。”这一点,从沈从文笔下流出,意味也应该“格外深长”。

1980年代,沈从文重读到林宰平当年评述自己及自己的回复文字,他感慨万千:“他(林宰平)文中提及感伤气氛不好,我曾去见他,一谈四小时,此后即日益亲近,直到于死。在为人素朴上,正直上,是一生影响最大良师。”“这人是梁启超先生好友,《饮冰室全集》即为一手整理。在清华、北大教哲学,影响我一生极大,良师中最亲近的一人。”

从很多人的回忆看,沈从文后来只要有机会,就无私地帮助那些正在艰难中跋涉的文艺青年,这自然使人联想到他自己曾有过的那一段艰窘经历。当然,林宰平这样一些学人真诚的援手,也一定会在沈从文心中留下不磨的印象。推己及人,沈从文对他人伸出友谊之手,也就很容易理解了。这样看去,对于有意义事业的支持,常常会使它更广大,久远地传递生长,这是人类深心对光亮难以遏制向往的表征吧。从林宰平与沈从文结缘的情形看,虽然开初显得有些意外,但渐渐便真诚靠近,以致终始不渝,演绎成现代文坛的一段佳话。也许不仅文艺,对于人生交谊,这应当也是有相当启示意义的吧。

周作人援手郁达夫

一

1921年10月,一部薄薄的小说集由上海泰东图书局出版。集子中只有三篇小说,在今天看来,实在不应引起什么了不起的反应。可实际是,这一部中国现代文学史上最早的小说集,因为艺术的圆熟,更因为其内容的深切与大胆,在当时引起了极为强烈的反响。这部小说集,就是以其中一篇题目命名,并注定将成为人们长久关注对象的——《沉沦》。

这样的小说题目,就在今天,也算得异样。其中内容,用作者郁达夫的话说:"第一篇《沉沦》是描写着一个病的青年的心理,也可以说是青年忧郁病的解剖,里面也带叙着现代人的苦闷,——便是性的要求与灵肉的冲突……""第二篇《南迁》是描写一个无为的理想主义者的没落……"

这样的内容,在上世纪20年代的中国出现,社会总体上是相当陌生的。无论"忧郁病""理想主义者的没落",更毋庸说"性的要求与灵肉的冲突”。不仅陌生,于社会有歧异感,更因为与中国数百年来“性”的禁忌相违背冲突,用郭沫若的话说:“他那大胆的自我暴露,对于深藏在千年万年的背甲里面的士大夫的虚伪,完全是一种暴风雨式的闪击,把一些假道学、假才子们震惊得至于狂怒了。为什么?就因为有这样露骨的真率,使他们感受着作假的困难。”

当然,作品的积极意义显而易见。这一层,还是郁达夫的老友郭沫若说得到位:“他的清新的笔调,在中国的枯槁的社会里面好像吹来了一股春风,立刻吹醒了当时的无数青年的心。”

当年那些指责甚至斥骂《沉沦》的文字,现在如果研究者不去专门搜寻,连见到都很困难。可在当时,据郁达夫自己说:“《沉沦》印成一本单行本出世,社会上因为还看不惯这一种畸形的新书,所受的讥评嘲骂,也不知有几十百次。”虽然著作出版当时,作者还有点心理准备,可超量的“诲淫”“不道德”的责骂,叫只有25岁的青年作家实在有些承受不住。他一方面思考自己写得是否真的“诲淫”或“不道德”,另方面,他希望一片骂声中,能有一二真正懂得、理解此类文艺,又有影响的明白人,出来为自己辨正几句。(自己作品,倘若仅仅自我辩解,那是很难为人接受的。)这个懂文艺,又有影响的明白人,郁达夫选中了周作人。

二

1922年时,周作人已经以自己温文蕴藉的文笔,清明得当的见解,在文坛上获得了日益广泛的影响。当年春天,他在北平《晨报》上,开辟了一个专栏“自己的园地”。在其中,他对“文艺上的宽容”“诗的效用”“贵族的与平民的”“情诗”等文艺的多个方面,予以了得当评说,在当时,这是对于新文艺观念的最有益传播了。在这个过程中,他接到了郁达夫的求助信:

非常尊敬的周先生：

请原谅我缺乏绅士风度！随同这封明信片给你寄去上个月刚出版的短篇小说集《沉沦》。我希望你出自内心对我的作品进行坦率的批评。上海所有文人都反对我，我正在被迅速埋葬，我希望你是给我唱悲哀的挽歌的最后一个人！

这封信，郁达夫以英文写在一张明信片上（近年为学者发见，是很有价值的史料），在另外寄来的《沉沦》一书的扉页，作者还有这样几句话："不曾在日本住过的人，未必能知道这书的真价。对于文艺无真挚的态度的人，没有批评这书的价值。"收到郁达夫的来函及《沉沦》作品集，周作人显然是十分认真对待的。在经过研读及参照西方有关学说后，周作人用了较大篇幅，写出了为这部作品有力的辨正文章《"沉沦"》。

周作人的辨正文字，就在我们今天看，也是清明而有力的："我在要谈到郁达夫先生所作的小说集《沉沦》之先，不得不对于'不道德的文学'这一个问题讲几句话，因为现在颇有人认他是不道德的小说。"周作人的文章的确老到。他先并没有直接去替郁达夫小说辩护，而是从他人加给小说的罪名入手。倘若这罪名不成立，这些人议论的基石被抽去，那么，骂人的文字便不攻自破了。

周作人自己的理论依靠，是美国莫台耳（Mordell）的《文学上的色情》。在这篇著述里，所谓"不道德的文学"被分为三种：其一不必定与色情相关的，其余两种都是关于性的事情的。第一种的不道德文学其实是新道德文学。例如挪威易卜生及俄国的托尔斯泰的著作。它们对现存社会各种所谓规则进行批判，试图重新估定价值，建立更合理的生活。这种作品，其实是"道德的"。不过在因袭的社会看去，觉得"离经叛道"，所以攻击为"不道德"。

那么,郁达夫的作品当属于第二种所谓“不道德文学”。这种文学,倘加以细分,可得三类:(一)自然的。在古代社会上的礼仪不很整饬的时候,言语很是率真放任,在文学里也就留下痕迹。在当时,这是很自然的,并没有什么故意的挑拨(挑逗)意味。(二)“是反动的,禁欲主义或伪善的清净思想盛行之后,常有反动的趋势,大抵倾向于裸露的描写因以反抗旧潮流的威严……”(三)“是非意识的,这一类文学的发生并不限于时代及境地,乃出于人性的本然。虽不是端方的而也并非不严肃的,虽不是劝善的而也并非诲淫的;所有自然派的小说与颓废派的著作,大抵属于此类。”

周作人到底腹笥宽阔,他在当时甚至介绍到西方的“精神分析”观念。他说,按此学说:“人间的精神活动无不以(广义的)性欲为中心……这些本能得到相当的发达与满足,便造成平常的幸福的性的生活之基础,又因了升华作用而成为艺术与学问的根本;倘若因迫压而致蕴积不发,便会变成病的性欲,即所谓色情狂了。”“这色情在艺术上的表现,本来也是由于迫压,因为这些要求在现代文明——或好或坏——底下,常难得十分满足的机会,所以非意识的喷发出来,无论是高尚优美的抒情诗,或是不端方的(即猥亵的)小说,其动机仍是一样……猥亵只是端方的对面,并不妨害艺术的价值。”

这么说来,基于被压抑本能的“非意识的喷发”而出的作品“《沉沦》是显然属于第二种的非意识的不端方的文学,虽然有猥亵的分子而并无不道德的性质。”这一判断很重要,它首先为郁达夫作品洗刷了“不道德”的罪名。那么,《沉沦》的内容该如何领会呢?周作人认为:“但我想还不如综括的说,这集内所描写是青年的现代的苦闷,似乎更为确实。生的意志与现实之冲突,是这一切苦闷的基本;人不满足于现实,而不复肯遁于空虚,仍就这坚冷的现实之中,寻求其不可得的快乐与幸福。现代人的悲哀与传奇时代的不同者即在于此。理想与现实社会的冲突当然也是苦闷之一……著者在这个描写上实在是很成功了。所谓灵肉的冲突原只是说情欲与迫压的对抗,并不含有批判的意思,以为灵优而肉劣……”看到这里,我们真觉着周作人思想的超前与深邃了。在上世纪20年代,对现代人的灵、性冲突,能够见得这么清明,体会得如此深切,实在可称为时代先进了。

这是对郁达夫作品的内容解析,那么从小说这个艺术品类去看呢? 周作人仍有阐述:“我们赏鉴这部小说的艺术地写出这个冲突,并不要他指点出那一面的胜利与其寓意。他的价值在于非意识的展览自己,艺术地写出升华的色情,这也就是真挚与普遍的所在。至于所谓猥亵部分,未必损伤文学的价值……那么当然没有可以反对的地方。”为一般读者可以直观了解,周作人还顺手举出一部当时流行的小说,认为:“《留东外史》终是一部‘说书’,而《沉沦》却是一件艺术的作品。”

周作人不仅对文学的艺术有相当先进的认识,对文学的影响也有自己的见解。在充分肯定《沉沦》的艺术价值后,对其可能在社会上产生的影响,周作人也发表了看法:“我临末要郑重地声明,《沉沦》是一件艺术的作品,但他是‘受戒者的文学’,而非一般人的读物。有人批评波特来耳的诗说:‘他的幻景是黑而可怖的。他的著作的大部分颇不适合于少年与蒙昧者的诵读,但是明智的读者却能从这诗里得到真正希有的力。’这几句话正可以移用在这里。在已经受过人生的密戒,有他的光与影的性的生活的人,自能从这些书里得到希有的力,但是对于正需要性的教育的‘儿童’们却是极不适合的。……关于这一层区别,我愿读者特别注意。”这么一讲,对《沉沦》这部作品的认识及影响,就十分完善了。周作人见解的清明加之思虑之周全,的确非一般人所能企及。郁达夫的向周作人求助,不仅是找对了人,就当时说,周作人几乎是能将《沉沦》方方面面说清楚的不二人选。

三

周作人的《“沉沦”》一文，发表在1922年3月的《晨报副镌》上。文章说理通透，立场明确，一些对《沉沦》噪噪嚷嚷的声音，才渐渐消散开去。郁达夫是一个“摩拟的颓唐派，本质的清教徒”。（李初梨语，见郭沫若《论郁达夫》）对现实人生，他又是充满感念心情的。周作人为自己写辨正文章这件事，他几乎终生未忘。周作人后来回忆说：“但是达夫似乎永不忘记那回事，有一年他在世界书局刊行《达夫代表作》（仿佛是这个名称，因为这书已送给一个爱好达夫著作的同乡，连出版的书店也记不清了），寄给我的一本，在第一页题词上提到那回事情，这实在使我很是惶恐了。”

对于这事，周作人确实没记清楚。郁达夫题词的，应当是原由上海春野书店出版的《达夫代表作》，此书后来转在现代书局出版时，在扉页上题了这样一句：“此书是献给周作人先生的，因为他是对我的幼稚的作品表示好意的中国第一个批评家。”献辞的发表时间是1930年元月。可其实在更早的文字里，郁达夫就表达过这样的感激之情。1927年，郁达夫在为自己《鸡肋集》题辞中，有这么一段话：“在这一年的秋后，《沉沦》印成了一本单行本出世，社会上因为还看不惯这一种畸形的新书，所受的讥评嘲骂，也不知有几十百次。后来周作人先生，在北京的《晨报》副刊上写了一篇为我申辩的文章，一般骂我诲淫，骂我造作的文坛壮士，才稍稍收敛了他们痛骂的雄词。……这《沉沦》的诲淫冤罪，大约可以免去了……”像这样一再表达的谢词，可以看出郁达夫感铭的程度。

因了这样一种文人间的援手，郁达夫与周作人之间，建立了长久的友谊。据周作人日记，他们的初次见面当为1923年2月11日。几天后的2月17日，周作人宴请郁达夫等友人。这次宴会，鲁迅也出席了,这应该是郁达夫与他的第一次见面。由此他们两人也建立了长久而真挚的友谊。

当年10月,郁达夫曾寄周作人一函:

> 《呐喊》一册,又蒙新潮社寄来,谢谢。我打算读完后做一篇《读〈呐喊〉因而论及批评》在周报上发表。上海方面此书发售处不多,实为憾事,当思为鲁迅君尽一份宣传之力也。

这封信在寄的路上丢了。回去后郁达夫再补写一函:"昨天写成一信,在路上丢了,不知拾到者亦为投入邮筒否?《呐喊》又蒙新潮社寄赠一册,谢谢…… 我想为鲁迅君大大的宣传一下。"这里除去《呐喊》的内容触动了郁达夫的文思,还有没有在周作人之兄身上回报对自己"大力支持"的意味呢?

过了几天,郁达夫再次致函周作人:"前次买来的《自己的园地》,今日方才读完,大部分的意见非常赞服。……我想空的时候写一篇读后感出来。"周作人的《自己的园地》,是1923年9月由北京晨报社初版印行的,内中就收有评论郁达夫作品的《"沉沦"》。十分遗憾,郁达夫所说想写的《呐喊》《自己的园地》的评论文章,终于没有写出来。

四

文章虽然没有写出,可郁达夫却与周作人鲁迅兄弟,保持了长久的亲密友谊。在郁达夫,对周氏兄弟,不仅仅只是人事,对他们的文章,也是由衷敬佩,甚至推为当代作家之首的。1935年,上海良友图书印刷公司,要编辑一套《中国新文学大系》,来全面反映中国新文学最初十年的业绩(1917—1927)。周作人与郁达夫,受邀编辑其中的散文部分。周作人后来回忆:"那时我与达夫通过好几回信接洽分配人选的问题，由我择取若干人为散文集一，余下的凡是我所不很熟悉或是不便选择的人，全归他去编选，我的这种'任性'的办法居然为他所接受，这在我是觉得非常愉快而且应当感谢才是的。”

据郁达夫介绍，鲁迅、周作人、冰心、林语堂、丰子恺、朱自清、叶圣陶、茅盾等名家文章，归他择选。结果呢？其他名家，每人多不过五六篇，少的仅1篇，可鲁迅一下子选了24篇，周作人更惊人，选了56篇。这两兄弟文章加起来，占了全书“十之六七”。对周氏兄弟文章的珍爱，几乎到了无以复加的地步。

这样选择，当然得说出理由。在郁达夫看去，这理由太充分了。在书前的“导言”中，郁达夫这样说：“鲁迅的文体简练得像一把匕首，一刀见血。重要之点，抓住了之后，只消三言两语就可以把主题道破——这是鲁迅作文的秘诀……与此相反，周作人的文体，又来得舒徐自在，信笔所至，初看似乎散漫支离，过于繁琐！但仔细一读，却觉得他的漫谈，句句含有分量，一篇之中，少一句就不对，一句之中，易一字也不可，读完之后，还想翻转来从头再读的……近几年来，一变而为枯涩苍老，炉火纯青，归于古雅遒劲的一途了。”

郁达夫这样比较他们兄弟的异同：“周作人头脑比鲁迅冷静，行动比鲁迅夷犹……”“鲁迅的性喜疑人——这是他自己说的话——所看到的都是社会或人性的黑暗面，故而语多刻薄，发出来的尽是诛心之论；这与其说他的天性使然，还不如说是环境造成的来得恰对……在鲁迅的刻薄的表皮上，人只见到他的一张冷冰冰的青脸，可在皮下一层，在那里潮涌发酵的，却正是一腔沸血，一股热情”；“周作人的理智既经发达，又时时加以灌溉，所以便造成了他的博识，但他的态度却不是卖智与炫学的，谦虚和真诚的二重内美，终于使他的理智放了光，博识致了用。”

郁达夫甚至这样说：“中国现代散文的成绩，以鲁迅周作人两人的为最丰富最伟大，我平时的偏嗜，亦以此二人的散文为最所溺爱。一经开选，如窃贼入阿拉伯的宝库，东张西望，简直迷了我取去的判断，忍心割爱，痛加删削，结果还是把他们两人的作品选成了这一本集子的中心，从分量上说，他们的散文恐怕要占得全书的十分之六七。”

这样推崇的文字，无论他人如何想，在郁达夫，是深切感知，真诚表达罢了。当然，无论鲁迅、周作人，这样的选择和评论，他们是承当得起的。

五

郁达夫与鲁迅，后来在上海时期，有亲密的交往。轻易不写诗的鲁迅曾赠诗郁达夫《阻郁达夫移家杭州》。鲁迅逝世，远在福建的郁达夫立即乘船赶赴上海，并在那里写下了简短而有力的纪念文字《怀鲁迅》。名言“没有伟大的人物出现的民族，是世界上最可怜的生物之群；有了伟大的人物，而不知拥护，爱戴，崇仰的国家，是没有希望的奴隶之邦。”便出自此文。后来郁达夫又写出长文《回忆鲁迅》，在其中寄予着对周氏兄弟最真诚的情谊。

对于周作人，郁达夫也是充分信任的。即使在抗日军兴，周作人已经“落水”之时，郁达夫还在他的一篇文章中这样说：“现在颇有些人，说周作人已做了汉奸，但我却始终仍是怀疑。所以，全国文艺作者协会致周作人的那一封公开信，最后的决定，也是由我改削过的；我总以为周作人先生，与那些甘心卖国的人，是不能作一样的看法的。”在这样的时候，还能有人站出来为其辩护，真正能体现爱惜心情。虽然周作人最终还是辜负了郁达夫的一片真挚怀想。周作人，也一直关注着郁达夫：“但是对他（按：郁达夫）我觉得很熟，有一种多年老朋友的感觉……”在后来的文章里，周作人还记录了一点他探知的郁达夫老家的消息：“达夫的遗族只有住在富阳的老家一支，近来还知道一点消息，因为适值有一个富阳的同乡和我通信，告诉我的。据说达夫的前夫人还健在，和她的儿子住在老屋里……达夫的兄弟是学医的，在那县里行医，听说也是古道可风的人。”由此可以说，郁达夫与周作人之间的相互关注，也是长久不曾消减的。

郁达夫与周作人，都是中国现代文学史上的卓著人物。今天看来，周作人当年写出《“沉沦”》一文，为郁达夫小说辨正，主要是对新文学作品的深切领会和自觉支持；在郁达夫，却因为在艰难时得到周作人的有力“援手”而念念不忘。后来对周作人文章的大力推崇，甚至表示要为周作人兄弟作品写评论，“大大宣传一下”……虽然均有公正的理由，可内在深处，恐怕很难排除对周作人当年援手的感激心情。这是人之常情。时光流逝真个惊人，这段在中国现代文学史上堪称“佳话”的友谊发生，距今已有九十年。以此来想想小说集《沉沦》诞生时的社会环境，真可以丈量出时代进步的距离。周作人当年表现出的眼光及思想的先进，在今天依然不失光彩。时代发展虽有曲折，可总体是在前人基础上有所提升。今天社会无论思想、文学的局面，当然有如郁达夫、周作人等先驱者的功绩在。在领受这样的局面成绩时，我们应当有理由对“五四”时期的先觉者表示必须的尊重，对他们当年的风华交谊，抱着由衷的向往心情。

施蛰存与丁玲的同学之谊

施蛰存是现代文史创作研究的一代大家。他在小说创作、文学翻译、古典文学研究、金石碑版考索等领域，均有重要收获。这几方面，施蛰存自谓是治学开了“四扇窗”，涉猎的广泛而深入令人赞叹。同时，施蛰存还是一至性至情之人，对相交的朋友，他总是牵记于心，历久不忘。这朋友中，丁玲可算是一个著例。

一

其实，从交往的程度看，施蛰存与丁玲并不算深，他们是从同学开始认识的。

1923年，上海大学开始兼收女生。在当时，这还是新鲜事，所以女生入学数量很少。施蛰存与丁玲同在的文学系，女生仅五六名。这时他们的关系，仅仅限于同堂听课罢了。

1988年，《新文学史料》二期刊出一篇《丁玲谈早年生活二三事》。其中谈到当时在上海大学的情况：“同学有戴望舒，施蛰存，孔另境，王秋心，王环心等，这些同学对我们很好，我们则有些傲气。”

说到当时丁玲的“傲气”，施蛰存到晚年还有记忆。由于女生少，每堂上课时，男生总是先进教室，而将前面两三排给女生留出。女生总是最后鱼贯而入，“她们一般都是向男同学扫描一眼，然后垂下眼皮，各自就坐，再也不回过头来。”

施蛰存与戴望舒坐在第三排，正在丁玲和其他女生背后，但同学半年多，大都只能看见背影。想看个正面，还得在老师发讲义时。一叠讲义放在第一排女生桌上，让其后传，这样才能照面，那真是“惊鸿一现”。可惜也就是如此，其他，包括课外，囿于当时社会风习，就没有什么交往了。

就连这样有限的同学关系，时间也很短，不过半年多一点。之后，丁玲去往北京求学，施蛰存则在上海开始了小说创作和文学翻译活动。

在这段期间，丁玲也在北京开始了文学创作，写出了《梦珂》及其早期代表作《莎菲女士的日记》，获得了极大的名声。她的这些作品，大都发表于上海的杂志，这使她与爱人胡也频对去上海发展充满希望。1928 年春，他们一同来到了上海。这样，施蛰存与丁玲又有了交往。

当年 10 月，施蛰存与陈慧华女士结婚。戴望舒、杜衡、刘呐鸥这些老朋友不用说，沈从文、叶圣陶、冯雪峰也来参加婚礼；作为同学的丁玲，也与胡也频一起出席庆贺。

在这段时间，施蛰存编辑过当时颇有影响的《现代》杂志，丁玲在上面发表过小说；后来施蛰存编辑《文艺风景》杂志，发表过丁玲写给胡也频的三封信。丁玲在她编的“左联”机关刊物《北斗》杂志上，也刊登施蛰存、戴望舒这些老同学的文章。在当时，文艺观念上有些分歧，并不多影响文章的发表。他们的友谊，在这段时间得到增强。

二

1933 年 5 月，丁玲在上海寓所遭国民党特务绑架。过了四五天，文艺界大都知道了消息，但却都保持沉默，不作报道。这与当时政治上的黑暗及高压大有关系。

当时，施蛰存还在编辑《现代》杂志。将于六月一日出版的三卷二期，已经开始了第三校。施蛰存为了将这一暴行公告天下，便在最后一页的“编者缀语”中，加进了这样一段话：

“本期中本来还可以有一篇丁玲女士的近作，但她还来不及写成之前，在五月十四日那天，我们就听到她因政治嫌疑被捕了。一个生气跃然的作家，遭了厄运，我们觉得在文艺同人的友情上，是很可惋惜的，愿她平安。”

话说得很有寸度，但看得出为了能使文章刊出，施蛰存是竭力压低了愤怒的情绪。

该期《现代》上，有一篇戴望舒的法国通信：《关于文艺界的反法西斯谛运动》；施蛰存便以此生发，在前一段话的后面，加了这样一段：

“法西斯主义弥漫了德国，德国的文艺家大半流亡到异国去了。我们要请读者特别留意本期的法国通信……”

这段话与丁玲被捕消息搁在一起，用中国古代成语来表达，应该是“含沙射影”“指桑骂槐”。

这是当时最早披露丁玲被捕消息的中文报刊。施蛰存，这位后来被视为“第三种人文学”的代表，不算很“赤色”的作家、编辑，在这样的时候，却最早挺身而出，为一个作家的无故被绑架表达愤怒。可见文学常常只是手法、方式不同，而植根的核心，还是对反动的坚决批判，对进步理想的不懈追索。

接下的一期《现代》杂志，施蛰存编印了一页图版，题为《话题中之丁玲女士》。鉴于当时繁复的形势和纷乱的消息，施蛰存又写了几句图版说明：

"女作家丁玲于五月十四日忽然失踪，或谓系政治性的被绑，疑幻疑真，存亡未卜……"

《现代》杂志勇敢披露丁玲被捕的消息，引起了读者的广泛反响。后来一度传来丁玲已遭杀害的消息，读者便纷纷致函《现代》，要求介绍丁玲的生平和作品，还要求《现代》出追悼丁玲专号……施蛰存在读者来信中选出两封，并附以编者答复：

"但对于一般安于逸乐，昧于危亡，没有看见中国社会种种黑暗、没落、残颓的景象的有希望的青年们，我们愿以《现代》为一面警惕的镜子，使他们从这里多少得到些刺激和兴奋，因而坚定了他们的革命信仰。"

这样的表达虽然不过分激烈，但几十年后看来，恰恰是一种更为坚韧，更为长久的努力姿态。

对于丁玲的小说，有几篇很得施蛰存的赞赏。他曾在几处提到丁玲的《在黑暗中》《母亲》等，以为是相当有特色的优秀之作。

三

丁玲被绑架数年后脱逃辗转，去了陕北。1949 年后，丁玲是文艺界领导人，施蛰存在上海从事教学研究，便基本没有过联系。但是，丁玲后来的遭遇，施蛰存则在报纸上和朋友那里，听到很多，所以，对于这位老同学友人，他还是颇为惦念的。

1979 年 3 月，施蛰存"右派"问题得到改正，教授级别及工资得到恢复，他又开始了任教工作，心情也为之振奋。此时，又恰好看到丁玲公开露面，并读到丁玲发表的文章；这两重的好消息，叫他思念起往日的同学之谊。在“文革”中，上海盛传丁玲去世，叫施蛰存十分挂念。在这样的心情中，1979 年 6 月 24 日，施蛰存写下了一组七绝《怀丁玲诗四首》：

〈一〉

丁玲不死真奇迹，弱骨珊珊大耐寒。
幽谷春回恩怨泯，好扶健笔写桑干。

〈二〉

滔滔不竭瞿秋白，讷讷难言田寿昌。
六月青云同侍讲，当时背影未曾忘。

〈三〉

登楼双笑自矜夸，买得和瓷好建家。
曾许新年邀茗叙，岂知缘悭一杯茶。

〈四〉

万类霜天竞自由，白云苍狗乱吟眸。
浮沉今日谁为主，莫遣书生悲白头。

诗中包含了许多内容，施蛰存以小注略加解释。如第一首注为：“‘文化大革命’期中，上海盛传丁玲同志已逝世，言之凿凿，我亦信之。近日阅报，始知其依然健在，犹有续写《太阳照在桑干河上》的壮志。欣喜之余，不免感怀，故作小诗寄怀。”

第二首是写在上海大学同学时的情景：瞿秋白讲课的风采，田汉（寿昌）讲外国文学，但讷讷不能言。“当时背影”是指丁玲。当时男女同学交往极有限，施蛰存他们大都只见丁玲等女生背影，故“未曾忘”。

第三首诗说了这样一件事。当时施蛰存与戴望舒办了一家水沫书店，丁玲、胡也频、沈从文自办了《红黑》月刊。他们彼此常相往来。一次，丁玲和胡也频一人捧了一个大纸盒，来到水沫书店。他们取出刚从日本商店买的一套咖啡饮具，不断夸赞制作精美，并且答应新年里邀请施蛰存他们去喝茶。岂料不久，胡也频便遭残杀，丁玲也遭绑架，邀请当然没能实现。这就有“岂知缘悭一杯茶”的诗句。

《怀丁玲诗四首》写出后，施蛰存寄给了一家报纸，希望发表。在附信中还告诉编辑，如果发表不了，请他将诗转给丁玲。这当然是想与老同学联系的意思。

但诗作未能发表，连信也退了回来。信上批了一句：“丁玲地址不明。”施蛰存又将这四首诗寄给一家文艺刊物。但久没有回音。施蛰存怕稿子丢失，连发了三封信，才将原稿追讨了回来。

这样的诗作不能发表，施蛰存不明白为何。“想来想去”，推测出两个理由：“（一）我没有资格怀念丁玲。（二）怀念丁玲还不是时候。”

四

当时，丁玲的作品才刚刚在刊物上露面；她头上的“帽子”，还没有完全摘除。经过无数运动，经过“文革”后的报刊编辑，仍如惊弓之鸟，发表这样的诗作，显然心有余悸。诗作终于还是发表出来，但已距写作相隔了两年多时间。

1981 年，《艺谭》编辑去向施蛰存约稿。施便交出这四首怀丁玲的诗，《艺谭》刊发了出来。施蛰存后来宽容地说：这四首诗“文章不合时人眼”，当时发表不出来，也并不奇怪。

这几首诗，丁玲读到了。“白云苍狗”的变幻情景，这几十年她也深有体会。她便开始给施蛰存写信，相互恢复了往来。1982 年 6 月，丁玲将自己新出的集子《生活·创作·修养》寄给施蛰存。在扉页上写着“施蛰存同学指正”。以“同学”称呼，使施蛰存“甚感其犹未忘学谊”。

施蛰存所在的华东师大，有两位中文系学生专门研究丁玲创作。

他们知道施与丁玲的同学之谊，便请他帮助引荐。施蛰存写了介绍信，让他们到北京去访问丁玲。也算是友人间的一种关切吧。

1982年暑假，施蛰存应邀前往山西长治讲学。在讲课参观之际，无意间听说丁玲曾在此劳动过，便专门前往了较偏僻的老顶山公社嶂头村，访问丁玲1975年出狱后与陈明下放时的地方。当他看见丁玲当时所住房屋时，不胜感慨。施蛰存对同学怀念之情的深度，由此行可以印证。这叫我们后来的读者也“不胜感慨”起来。

1986年，丁玲病逝。对于这位老同学，施蛰存仍难忘怀。1989年，世事激荡，施蛰存感慨万端。他又开始续写中断有15年的“浮生杂咏”诗。在这组诗的第36节，又专门写到丁玲：

冰之落落难谐俗，骨重神寒志不降。

晚岁自知多傲气，故人犹幸许同窗。

“冰之”是丁玲本名的字。“多傲气”自然是指丁玲晚年对自己在上海大学时的神态描摹；许“同窗”，是丁玲赠施蛰存书以“同学”相称之事。

从时间看去，施蛰存与丁玲直接交往并不算长。中间中断的时间，却有近50年之久。但是，丁玲被捕时，施蛰存在黑暗沉重的环境里，勇敢披露消息，进行追怀，这是令人敬佩的；数十年后，听到丁玲消息，又写诗怀念。这种友情，是完全没有功利的真挚；外出讲学，又专程去了丁玲落难时的山村居处，这是对历史有无限感慨，同时对个体人生有深切关怀的行为……仅此一段友谊，可以读出施蛰存对生命的追索情味。这样，我们或许可以对他打开“四面窗”的优异成绩，对艺术的不懈探求精神，有更为清澈的领会了。

郭沫若鲁迅的恩怨及余响

鲁迅、郭沫若,是被人们称为并峙两峰,双子星座的人物。这当然是对他们二人在文学以及其它领域的巨大功绩而言。可是他们两位之间,却"实在是不可思议的淡泊。尽管是生在同一国土,同一时代,并且长时间地从事于同性质,同倾向的工作,却一次也没得到晤面的机会,甚至连一次通讯也没有。若是用旧时的话来形容,鲁迅和我始终是'天南地北'的分处着"。(郭沫若《坠落了一个巨星》)

不仅如此,他们之间虽"未尝一面"而却每"用笔墨相讥"。鲁迅先生用了"笔墨相讥"这样相当轻微的辞,在当时的确是"为着同一的目标"着想。可事实呢?调侃,讥讽,彼此双方几乎没有停止过。在郭沫若,更用过一些很可怕的"革命"的语言,甚至——谩骂。这样的笔墨官司,一直打到鲁迅先生逝世为止。但从鲁迅先生逝世的当天起,郭沫若又开始了"鲁迅生前曾经骂了我一辈子,鲁迅死后我却要恭维他一辈子"的努力,并且他确实是这样做的。这种现象发生在这样量级的人物身上,实在不能仅仅拿"有趣"来简单视之。短短几句话来概括更是极为困难。这使我们想试着粗线条地将他们之间的关系予以叙述，让读者自己从中理解把握，自己得出结论。角度，因经历了另一位的生前身后，所以从郭沫若的眼光来看待鲁迅，大约会使题目显得较为完整。

一

虽然鲁郭之间文字的直接交锋在1927—1928年间最为激烈，但在此之前，却隐隐有过许多不和谐。据郭沫若《创造十年》中讲，在茅盾、郑振铎等发起成立“文学研究会”时，曾经写过一封信，寄到日本东京田汉那里，约田汉和郭沫若加入。但这封信田汉没有转给郭沫若，也没给予回复。郭沫若回国时，郑振铎、茅盾又曾当面邀请郭沫若加入，但郭沫若以田汉没有答复，大约是没有合作的意思为理由，认为自己是田汉的朋友，加入便对不起朋友而予以拒绝。后来另一位文学研究会发起人的叶圣陶也去见过郭沫若，这之中很表现了文学研究会同仁的期望。但郭沫若似乎对他们有些看法（例如说茅盾“声音也带着些尖锐的调子，爱露出牙齿咬字。因此我总觉得他好像一只耗子。”说叶圣陶“觉得他的笔致很清新，虽然并不怎么深刻。”说郑振铎看见郭沫若抄写的王维名诗“独坐幽篁里，弹琴复长啸。深林人不知，明月来相照。”竟以为是郭沫若自己作的），便先后拒绝了。随后，以郭沫若、成仿吾、郁达夫等性情较为相近的日本留学生组成的“创造社”成立。并因为文学观点不同，与“文学研究会”产生了一些分歧。鲁迅虽然并不是“文学研究会”的成员，但由于文学主张及创作实践都十分接近，故此使得郭沫若有“文学研究会的几位作家，如像鲁迅、冰心、落华生、叶圣陶、王统照，似乎也不见得是一个葫芦里面的药”的误会。这样，鲁迅与郭沫若，似乎就隐隐成了对手。

二

1928年初，郭沫若等与鲁迅的冲突忽然变得相当激烈。这一点，大约双方,起码鲁迅一方,有些始料不及。虽然在文字中偶尔“相讥”,但鲁迅对创造社,先前倒没有许多敌意。就在1926年11月时,鲁迅在厦门还在给许广平的信中,谈到他到广州后,准备“同创造社联络,造一条战线,更向旧社会进攻”。在广州,鲁迅对创造社看法还很不错,这在他的一封信中可以见出:“创造社和我们,现在感情似乎很好。他们在南方颇受迫压了,可叹。”(致李霁野)

鲁迅到上海后,创造社当时准备恢复《创造周报》,请鲁迅合作。当年11月,创造社郑伯奇、蒋光慈等人与鲁迅进行了讨论,后共同于12月发表《〈创造周报〉复活宣言》。在“宣言”里,鲁迅与郭沫若(以“麦可昂”名)并列其中。但很快,留日的“创造社”成员李初梨、冯乃超、彭康、朱镜我等相继回国,这一共同联手的可能被完全打破。

由于大革命的退潮,一些作者在敌人血腥镇压面前,表现出非常的激愤之情。产生了复仇和拼命情绪。他们学得一些有限的马列主义理论,在文学上宣传无产阶级文学,并迅即认为自己负有批判旧思想,旧文学的使命。这样一来,“五四”以来的一批新文学作者和作品,成了他们的批判对象,鲁迅不幸被首当其冲。

在与鲁迅共同发表《〈创造周报〉复活宣言》的同时,创造社出版的《文化批判》杂志就开始了对鲁迅指名道姓的攻击。以后几期的《文化批判》等杂志上,这样的攻击更是连篇累牍。郭沫若在《创造月刊》上,也发表了《英雄树》《桌子的跳舞》等文章,表现了自己与先前文学主张的巨大转向……这些,鲁迅大约始料不及。他是在1928年3月,才发出自己的回击文字《“醉眼”中的朦胧》。但此文又遭到创造社刊物的言辞激烈的批判。渐渐地,鲁迅似乎站住了阵脚,他又以自己一贯的老练运笔,写了《我的态度气量和年纪》一文,对对方的攻击进行了回应。

鲁迅的文字实在能刺到人的痛处。这次,是郭沫若直接出来骂人了。在1928年8月出版的《创造月刊》第二卷第一期上,郭沫若以“杜荃”笔名,发表了《文艺战线的封建余孽——批判鲁迅的〈我的态度气量和年纪〉》一文,其中就有被许多文章引用的激烈言辞。譬如说鲁迅是“资本主义以前的一个封建余孽”,“是二重性的反革命人物”,“是一位不得志的Fascist(法西斯蒂)”等等。这些话引起了鲁迅的长时间反感。以后他在多篇文章中,就引称自己“封建余孽”,还以“封余”“丰之余”作笔名,进行反讽。置身其中,听了这些话,实在难有什么好感。

这些论争,在鲁迅,是认识到自己应当有理论来充实。于是他购买、阅读、翻译了多种苏联的社会科学著作,尤其文艺论。后来他在《三闲集》序言中说:“我有一件事要感谢创造社的,是他们‘挤’我看了几种科学的文艺论,明白了先前的文学史家说了一大堆,还是纠缠不清的疑问。”所以在后来的文章中,他也发生了一些转变,对文艺的认识有许多新见解。

三

但论争结下的恩怨却仍在继续。1928年,亡命日本的郭沫若,在与日本“战旗社”的谈话中,还说“鲁迅在中国文坛受到清算”,坚持着自己的认识。1930年初,鲁迅发表了《我和〈雨丝〉的始终》,文章中捎带了一两句“创造社”,又引发了郭沫若的一篇文章《“眼中钉”》。在这篇文章中,郭沫若不仅在文艺立场对鲁迅进行了议论,还捎带出鲁迅的小说创作。例如他说自己所读鲁迅第一篇小说《头发的故事》:“我当时很佩服他,觉得他的观察很深刻,笔调很简练,大有自然主义派的风味。但同时也觉得他的感触太枯燥,色彩太暗淡,总有点和自己的趣味相反驳。”说到《呐喊》,他说自己没有读完,只三分之一左右,郁达夫虽给他推荐《故乡》《阿Q正传》,但他没有读,以后的鲁迅著作他连书名也不清楚了。这说的也许是实情,但语调的淡漠是一眼可以见出的。

1931 年 7 月 20 日,鲁迅在社会科学研究会发表《上海文艺之一瞥》的长篇演讲,对先前的革命文学运动发表了较全面的看法。尤其对创造社忽而艺术至上,忽而宣传无产阶级文学的两走极端情形,发表了看法:“激烈得快的,也平和得快,甚至于也颓废得快。”“无论古今,凡是没有一定的理论,或主张的变化并无线索可寻,而随时拿了各种各派的理论来做武器的人,都可以称之为流氓。”对创造社的当时作为,说:“我想,是也有些才子+流氓式的。”这篇文章,后被译为日文在日本刊物上刊出。郭沫若见到此文,引发了很大的怨愤,并刺激他写出了长长的《创造十年》的回叙文章。

在这篇长文中,因为是由鲁迅文章所发,所以时时处处,都可见流露出的对鲁迅文章中名词的反感,讥诮。而在文章“发端”里,可以说对鲁迅文章进行了集中的回应。例如:

“是的,我们鲁迅先生的确是天上地下最最伟大的一个创作家,他的小说是创作,他的批评是创作,他的讲演也是创作。他在‘一瞥’之间便替创造社创造出了一部‘才子加流氓痞棍’的历史。”因为鲁迅的“才子+流氓”公式,郭沫若推出“郭沫若辈乃下等之流氓痞棍也”的结论,所以郭沫若对自己这篇《创造十年》文章“究竟是个甚么东西呢?——说本色些,就说它是一个珂罗茨基(日文流氓痞棍之意)的自叙传之一部分罢。”就如郭沫若称鲁迅“封建余孽”一样,鲁迅的“才子加流氓”,实在戳到了郭沫若的痛处。

四

在鲁迅生前,郭鲁两人的最后一次争辩大约就是关于“国防文学”和“民族革命战争的大众文学”两个口号的论争了。但这次争辩,双方态度都缓和得多,并且也因了这次争辩,双方的对立情绪得到大大消解;这也可以说是郭沫若随即而来的对鲁迅的称颂的重要铺垫。

当时国内关于提倡“国防文学”或“民族革命战争的大众文学”两个口号,引发了相当的争论。这争论的情况也传到了日本,郭沫若便陆续发表了《国防·污池·炼狱》和《在国防旗帜下》等文章,表示了自己“大体意见是赞成‘国防’这个用语,觉得字面既简单而包括又广大,最适宜于作为一个统一战线的共同目标”。这些看法得到了鲁迅的回应。在鲁迅的重要长文《答徐懋庸并关于抗日统一战线问题》中,有几处文字提到了郭沫若,在语言和态度上表示了相当的认同:

“我很同意郭沫若先生的‘国防文艺是广义的爱国主义的文学’和‘国防文艺是作家关系间的旗帜,不是作品原则上的标帜’的意见。”在说到口号时,鲁迅说:

“这口号,也不是我一个人的‘标新立异’,是几个人大家经过一番商议的,茅盾先生就是参加商议的一个。郭沫若先生在日本,被侦探监视着,连去信商问也不方便。”

在谈及两人关系时,鲁迅说了一段后来常被郭沫若引用的话:

“例如我和茅盾,郭沫若两位,或相识,或未尝一面,或未冲突,或曾用笔墨相讥,但大战斗却都为着同一的目标,决不日夜记着个人的恩怨。然而小报却偏喜欢记些鲁比茅如何,郭对鲁又怎样,好像我们只在争座位,斗法宝。”

这几段话,从后来郭沫若的文章看,起到了相当好的效果。在随后郭沫若的《蒐苗的检阅》文中,虽然还保持着辩论的姿态,但态度是认真的,诚恳的,没有了先前双方论辩时的负气,讥诮的语言。在文章中,他虽然仍不能同意鲁迅等人提出的“民族革命战争的大众文学”口号,但鲁迅涉及自己的话,显然给了郭沫若很深的印象:

“我自己究竟要比鲁迅先生年青些,加以素不相识,而又相隔很远,对于先生便每每妄生揣测,就如这次的纠纷吧,我在未读到那篇万言书之前,实在没有摩触到先生的真意。读了之后才明白了先生实在是一位宽怀大量的人,是'决不日夜记着个人的恩怨'的。"

这话虽然是在论争中说的,但我们仍应当认为有相当的认真。这篇文章写于1936年8月30日,距鲁迅逝世只有一个多月,可以说是鲁迅生前双方关系的总体收束吧。虽然不久郭沫若还有诸如"鲁迅将徐懋庸格杀勿论,弄得怨声载道;茅盾向周起应请求自由,未免呼吁失门"的戏拟的联语,但激烈的敌对情绪,双方大约都难以生发了。

五

1936年10月19日,鲁迅先生凌晨在上海逝世。通过日本的晚报,郭沫若当天便得知了这一消息。他立即写下《民族的杰作——悼唁鲁迅先生》一文。在这篇文章中,他对鲁迅作了相当高度的评价。他说鲁迅与前四个月逝世的高尔基,是"接连失坠了两个宏朗的大星!这损失的重大实在是不可测算"。然后回顾鲁迅与自己未能谋一面,感到"这在我个人真是一件不能弥补的憾事"。他用这样的语言来评价鲁迅:

"中国文学由鲁迅而开辟出了一个新纪元,中国的近代文艺是以鲁迅为真实意义的开山,这应该是亿万人的共同认识。近年来,鲁迅对于前进文艺乃至一般文化,尤其语言的大众化与拉丁化这些工作特别加意促进,是永远值得我们纪念的。鲁迅的战斗精神与年俱进,至死不衰,这尤其是留给我们的一个很好的榜样。"

他还发表了自己直觉的见解:"鲁迅是我们中国民族的一个杰作。"随即,他作一副挽联:

鲁迅先生　千古

方悬四月叠坠双星东亚西欧同殒泪;

钦诵二心憾无一面南天北地遍招魂。

之后又代表质文社题一挽联：

平生劝业尤拉化；

旷代文章数阿Q。

这些文字，郭沫若是含着泪水作出的，虽然在生前，两人的文字交锋几无停止过，但从体会、认知上，少有人如郭沫若这样深入、透辟地理解鲁迅的。这在反应的快迅和论述的精到上，可以清楚见出。

几天后，郭沫若又以日文，作一悼念鲁迅文章《坠落了一个巨星》。其中对于鲁迅的文章，他这样说：

“从现在看来，鲁迅最近的文笔活动的泼辣精神，完全是像太阳要下山时的满天红霞……真有拿着剑倒在战场上的勇士的风貌。”他这样估价鲁迅的地位：

“他的声名在中国文艺史上无疑地是和施耐庵、罗贯中、吴敬梓、李卓吾等一样地，作为永远光辉的存在而存在。”不仅在中国，郭沫若这样评价鲁迅在世界的影响：

“中国的近代文艺，由鲁迅而喊出呱声，仅仅在四半世纪里，突破了欧美诸国和日本所经历的二个世代，而达到世界文坛的最高水准。这完全是由于鲁迅一个人的力量。在现在——文化领域全世界的地被侵凌着的目前，由鲁迅的逝去所招至的损失怕不会是纯中国的。由这种损失的重大的对照，鲁迅的存在价值的重大性才开始明显地反映了出来。”

11月1日，郭沫若又作《不灭的光辉》一悼念文章。在文章中，他认为鲁迅的精神便是“对于恶势力的不妥协”。对于鲁迅的意义，他认为：

“我们民族所应受的两重的敌人，内部的封建余孽，外部的帝国主义，这是鲁迅至死不倦地所攻打着的东西……鲁迅始终是为解放人类而战斗一生的不屈的斗士，民族的精英。”

这些评价，比起当时和后来的许多的纪念鲁迅文章，要到位、恰切得多，它使我们对鲁迅的认识，有了一个相当的高度。

11月17日，郭沫若又在留日学生各团体追悼鲁迅大会上演说。他其中有这样的话："鲁迅的死是最伟大最光荣，三代以来，只此一人。而鲁迅的精神是永远不死的。"

第二年(1937)7月，郭沫若结束了亡命日本十年的生活，秘密潜行回国。临行之时，他"步鲁迅《惯于长夜过春时》诗的原韵"，作了一首在当时产生很大影响的诗：

又当投笔请缨时，别妇抛雏断藕丝。
去国十年余血泪，登舟三宿见旌旗。
欣将残骨埋诸夏，哭吐精诚赋此诗。
四万万人齐蹈厉，同心同德一戎衣。

这首诗表达的热爱祖国和"别妇抛雏"的深情不用说，形式却是步鲁迅名诗的原韵，这应该是认知的一种表达方式吧。

六

回国后的郭沫若，立即投身到抗战热潮之中。在鲁迅逝世一周年之际，郭沫若作了一首《鲁迅逝世周年纪念会上的赞诗》：

"大哉鲁迅！鲁迅之前，无一鲁迅，鲁迅之后，无数鲁迅。"

19日这天，郭沫若在上海市文化界救亡协会主办的鲁迅先生纪念会上，作了《鲁迅并没有死》的演讲。他的演讲"含义深刻，态度诚恳，赢得全场一致热烈的掌声"。(唐弢《永恒的怀念》)

1938年10月，郭沫若为纪念鲁迅逝世两周年作《持久抗战中纪念鲁迅》，指出：鲁迅精神"便是不屈不挠，和恶势力斗争到底。这种精神是特别值得发扬的，尤其在目前整个民族，艰苦地对于暴日作持久抗战的期间"。19日，在参加的纪念会上，郭沫若题词：

"中国文学由先生而开辟出一个新纪元,中国近代文艺是以先生为写实主义的开山。"

此后以至1949年,郭沫若几乎每年都发表文章纪念鲁迅,从多方面阐述鲁迅的文与人。如1946年作《鲁迅和我们同在》。号召大家:"加倍地认识鲁迅""体验鲁迅精神",并提出坚持鲁迅"为人民服务的方向,对于反人民的恶势力死不妥协的方向"。当年12月作杂文《冷与甘》,认为"'怒'加'忍'等于鲁迅的'冷';而'爱'加'诚'等于鲁迅的'甘'"。1947年说:"鲁迅的韧,闻一多的刚,郁达夫的卑己自牧",是"文坛上的三绝"等等。但是,在这一阶段,郭沫若纪念鲁迅最优秀的文字,当属作于1940年10月的《写在菜油灯下》。这篇文章,不仅深入地描述了鲁迅所处时代,而且对此时代对鲁迅的文章影响,作了极精彩的揭示。他这样说:

鲁迅生长在民族最苦厄的时代,他吐出了民族在受着极端压抑下的沉痛的呼声。内在的重重陈腐,外来的不断侵凌,毫不容情地压抑着我们,有时几乎快要使我们窒气。但我们就在那样的态度之下,顷刻也不曾停止过反抗的呼声。这呼声像在千岩万壑中冲迸着的流泉,蜿蜒,洄沍,激荡,停蓄,有时在深处潜行,有时忽然暴怒成银河倒泻的瀑布。

这呼声,尤其是近二十年来的,通被录音下来,便在鲁迅的全部著述里面。

民族的境遇根本不平,代表民族呼声的文字自然不能求其平畅。

民族的境遇根本暗淡,反映民族生活的文字自然不能求其鲜丽。

汪洋万顷的感觉,惠风和畅的感觉,在鲁迅的文字中罕有。这与其说是鲁迅的性格使然,宁是时代的性格使然。

郭沫若对时代与鲁迅间的把握,实在透辟,但他对鲁迅的未来,仍抱有充分的信念：

鲁迅是奔流，是瀑布，是急湍，但将来总有鲁迅的海。

鲁迅是霜雪，是冰雹，是恒寒，但将来总有鲁迅的春。

这篇文章，不仅深刻，精切而且充溢着郭沫若恣肆的文风。在纪念鲁迅的所有文章中，它都可说是佼佼者。

七

1949年以后一直到郭沫若逝世这期间，由于国内对鲁迅的重视，身为社会科学界领导的郭沫若，几乎每年都有纪念鲁迅的文章或诗词问世。这其中虽然不乏精彩之笔，但由于国内当时运动的不间断，使得纪念鲁迅的内容常常有与运动配合的趋向。这样的结果，使得较之先前的许多情真意切的文章，显得有些一般，浮泛，虽然在当时还是颇合时事节拍的。

例如1950年，在首都文艺界举行的鲁迅逝世14周年纪念会上，针对当时国外势力对我国的封锁情势，郭沫若发言号召大家学习鲁迅强烈地仇视帝国主义，封建主义和国民党反动统治的革命精神。1951年在鲁迅纪念会发言，认为要学习鲁迅的战斗精神去反对帝国主义，并肃清我们内部的买办精神，封建思想残余等等。这有的内容，明显已超出了鲁迅本义的范畴。

在鲁迅逝世20周年的1956年，首都各界召开大会纪念。郭沫若主持会议并致开幕词。他一方面叙述了鲁迅逝世后中国和世界所发生的巨大变化，一方面总结了鲁迅多方面的不朽功绩。他这样说："他是革命的思想家，是划时代的文艺作家，是实事求是的历史科学家，是以身作则的教育家，是渴望人类解放的国际主义者"。这样的概括虽不能说不对，但鲁迅似乎承担得太多了一些。

再如1966年"文革"开始，在10月31日召开的纪念鲁迅集会上，郭沫若作了《纪念鲁迅的造反精神》的讲话。其中说:“鲁迅的一生是战斗的一生,造反的一生。他对于封建主义,帝国主义,官僚资本主义,法西斯主义以及周扬的‘全民文学’所代表的现代修正主义,毫不放松地战斗着,战斗着,一直战斗到他最后的一刻。”其中的一些内容,明显逸出了一般的纪念意图。

可是,郭沫若 1949 年后为鲁迅所作的文字,也有相当精彩的。著名者当属 1960 年 5 月为《鲁迅诗稿》写的序言。这篇序言,由于与政治距离远,又是郭沫若熟悉的诗与书,故写来自在又工整,极好地显现出郭沫若这方面的能力:

鲁迅先生无心作诗人,偶有所作,每臻绝唱。或则犀角烛怪,或则肝胆照人。如“横眉冷对千夫指,俯首甘为孺子牛”,虽寥寥十四字,对方生与垂死之力量,爱憎分明,将团结与斗争之精神,表现具足。此真前无古人,后启来者。

鲁迅先生无心作书家,所遗手迹,自成风格。融洽篆隶于一炉,听任心腕之交应,朴质而不拘挛,洒脱而有法度,远逾宋唐,直攀魏晋。世人宝之,非因人而贵也。

文字骈散交错,语言精湛确当,发表时又由郭沫若亲书,书迹潇洒,文采风流,堪称“并美”神品。

八

读毕郭沫若关于鲁迅的议论,一个再显明不过的问题是绕不过的。在鲁迅生前,郭与鲁在文字交锋中,仅从“封建余孽”“二重性的反革命人物”来看,真可谓无所不用其极;而鲁迅逝世当日及其数日乃至以后所有关于鲁迅文字,又大加赞扬,高度评价,而且从以上所引文字看,较之一般人,郭沫若对鲁迅的领会,要深刻,精微,视野宽广得多。这应当是个有趣的话题。

若从“惺惺相惜”这句老话去理解,大约可以接近这两位重要人物心理之部分吧？在鲁迅,相较于创造社其他人,对郭沫若是相对客气的。许多文章直指他人而不旁及郭沫若。在去世前不久的《答徐懋庸并关于抗日统一战线问题》一文中,几处提到郭沫若,或表赞同,或恰当叙述关系,“大战斗却都为着同一的目标”。这对深知鲁迅对一些对手不肯宽恕的郭沫若,是转变看法的重要点之一。而郭沫若,应当说,即使在与鲁迅论辩时,也深深感知对手的分量。这从他发表文章的情绪亦可见出,否则他大约不会过于在乎鲁迅的一些讽刺。鲁迅去世之后,对他来说,肯定会感到巨大的缺失,于国家民族,也于郭沫若自己。国家民族毋庸说,对郭沫若,强大的对手的缺失,会生出一种寂寞情绪,这虽然是武侠小说中常读到的一种状态,但从心理上说,应当是有许多深层、复杂又可信基础的。

作为一种矛盾现象,这样解说失之简单。但好在双方文字在,我们将它们略略爬梳,尽力叙述清楚,从中,读者是会引出自己结论和看法的;在笔者,也是一次接近我素所敬重的鲁迅先生,深赞佩其才华的郭沫若先生的学习机会。

柳亚子诗追孙中山

柳亚子是中国近现代史上一位著名的诗人，从其行径看，他还是一个忠勇而奋进的革命者。在社会思想，情势大变革时期，他参与了蔡元培组织的光复会、孙中山领导的同盟会等组织，兴办报纸，鼓吹革命。1906年，柳亚子20岁时，他与同盟会员高天梅等人，在上海吴淞口的一艘邮船上，第一次会见到中国革命领袖孙中山先生。从此努力追随，终生不懈。

1912年元月1日，刚从海外回国的孙中山抵达南京，就任临时政府总统，宣告中华民国成立。柳亚子主持的“南社”成员中，有许多在新政府里任职。如黄兴、宋教仁、于右任、汪精卫、马叙伦、沈钧儒、陈其美等，柳亚子也参与了总统府秘书工作。这是其第一次直接参加孙中山领导的政府工作。

辛亥革命成果后来被袁世凯窃取后，经过长久努力，孙中山于1921年5月，在广州就任非常大总统。柳亚子当时在苏州的黎里故乡，听到消息，十分振奋。他即刻写出一首颂赞孙中山的诗作《五月五日纪事》：

十年三乱究何成？喜见南天壁垒更。
率土自应尊国父，斯人不出奈苍生。
白宫北美推华盛，赤帜西俄拥列宁。
我亦雄心犹健在，梦中无路请长缨。

诗中将孙中山与美国的华盛顿和俄国的列宁相比，可见其推崇之情。“我亦雄心犹健在”，显然是表达了自己仍欲为家国出力的信念。

1923年前后，孙中山在中国共产党的帮助下，开始改组国民党机构，并在广州主持召开了有毛泽东、林伯渠、李大钊等多位共产党人参加的国民党第一次全国代表大会。在这样的新形势下，柳亚子加入了中国国民党。1924年1月17日，柳亚子梦中得见孙中山，他起而作诗志念：

廿年两度感追从，梦里还来叩白宫。
矍铄丰姿犹昔日，温恭言笑仰高风。
驰驱戎马翁诚瘁，偃卧丘园我独慵。
绝胜尼山孔老子，吾衰仍得见周公。

诗中仍将孙中山作华盛顿看，报国之心，忠诚可鉴。1925年3月，孙中山先生不幸在北京病逝，柳亚子悲痛不已。他参加了孙中山的追悼大会，还奉有挽联一副：

薄华盛顿而不为，何况明祖；
与马克思为后进，庶几列宁。

联语用了几位革命先驱的名字，但柳亚子以为这样比较并不为过，而是“极得体”的挽语。孙中山逝世未久，蒋介石即背叛革命。1927年，国民党开始大量屠杀革命志士。柳亚子这样的党国元老，也几乎被害。当兵马进入柳家时，柳亚子躲在夹墙间，“瞑目待尽”，但仍从容“口占绝命词二十八字”：

曾无富贵娱杨恽，偏有文章杀祢衡。

长啸一声归去也，世间竖子竟成名。

之后侥幸得脱，柳亚子只能挈妇将雏，亡命日本。在日本改名“唐隐之”，居留十个多月，才复返上海。回国后不久的 1928 年 4 月 26 日，柳亚子去了南京，拜谒了正在建造中的中山陵，并写下两首绝句：

一

沧海龙归雾气昏，尚有灵爽奠中原。

扪心欲诉年时事，孽子孤臣泪暗吞。

二

承平歌颂吾何与，地老天荒证此情。

不奏通天台下表，岂关才谢沈初明？

诗写得十分含蓄，但内里“孽子孤臣”的心情，还是十分清楚的；对当局的愤懑情绪，也可充分感受。不久，柳亚子又与友人重谒中山陵。这次留下的，是一首七律：

白虎金精剑气开，招邀俊侣又重来。

旷观马列三千界，掩迹华拿第一才。

六代江山供屏障，三民义理岂沉霾？

蓍蒿肃穆神灵在，敢效兰成赋大哀？

这一律诗，仍以马克思列宁这样的共产主义领袖，来推重孙中山；对孙中山的三民主义，又一次推举张扬，表现了一个老革命的坚贞信念。

1929 年，南京中山陵落成，孙中山遗体由北平奉安于此。六月一日奉安大典，柳亚子因病未能前往，但他仍次陈巢南（去病）诗韵，写下一首七律志哀：

奉榇南归四载迟，八音遏密寄哀思。

固英灵爽凭天上，可奈疮痍尚海湄。

邓禹军门怀旧谊，羊公岘首恸新碑。

不须更向昭陵哭，往事低徊涕染颐。

就在这一年，他在一组《存殁口号五首》诗中，将孙中山与毛泽东并列，推举甚高（录一）：

神烈峰头墓草青，湘南赤帜正纵横。

人间毁誉原休问，并世支那两列宁。

诗尾特别注出："孙中山 毛润之"。这在当时，也许有人并不以为然。但历史证明了这位感应时代风潮诗人的先见之明。

1934 年，柳亚子与母亲及家眷重游北地，曾专程到北平碧云寺晋谒孙中山的衣冠冢。感慨万千，写下六首绝句以纪（录二）：

一

古刹巍然见碧云，衣冠灵爽妥斯坟。

三民衣钵何人继？空遣头衔国父尊。

二

沧海桑田事杳茫，十年前此谒灵堂。

痴儿重为留光影，雪爪鸿泥尚未妨。

1935 年，柳亚子漫游马尼拉。归国时，途经广州，正值孙中山忌辰。他作七律一首《三月十二日中山先生忌辰有作》，以抒忆念之情：

飞扬无路哭昭陵，朝市仓皇几废兴。

入梦红桑都变海，填胸赤血早凝冰。

天门折翼怜陶侃，豚犬生儿羡景升。

侧目愁胡浑不管，年来辛苦郅都鹰。

诗中"陶侃"，柳亚子自注："余自谓也"；第六句末，注"指北京近事"。从诗内容看，诗人对时局的紊乱极感愤懑。

抗战时期,上海被日寇攻陷。身居租界的柳亚子闭门谢客,埋头编撰南明史稿,藉以励志。1940 年元月,有人携带孙中山在南洋时为一家书报社的题词,到上海装裱。柳亚子读到后,为题七绝两首:

一

北美白宫同佐治,东欧赤帜并蓝宁。
齐州圣哲原天纵,椰雨椰风护墨馨。

二

神功圣德威灵远,孽子孤臣涕泪潸。
应睹收京车骑盛,凯歌铙唱上钟山。

题诗小序,柳亚子寄托期望:"时则首都未复,倭逆稽诛,愿奉九天之灵,尽歼丑虏,庶几河清海晏,共庆太平耳。"诗句再次将孙中山与华盛顿、列宁并论,给予极高推崇。"椰雨椰风",指孙中山题词及南洋人民护持墨宝的作为。

1941 年 11 月,柳亚子在避居香港九龙之时,值孙中山诞辰 76 周年。他即感念赋七律一首:

鼎湖龙去哭声哗,凄绝中山陌上花。
原庙衣冠愁对贼,遗黎丰沛苦如茶。
惠陵已惜禅非备,天策休夸国是家。
七十六年青史在,好凭灵爽护中华。

孙中山诞辰纪念日当天,柳亚子与友人小集。此境此情,又勾起柳亚子的思绪。他又步前诗之韵,成《羿楼小集感赋》一首:

入座朋簪笑语哗,天龙八部礼天花。
扪心历历百年史,款客匆匆一盏茶。
各有肺肝期报国,相怜吴越半无家。
萍踪难得成高会,明镜明朝鬓不华!

当时座中之友,全都生长于旧时吴越之间。此时家国不宁,避居在外，心中能不感怀万千？

1943年3月12日，是孙中山七十八周年忌辰。此时，身在避难中的柳亚子，仍不能不有诗纪念：

中山门下愧传薪，薄海同哀又此辰。
邓禹献筹犹昨日，葛公尽瘁负吾身。
麟亡谁续春秋笔？豹变空伤虮虱臣。
恸哭昭陵无路达，几时原庙扫倭尘？

诗里不仅有诗人的愤懑还有南京为敌占领，不能拜祭陵寝之国仇。“几时原庙扫倭尘？”就成了此时最为急切关心之念了。

1949年，受毛泽东邀请，柳亚子抵达北京。住进颐和园不久，因此地距香山碧云寺很近，柳亚子便想到此恭谒孙中山之灵堂及衣冠冢。一次，毛泽东到此过访，柳亚子便提出要求。毛泽东满口答应。当年5月5日，是孙中山在广州就职非常大总统二十八周年纪念，毛泽东派秘书田家英带着摄影师等人，乘两辆车来接柳亚子。柳亚子游过孙中山灵堂后，写成七律二首（录一）：

三民主义我讵忘？新民共产接青黄。
百年名世洪天国，一代牢愁盛孝章。
杜默王昙羸痛哭，鲁阳夸父费评量。
终于联共成虚愿，一恸明陵泪满江。

此诗的韵脚，略加留意便可读出，正是用了当年4月29日毛泽东《和柳亚子先生》一诗的韵。毛委派人，用毛诗韵，加以探究，可成一节诗坛轶话。

1950年时，柳亚子一次读到孙中山致廖仲恺等人的信函印本，情动于衷。他立即题写出绝句四首（录二）：

一

遗教张皇动日星，师俄今日树先声。

薰莸异路真堪痛，人百其身哭老成。

二

奋臂渝州树义旗，民联民革共心期。

苍髯华发应珍重，一老天留是我师。

1950年12月8日，柳亚子听到抗美援朝大捷报后，作诗数首。其中一首写到孙中山：

大道之行天下公，中山遗教列宁庸。

书生自抱公羊癖，元始麟终证大同。

从以上引述的柳亚子先生的诗句看，他真是一个孙中山的忠实信徒。他的一生，除去诗句，还努力领会、实践孙中山的思想。1936年时，他在给人的信里，认为“时代是进步的，尤其是孙先生指示我们，达到民生主义的社会，才是至善至美的社会。把西洋的术语和孙先生的遗训融会贯通起来，就是民生主义了。不了解民生主义的人，不配称三民主义者”。

柳亚子自己，虽然与孙中山直接接触的时间非常有限，但从他长时间写作数量颇多的纪念孙中山诗句来看，他达到了自己所述：“我是恪守中华民国国父、中国国民党总理孙中山先生的遗教的，我以为他的主义与方略，是不可磨灭的真理。”当然，柳亚子是进步的，他在追随孙中山的同时，还多次对苏联的革命，毛泽东领导的中国革命，给予高度颂赞。这在蒋介石主持的国民党时期，可算得远见卓识。毛泽东后来给了柳亚子极高的礼遇，柳亚子也多次与毛泽东诗词唱和，也反映了他思想进取的一面。当然，这与他长期追随孙中山，忠实三民主义的信念是分不开的，这也是他随时代步伐而进的良好而扎实的基础。

丰子恺曹聚仁一饭结“怨”

一

说起来，丰子恺与曹聚仁，还是相熟较早的同学。早年，他们所入的是当时在国内颇负盛名的浙江省立第一师范学校。不过因为年岁，丰子恺比曹聚仁早入校两年。由于老师的名声，他们又可称为同出于后来出家的弘一大师门下。当时虽不甚接近，可同学之谊，也是有所建立的。后来丰子恺与人创办了“立达学园”，又应朋友之邀，担任开明书店兼职编辑，曹聚仁因为从事教书写作，在这些地方也与丰子恺时常相见，再加一层同学关系，应该说，相处颇不错。可是，由于心性、学养等因素，曹聚仁对丰子恺于佛学的用心，丰子恺对曹聚仁信任的唯物史观，相互并不多么感兴趣。这在文人之间，也是很正常的事。其他问题，他们还很能谈得来。按曹聚仁后来的说法：够得上是老朋友。

可后来，因为一次偶然的见面，他们之间竟产生了隔阂。这隔阂，导致了他们的友谊中断。今天看来,还是有些可惜的。

1937 年,抗战军兴,正在自己的“缘缘堂”安宁作文绘画的丰子恺,被迫踏上了漫长而坎坷的逃难之路。时已冬季,丰子恺带一家人沿钱塘江逃难到了兰溪。兰溪是曹聚仁的家乡,当时他正好又在城中,危途遇故人,那种亲热是能够想象的。曹聚仁马上将丰子恺全家安排在自己的一户亲戚家,还替他们安排了去往金华的交通工具。这一切弄毕,他还尽自己所能,给友人一家设置了相对齐全丰富的晚餐。在战时,也算尽了一位同学的地主之谊。

战争期间,流亡途中,这种特殊情形下的聚餐,滋味一定非比寻常。可不幸的是,这一餐饭吃出了问题。这是他们当时饭间的话题引起的。据丰子恺回忆,在席间,曹聚仁忽然问:你的孩子中有几人喜欢艺术?丰子恺带着遗憾回答:一个也没有!曹聚仁当时便断然叫道:很好!这叫丰子恺感到想不通,也有些不舒服:为何不喜欢艺术还“很好”?

或者曹聚仁说话比较直率,也或者说话有些不中听,在席间,他的另一番话叫丰子恺也很不舒服。曹聚仁对丰子恺说:“我告诉你一件故事。这故事其实是很好的。”“很好”两个字,曹聚仁语音上特别提高以强调。“杭州某人率眷坐汽车过江,汽车停在江边时,一小孩误踏机关,车子开入江中,全家灭顶。”故事末了,曹聚仁又加上一句:“这故事其实是很好的。”人在逃难途中,本来心情会不宁,这时候,总是希望有一些宽慰的话听听,曹聚仁大约没想到这些,仗着同学朋友关系,说出了这样此时听起来不顺耳的话。

丰子恺当时心里就起了反感:他说这些话,意思是不是“像你这样的人,拖了这一群老小逃难,不如全家死了干净。”这当然不应该是曹聚仁的意思。可丰子恺循着这样的思路,认为:“这是何等浅薄的话,这是何等不仁的话!我听了在心中不知所云。”他后来在一篇文章里,对此还忿忿地说:“我们中国有着这样的战地记者(按:当时曹聚仁是随军记者),无怪第一期抗战要失败了。”他甚至还说:“我吃了这顿‘嗟来之食’,恨不得立刻吐出来还了他才好。……这位战地记者就以我为可怜的弱者,他估量我一家在这大时代下一定会灭没。在这紧张的时候,肯挖出腰包来请我全家吃一餐饭,在他也是老同学的好意。这样一想,我非但并不介意,且又感谢他了。”话虽这么说,可行文从来温文的丰子恺,却用了“何等浅薄”“何等不仁”这样强烈的词汇,想来到底大不满意。

二

此事后不长时间,曹聚仁辗转到了桂林。当时开明书店也在此复业,由书店办的极有影响的《中学生》杂志也复刊了。主持者宋云彬见到曹聚仁,便约他写稿。想到与丰子恺在旅途相遇及交谈之事,他便将其中一些话记述了下来。文章除去引录了丰子恺谈到日军残暴行径,还记下了丰子恺当时的愤恨之情。由此引申,曹聚仁在文章中说:“‘慈悲’这一种观念,对敌人是不应该留存着了。”并且涉及丰子恺付出很大心血绘制的《护生画集》。有些话在观念不同的人听来,味道很不同的,领会起来自然会发生歧义。

曹聚仁文章写成发表,由于涉及名人,又是一贯强调“护生”观念的丰子恺,产生了较大的反响。在编辑宋云彬眼里,文章相当生动,在战争期间能发挥其应有作用。此时的丰子恺,从长沙到了汉口,在这里听见有人传言那篇文章:“曹聚仁说你的《护生画集》可以烧毁了!”丰子恺一听,大为吃惊。在那次吃饭席间,自己也许说过许多话,可决不至于使曹聚仁引出《护生画集》可以烧毁这样不良的印象呵!他想起了席间曹聚仁听说自己孩子中没有人喜欢艺术,而曹聚仁断然叫好时,仿佛猜测到了曹聚仁对世事的认识和说这些话的缘由。

在丰子恺看来，曹聚仁所谓“《护生画集》可以烧毁了”的想法，应该是眼下是战争，“不必要护生”的意思；换句话说，即是现在可以提倡“救国杀生”了。这在丰子恺看来，决不应该如此。“从皮毛看，我们现在的确在鼓励‘杀敌’。这么惨无人道的狗彘豺狼一般的侵略者，非‘杀’不可。我们开出许多军队，带了许多军火，到前线去，为的是要‘杀敌’。”

可这只是表象，从深一层去考虑，丰子恺认为：我们为什么一定要“杀敌”？因为敌不讲公道，侵略我国；违背人道，荼毒生灵，所以要“杀”。故我们是为公理而抗战，为正义而抗战，为人道而抗战，为和平而抗战。我们是“以杀止杀”，不是鼓励杀生，我们是为护生而抗战。

具体到自己与弘一法师等人合作的《护生画集》，丰子恺认为：都是为爱护生灵的画。当初一些人见到这部《护生画集》，有许多议论。例如：“今恩足于及禽兽，而功不至于百姓者，独何欤？”又有一些人说：“用显微镜看，一滴水里有无数小虫，护生不能彻底。”对这样的议论，丰子恺认为，这些议论都是只见皮毛，未加深思；是拘泥小节，不知大体。按绘制《护生画集》的初衷：“护生”就是“护心”。爱护生灵，劝戒残杀，可以涵养人心的“仁爱”，可以诱致世界的“和平”。

那么，对于眼下曹聚仁以为“《护生画集》可以烧毁了”的说法，丰子恺当然不能同意，即使在战争期间。那么，在当时应当如何理解和实践“护生”思想呢？丰子恺写出一篇文章《一饭之恩》进行回答。他认为：“现在我们中国正在受暴敌的侵略，好比一个人正在受病菌的侵扰而害着大病。大病中要服剧烈的药，才可制胜病菌，挽回生命。抗战就是一种剧烈的药。然这种药只能暂用，不可常服。等到病菌已杀，病体渐渐复元的时候，必须改吃补品和粥饭，方可完全恢复健康。补品和粥饭是什么呢？就是以和平，幸福，博爱，护生为旨的‘艺术’。”

阐释结束，丰子恺针对曹聚仁的说法，进行追问：“我的儿女对于

‘和平幸福之母’的艺术不甚爱好，少有理解。我正引为憾事，叹为妖孽。聚仁兄反说‘很好’，不知其意何居？难道他以为此次抗战，是以力服人，以暴易暴；想步莫索里尼，希特勒，日本军阀之后尘，而为扰乱世界和平的魔鬼之一吗？我相信他决不如此。因为我们抗战的主旨处处说着：为和平而奋斗！为人道而抗战！我们的优待俘虏，就是主旨的实证。”

最后，丰子恺以艺术来比附现实，评判战争双方军人：“从前我们研究绘画时，曾把画人分为两种：具有艺术思想，能表现人生观的，称为‘画家’，是可敬佩的。没有思想，只有技巧的，称为‘画匠’，是鄙贱的。我以为军人也可分为两种：为和平而奋斗，为人道而抗战，以战非战，以杀止杀的，称为‘战士’，是我敬佩的。抚剑疾视，好勇斗狠，以力服人，以暴易暴的，称为‘战匠’，是应该服上刑的。现今世间侵略国的军人，大都是战匠，或被强迫为战匠。世界和平，人类幸福，都被这般人所破坏，真是该死！所以我们此次为和平而奋斗，为人道而战争，我以为是现世最神圣的事业。这抗战可为世界人类造福。这一怒可安天下之民。”

结尾处，丰子恺呼应题目：“我曾在流难中，受聚仁兄一饭之恩。无以为报，于心终不忘。写这篇日记，聊作答谢云尔。”

意犹未足，丰子恺又在1939年《宇宙风》杂志二期上，发表《艺术必能建国》一文。其中有针对性地说：“我要谈‘艺术建国’，而在其中加‘必能’两字，乃表示确定，欲使听者特别注意的意思。因为一般浅见的人，向来误解‘艺术’，把它看作消遣物、奢侈品，甚至身为大学教授，名为文学作家，而担任许多大报的战地通讯员的曹聚仁先生，亦复如是。”把确有学问的曹聚仁，看作“一般浅见的人”，这话对于学人，分量是很重的。

三

丰子恺的《一饭之恩》很快发表在1938年5月5日出版的《少年先锋》杂志上。这一下，轮到曹聚仁不舒服了。在没有见到丰子恺文章前，有人向他转述了文章内容。如同有人对丰子恺转述曹聚仁文章一样，那是颇有误传的。因之，当时曹聚仁认为：子恺兄看到（按：其实是听到人转述）自己文章，大为愤怒，"说我歪曲了他的话。侮辱了佛家的菩萨性子。"甚至：他写了一篇文章骂我，说悔不该吃我那顿晚饭。好似连朋友也不要做了。

过了很久，曹聚仁才看到丰子恺的原文。可先入为主的定见，使他仍十分不满。他马上写了一篇《一饭之仇》（后来曹聚仁回忆时，故意以《一饭之?》模糊处理）来回应。文章发表在上海《社会日报》（1939年4月23日）上，其中陈述事情原委，希望丰子恺能够看见。尽管如此，由于定见所致，再加上双方人生观念有所不同，说起来就有些"各吹各的号，各拉各的调"的感觉，并不能求得一致。写了这篇回应文章，曹聚仁仍不能宽谅丰子恺。他当时便决定，除非丰子恺向自己正式道歉，否则"我决不再承认他是我的朋友了"。这下并不是丰子恺不与自己做朋友，而是曹聚仁不认丰子恺为朋友了。

因为这次观念冲突及误会，曹聚仁与丰子恺便确实再未续朋友之谊，有意无意，数十年间并不碰面。先后同学，操笔文人，就这样因为一餐饭，结下不应有的"怨"来。这大约是双方万难逆料的结果。丰子恺写此一文后，便搁下再无接续。也许他真没有看到曹聚仁后来的文章，即使看到大约也以为没有作答的必要。可曹聚仁似乎感到自己精心准备一餐饭，却落得这等结局，所以一直耿耿于怀。后来在一篇文章中，他引用鲁迅《我的第一个师父》中议论和尚的一节文字："然而他们孤僻，冷酷，看不起人，好像总是郁郁不乐，他们的一把扇或一本书，你一动他就不高兴，令人不敢亲近他。”“我(曹聚仁)乃恍然大悟。子恺毕竟是对弘一法师入了迷，一直在吃素的人。我是凡俗的人，摸不透他的怪僻，因此碰了钉子了。”话里埋怨甚至挖苦，都表现了很深的成见。

很久之后，在一篇文章里，曹聚仁还谈到当初与丰子恺不同看法的这部绘图集：“新中国建立以后，他(丰子恺)又曾到杭州西湖、庐山牯岭，写了画，题了诗，已经把《护法画集》(按：误。当为《护生画集》)上的旧观点完全丢开了，和我说的并无不同；不知他如见了我，又该怎么说呢！”笔者想，从丰子恺文字和绘事看，他大约决不会认为自己丢开了自己《护生画集》宣传的观念，也许看到这一节，他又会提起笔来，与曹聚仁再争辩一番。可惜，这只能是我们的猜想，结局会如何，我们实在难能想象。观念的冲突，导致我们对世界看法大不相同。求同存异，相互包容，不固持己见，也许是我们通过这一饭结怨事件后应该特别留意的人生态度吧！

郁达夫与张友鸾的师生情

张友鸾是现代新闻史上有名的报人。他曾主编过多个文化栏目，参与过《民生报》《新民报》《南京人报》《立报》等多家民营报刊的创办；写出了杂文、随笔、古典文学专论及小说等大量作品，在报界享有颇高声誉。在读书求学期间，他曾与著名作家郁达夫有过一段师生之谊，后来涉入新闻界，还得到郁达夫的支持及指正，在张友鸾，这是难以忘怀的。

一

张友鸾与郁达夫的初识，说起很有点意思。1921 年，张友鸾正在安庆一中读书。当时，他们几个安徽学生会的志趣相投者，办了一个售书部，主要发行新出版的一些进步书刊。经费有限，他们当时并没有一个固定的店铺，只是带上书四下推销。一个阴雨天，他们在工业专门学校门口卖书时，来了一位二十七八岁的男子。此人长得并不显眼，胳膊上搭着件雨衣。一开口，他要买《觉悟》杂志合订本，同时还买了一本郭沫若的诗集《女神》。看到是一个文学爱好者，张友鸾他们便向这位男子推荐刚出版不久的小说集《沉沦》。说郁达夫这部小说如何如何……男子听后，微微一笑："我就是郁达夫。"

郁达夫？读了《沉沦》这部以"惊人的取材和大胆描写"的作品，这几个小青年的震动当然巨大，而作者——郁达夫——此时正站在眼前。惊愕，大大惊愕，是几位小青年当下的真实反应。

1921年，正在日本留学的郁达夫，回国筹划出版《创造季刊》。9月，又经人介绍，到安庆任安徽法政专门学校英文科主任。张友鸾与郁达夫相识，正是在这个时间。因为喜好文学，见了郁达夫一面后，张友鸾便常常去郁达夫任教的地方，求教聊天，渐渐便熟了起来。

在安庆时期的郁达夫，朋友并不多，所以遇见张友鸾这样的文学爱好者，也就常常谈论文坛，吐露心声。张友鸾当时颇敬佩郁达夫，可郁达夫却告诉他，在上海时，别人把创造社的郭沫若、成仿吾和郁达夫，比作桃园三结义的兄弟。认为郭沫若是关羽，因其成绩(诗文)卓著，且讲义气；成仿吾四面出击(批评)，与人争斗，堪称张飞；郁达夫忠厚，被人认为刘备。郁达夫说，其实郭沫若比他年龄大，可自己被人认作大哥(刘备)了。张友鸾说起诗集《女神》，总是很神往的样子，郁达夫便说：沫若将大有成就，而我恐怕只是个庸人。你喜欢《女神》，我将来有机会介绍你认识沫若……

跟着郁达夫一段时间，张友鸾知道他十分喜欢清代诗人黄仲则，甚至还写出一篇小说《采石矶》来表达自己的感受和理解。黄仲则的《两当轩诗集》，郁达夫更是常常吟咏。他对张友鸾说，自己非常欣赏黄诗中"悄立市桥人不识，一星如月看多时"两句，有时处在这种境界，他总是闹中取静，遥望星空，物我两忘……

二

郁达夫此次在安庆呆得时间并不长，不久他就回日本考毕业试，之后回国。为了生计，1923 年，他又到北京大学担任统计学讲师。（郁取得的是日本帝国大学经济学学士学位。）当时，张友鸾也到北京就读平民大学新闻系，知道郁达夫也来到北京，他便向学校推荐，请郁达夫来平民大学承担文学课的教学。这样，张友鸾和郁达夫，除去先前的友谊，还正式成了师生关系了。

郁达夫在平民大学兼课并不多，可他十分守时，每次总是准时到校。一天，郁达夫却来晚了。原来在上课路上，遇到临时戒严，不能通过。郁达夫一再说明自己是教师，学校里有学生在等着上课，可那帮兵士根本不买账。没有办法，一直等到戒严撤销，他才赶来，可已经迟了差不多半个小时。一上课堂，对着这样的生存环境，郁达夫忍不住发起火来。他痛骂北洋军阀，并激愤地对学生们说：在军阀统治下，社会如此混乱，死读书真是一点意义也没有。言外之意，应当用所学的东西改造这个社会才是。张友鸾与同学们的印象，这节文学课成了一节政治课了。

在北京呆了不长时间，郁达夫又回到上海，在那里与郭沫若等商议出版《创造月刊》。因为对社会的观察更为广泛深刻，郁达夫在为“月刊”创刊号写的“卷头语”中，大声疾呼：“为天下的无能力者、被压迫者吐一口气”，“促进改革这不合理的目下的社会的组成……”

在北京的张友鸾，见到《创造月刊》创刊，自己也试着写出一篇小说《坟墓》，寄去请郁达夫指正。这篇稿子，后来郁达夫在《创造月刊》上发表了，这让张友鸾异常兴奋。因为该刊物是郭沫若、郁达夫等编辑，近乎同仁刊物，张友鸾能在上面发表作品，自然会产生相当影响。这篇小说，后来郁达夫到北京见到张友鸾时，还对他说过：你那篇小说，正是你们青年人才写得出。沫若也看了，同意发表的。张友鸾自己曾说，后来读到这篇小说，觉得十分幼稚，可大约郁达夫认为其中具备了青年人独有的情感思想，所以肯不惮扶植，予以发表。

因为经常写稿，张友鸾受到一些报纸的注意。1924年，颇有名气的《京报》请他编辑“文学周刊”。报刊编辑，总希望有名家的支持，所以张友鸾最早给郁达夫去信，希望他能为自己编辑的“周刊”写一篇文章。郁达夫接到信后，立即寄去一稿，以示支持。

郁达夫的这篇文稿，题目有些奇特，后来也产生了较大影响：《骸骨迷恋者的独语》。在郁达夫的笔下，要论“和平时期”，无所谓昨日、今日或未来，那当然是真正的“和平”。即使是“旧”，是“骸骨”，也足够追忆“迷恋”。文章里，破例的，郁达夫引了自己写的一首旧体诗：

生死中年两不堪，生非容易死非甘。
剧怜病骨如秋鹤，犹吐青丝学晚蚕。
一样伤心悲薄命，几人愤世作清谈。
何当放棹江湖去，浅水芦花共结庵。

所以引用这首旧体诗，郁达夫想表达一种思考：无论形式——新诗或旧体，只要写得好，就应当算真正的艺术，这大约是郁达夫自称“骸骨”（旧体诗为其中之一？）迷恋者的一个证明吧。

新文学作家，能写旧体诗的作者中，郁达夫堪称高手。可说到发表，因为大家抱有支持新文学的观念，所以并不轻易刊出。这首七律，加附在散文中间发表，在张友鸾看去，也许是新文学家中最早者之一的。

三

1926年，张友鸾大学毕业，因为先前的投稿和编辑经历，《世界日报》约请他为该报编辑副刊。这时候，张友鸾又最早想到了郁达夫。因为有差不多两年未通音讯，张友鸾便托友人交转郁达夫一函。希望郁达夫不吝供稿，为自己“撑撑门面”。郁达夫当时正为王映霞弄得心神不宁，“空虚得很，什么也不想做，所以只写了一封信去覆覆他……”

(见"日记")。这封信,并不敷衍,有两千来字,当然算的一篇文章。

在这封信中,郁达夫借着张友鸾的话:"拿了你的信来,说要我为你做一点东西,撑撑门面,我想自己的门面,还撑持不住,又哪里能够为旁人作台柱呢?"这话怎么理解呢? 原来:"现在《洪水》半月刊,《创造》月刊,都由我一个人在这里负责编辑,一个月差不多要做五六万字的稿子,就是天生给我三头六臂,也应付不过来,更哪里有工夫,为《世界日报》副刊撰稿呢?"

尽管如此,郁达夫还要努力写此长函,动机呢:"我以为一二年来,北京的文坛太沉寂了,很希望《世界日报》副刊,可以在这一个灰颓的冬眠期里,做一点积极的工作。"对于北京文坛的消沉,郁达夫感想有几点原因:第一,分党派分得太多,所以一般从事于文艺的人,只想为自己的一党扶植势力,而极力想打倒其他的各种目的虽同而志趣稍异的团体。终至于本来人才不多的北京城里,小刊物出得很多,而这些小刊物上的文字,不是辩护,就是谩骂……骂人骂得起劲,正经的事情就忘在脑后。结果:"诗人就忘记了作诗,剧作家就忘记了做剧本,小说家也便忘记了做小说。"面对这种情况,郁达夫严正地说:"这一种情形,虽然是文学进化史上贯见的事实,然而中国现文坛的这一种争论,却是价值很低,不能助长文学的进步的。"具体到张友鸾而言:"你现在既然做了《世界日报》副刊的编辑,希望你不要再蹈前人的恶辙,专门去挑生是非,使你的副刊上日日有骂人的材料。"

对于当时北京文坛的沉寂原因,郁达夫分析的第二点是:"太容易为已成阶级所迷醉,致使一般新近的作家,不能占相当的势力。"针对这种情况,郁达夫当时在北京时曾做过努力:"前三四年,我在北京,屡次和鲁迅先生谈起,想邀集几个人起来,联合着来翻看那些新出版的小刊物,中间有可取的作品,就马上为他们表扬出来,介绍给大家,可以使许多未成名的青年作家,得着些安慰,而努力去创作……"之后郁达夫离开北京，这个议论便成了“水泡”。可鲁迅却循着郁达夫的建议，与曹靖华、台静农、李霁野等几位青年组成“未名社”，出了“未名丛书”“乌合丛书”等，算是踏踏实实为青年做了一些工作。因此郁达夫“希望你们编副刊的诸公，能够继续努力，将许多新近作家扶植起来，不要为已成阶级所迷倒，好使文坛上的那一种腐沉沉的空气得转换转换。”对于文学的演进，当时的郁达夫还有着鲁迅先前有的进化的观念，因此便补充了一段令张友鸾数十年后还记得的话：“你的来信上所说的撑门面，做台柱的意思，我在此地首先要反对，因为文学界的进步，比什么还要快，像我们这一流衰老的阶级，早已过去了，将来中国的真正的新文学的建设，责任恐怕还在现在未成名的青年身上哩！”

文坛沉寂的第三个原因，郁达夫以为在社会上：“我想政治上的变动太厉害，也是一个大原因。军人执政，不晓得什么是文学，什么是艺术，而一般有点脑筋的文人，说话都喜欢直言放说，于是乎通缉，禁止发行，罚金，枪毙等事情就发生了。在这一种不通的高压力之下，好的文艺，当然不会发生的。”可具体到报纸副刊，郁达夫以为：“好在副刊一类的东西，在政治舞台上的大人物，现在还不很注意，我希望你能够用了这一点便利，把胆量放大来，竭力地介绍些有时代性而能够鼓吹煽动，使人家读了不得不兴奋起来的东西。”

分析文坛沉寂的三种原因，看似涉远，其实旁近。因为这些均可以与张友鸾此时办的报纸副刊联系起来，是认真而真诚之言。信的末尾，郁达夫说：“文章做不出来，就将这一段意见贡献给你，好做你编稿子的时候的参考，至于撑门面，以名人自负而大摆架子等事情，是我素所鄙薄的，这一层大约你也能了解，我在此地不多说了。”

郁达夫虽然说信里表达的意思，是“偶尔想到的”，但却十分看重。在当天(1927 年 1 月 30 日)的日记里，他将自己写信的心情记了下来，将内容也做了一番概括：“早晨七八点钟，见了北京《世界日报》副刊编辑（即张友鸾）的来信，说要我为他撑门面，寄点文字去。我的头脑这几日来空虚得很，什么也不想做，所以只写了一封信去覆他，向他提出了一点小小的意见。第一诫他不要贪得材料，去挑拨是非；第二教他要努力扶植新近的作家；第三教他不要被恶势力所屈伏，要好好地登些富有革命性的文字。”将文章内容记在日记里，这在郁达夫倒是不多的。

四

张友鸾接到郁达夫推心置腹的来信，除去高兴，还有感动。他立即将郁达夫的来函，拟题《海大鱼——副刊编辑室座右铭》，发表在 2 月 6 日《世界日报》副刊八卷三号上。虽然郁达夫告诫，不喜欢“以名人自负而大摆架子等事情”，可在张友鸾眼里，郁达夫的函没有一丝名人的架子，还自称“衰老”，并寄希望于“现在未成名的青年身上”……对办副刊，提出了语重心长的建议，这更不是一般拿架子的人所愿为。所以，称郁达夫来信为“副刊编辑室座右铭”，似不为夸张，当然，张友鸾的珍重之情，从这一所拟题目也可以看得十分清楚。

再之后，郁达夫多在上海、杭州等地活动，张友鸾在北京、南京等地办报，音讯减少。可是，张友鸾在文学道路的最初几步，得到郁达夫的扶植；在编辑报刊时，又得到郁达夫堪称“座右铭”的书函指导。青年时期的情谊，记忆会延展得很远。到了老年，这些事情还清清楚楚记得。当然，生活细节，那更容易留下来。后来的文章里，张友鸾不但回想起当年郁达夫的教诲，还能记得他生活的一些细节：“达夫先生爱喝酒。他的酒量不太大，却也不太浅，只是有时总像‘造饮辄尽，期在必醉’的样子。与其说他‘借酒浇愁’，倒不如说是‘借酒骂世’。三杯落肚，脸红了，嗓门也大了，平日忧郁伤感的情调，一变而为慷慨激昂，心中的不平之气，也就趁机倾泻而出。”“达夫先生抽纸烟的瘾头非常之大，常说：‘要我戒烟，四脚朝天。’他住在曼陀先生（按：郁达夫大哥）家时，曾对我说，曼陀先生一天供应他一听‘小炮台’，言下还有不足之意。”这些细节，在国人眼里，就只一种方式，无所谓好与不好。所以张友鸾后来形容自己与郁达夫的相同和不同时，幽默地说：“如今想起来，别的方面比起达夫先生望尘莫及，烟、酒却也不在他之下了。”

人生在世，与人交往应当是最多而繁复的社会活动。可回想起来，青年时期的友情，总较其他时期来得纯粹和深入。张友鸾与郁达夫之间交往，也在两人的青年时期，郁达夫的率性而真诚，张友鸾的领受及珍重，是他们友情的基础。尽管之后多年少通音讯，可心里却当然保留着那份悠长的留恋。

陈毅与作家阿英

将军只手定苏北，勋业争传大江南。

会看白门传羽檄，丰功端合勒蒋山。

——阿英《赠陈军长》

一

1941年底，日本在太平洋上同时对美、英发动突然袭击，“太平洋战争”由此爆发。与此同时，一部分在上海坚持“孤岛”斗争的中国文化人，亦迅即遭到日伪的严重威胁。在租界办的书屋被查封，人员遭到逮捕。上海不能呆了，党组织立即对这批文化人实施撤离安排。

当时正在上海筹办风雨书屋，出版《文献》杂志的作家阿英，此时面临着两种选择：一、经香港，转广州，到那里参加由老友郭沫若领导的《救亡日报》编辑工作；二、进入苏北，到新四军抗日根据地，直接投身炽热的战斗生活。最终，他选择了去苏北根据地。

1941年冬的一天，阿英携带全家，以“魏如晦”这个曾经的笔名掩护，乘船离开上海。本来，从上海到苏北新四军军部，只需十天半月时间即可，但中间隔着敌占区，他们的行进路线不得不迂回辗转，走走停停。结果，这时间便拖延达半年之久。直到 1942 年 6 月，他们一行才进入根据地。到达苏北后，阿英受到时任新四军代军长陈毅的热情招待。在不长的接触过程中，阿英深为陈毅的文才武略折服。上面引述的，便是阿英到达此地不久写成赠陈毅军长的一首诗。

到达苏北根据地后，阿英才知道，自己与其他几位文化人到新四军中来，是由于陈毅等军中领导的主意。“皖南事变”后，陈毅担任新四军代军长。工作期间，陈毅感到新四军中文艺工作开展方面比较薄弱，特别是运用群众喜闻乐见的戏剧形式，反映军队战斗生活的方面严重不足，于是，他就希望从上海调集一批有这方面才能的文化人到苏区，加强军内的文化工作。

阿英恰恰就具备这方面的才能。在敌占区间，为了鼓舞人们抗战斗志，阿英就从中国古代人物或事件取材，先后编写、创作出版了多个剧本。所以，阿英最终进入苏北根据地，便是陈毅等领导的选择和特别安排。阿英到达新四军中后，对此情况才有一些了解。从他当时的日记里，我们可以看出当时陈毅军长对他等一行人的关心。1942 年 6 月 1 日，阿英已进入根据地界内，受到新四军副师长叶飞热情接待。就在晚上已经休息后，叶飞突然又来到阿英房间，说军部担心此地安全，因而“迭有电至催行”。可见，陈毅对阿英的安全，是特别关注的。

7 月 13 日，阿英一行安全抵达盐阜区亭子港。这里是新四军军部所在地。在这里，他见到了敌工部的李亚农部长。李亚农告诉阿英，他经过的一旅地区是前线，所以陈毅异常关心，“连电催行”。李亚农约阿英下午三点一同去访陈毅，可又听说陈毅五点有一长报告，担心影响军长工作，便决定第二天前往拜访。

二

7月14日,应约,阿英与党校负责人彭康一同,去拜访陈毅军长。陈毅当时住在一个叫亭子港的小洲上。这里原本名停翅港,相传曾有凤凰在港中小洲停歇,故而得名。陈毅住在小洲的北侧。这里四周环水,较为雅净。他的住所是刚建成的两件茅舍。

当时陈毅和夫人张茜均在。阿英初见陈毅,印象是体魄魁伟,器宇轩昂,一望而知为骁勇武将。陈毅引他们进了内室,这里突出的是一张长桌上满是书籍:梁启超《饮冰室全集》《搜神记》《桃花扇》等古典名著颇多,阿英又感到进了文人的书房。谈话时,陈毅爽直地说明了要阿英到苏北根据地来的用意,即,重整军区文化工作。陈毅还告诉阿英,早在十年前,他就读过阿英的文艺评论著述。阿英后来在日记中,却说自己在内心感到"甚歉"。因为那些评论,当时虽有较大影响,可在十年后来看,"实在幼稚不成东西也"。陈毅的奖誉,他只能认为是一种激励、鞭策。

对于文化人,陈毅素来乐于交往。对于阿英这么一位有名人物的到来,他更是礼遇有加。当晚,他不仅留他吃饭,还在自己住处附近为阿英安排住宿。这一方面是恐怕招待所有诸多不便,再也是为了和阿英之间交谈便利。

第二天,为阿英寻找的房子便安排妥当。这里是一处十余户的小村庄,离陈毅住所仅半里地。当天晚上,陈毅忙完军务,便过来探望,不巧阿英在邻室洗浴,没有见上。过一天晚上,陈毅又过来看望,他们就在屋前院场中,漫谈起来。一会儿,彭康也骑马赶来,大家一起无所不谈。据阿英当天日记记载:"自国际问题以至中国战场前后方,自军政以至艺术,几乎无所不谈,谈无不尽澈。"好家伙,这次漫谈"盛宴",

一直到“天色完全暗黑，繁星满天，始相率辞去”。

漫谈中，陈毅告诉阿英，著名记者范长江已经到达师部，马上可以抵达这里。阿英与范长江相熟，所以“甚为快慰”。听到范长江带来的信息说，夏衍、于伶、柳亚子等，也打算前来，陈毅已经批准拿出六万元作为旅费，寄往上海。听到这些老朋友们将前来，阿英当然更为高兴了。

过了两天，陈毅又邀约阿英前去。也没有什么具体的谈话题目，也就随便了解一些上海近年来的文化情况，闲谈十年前的旧事，以及军中开展文艺活动等等问题。当天，有感于陈毅的风采，阿英开始拟写《赠陈军长》诗。再过一天，两首诗成。一首便是文前所引者，另一首也是七言诗：

融合马列成巾纶，敌后坚持贼胆寒。

五年功成反扫荡，长驱倭寇出雄关。

三

由于阿英等人的到来，陈毅对新四军中的文化工作，也有了进一步的想法。当记者范长江，音乐家贺绿汀等人来到根据地后，陈毅便提出，应该把到苏北来的文化人集中起来，安排在风光俱佳的洪泽湖畔，眼下在盐阜区，可以先在亭子港附近建立一个文化村。陈毅是个急性子，说干就干。不到一月，这个计划便得已实施。

文化村设置好之后，阿英便建议，文化人集中了，应该建立一个文艺领导机构，甚至可以办一两个刊物。在上海时，阿英主要精力投入在编辑事业上，所以对此十分熟悉和钟情。陈毅很表赞同，认为可以成立文艺领导机构，可是办刊物，因牵涉印刷、纸张等必备条件，在物资十分匮乏的根据地，一时还很难解决。但是，一旦条件允许，陈毅便立即着手实施。

1943年5月，根据地报纸《盐阜报》先复刊了文艺版面，命名为“新地”。6月间，几位转移到新四军三师的文化人，在一起想将停刊的《大众知识》恢复起来，并改名为《新知识》。由阿英等人负责，阿英的孩子钱毅担任助理编辑。这个刊物的复刊，陈毅十分高兴。在接到约稿函后，陈毅发来一份电报，对这份文化刊物的方针，甚至风格予以指导：

阿英诸同志：《大众知识》复刊，甚好。创刊号，我来不及投稿，以后可以写几篇小文章，以答雅意。我建议：《新知识》应以顾及中上层社会为度，且应成为活泼生动的综合杂志。

陈毅　七月五日

在此之前的盐阜区参政会议期间，陈毅见到当地一些有文化的长者，有一些能吟诗作画，便希望能将他们联系起来，与军中的文化人一起成立一个诗文社，以期发挥各界力量，为文化事业的发展、传播作出努力。1942年10月，陈毅约集当时参会的文化界人士，指示起草诗文社的缘起。在为诗文社拟名时，当地乡绅杨芷江、庞友兰等，提名为“湖海诗文社”。这里面有三层意思：一、“陈元龙湖海之士”，取与陈毅同姓；二、盐阜有射阳湖、黄海，借地名起；三、宋代诗歌有“湖海楼开名士集”，因文士雅集而起。意义丰富，颇佳。大家一致同意。为了团结更多人入社，大家商讨，以“艺文”代“诗文”，这样，还可以将书画、金石方面人才吸收进来。名字经陈毅同意后，采用了乡绅杨芷江起草的“湖海艺文社缘起”。对于此时成立“艺文社”的背景、宗旨，用了这样的句子来表达：

“敬启者，溯自倭寇内侵，凌轹备至，堂堂华胄，牺牲于敌人铁蹄之下者，不知几多矣。凡属血气之伦，莫不切齿痛恨，因之群起抵抗，以保我民族,以卫我国家以争取我之自由。然处此暴力之下,文人志士,知识较高于群众,不甘做牛马,体力较弱于战员,不能执干戈只有发为文章,形诸歌咏,以抒胸中愤慨之气,以写敌人残酷之情……同人等有鉴于此,特创设湖海艺文社于阜宁县文化村,期文字之唱酬,俾声气之求应。海内爱国之士,具有抗敌观念,愿缔翰墨缘者,莫不竭诚欢迎,以求精神之集合,以求学术之发扬。藉可歌可泣之诗文,鼓如虎如罴之勇气,裨益抗敌,裨益建国,良非浅鲜。设徒精意于刻画,肆情于风月,致贻雕虫之讥,更启玩物之诮者,则亦非同人等所敢闻命也。"

在"缘起"发起人下签名者,有陈毅、彭康、李亚农、庞友兰、范长江、薛暮桥、阿英等21人,后来又加了李一氓。这是当时前线根据地中少有的一个团结各方人士的文化社团。它的成立,当然与陈毅对文艺的钟爱有极密切联系。

"湖海艺文社"成立之后,复刊的《新知识》杂志上,增加了"湖海诗文选"栏目,专门发表大家的诗文作品。陈毅因"诗文社"成立,十分高兴。他写出一首长诗《湖海诗社开征引》,以表自己祝贺心情(节录):

今我在戎行,曷言艺文事?
慷慨每难免,兴会淋漓至。
柔翰偶驱策,婉转成文字。
不为古人奴,浩歌聊自试。
……
此中真歌哭,情文两具备。
豪气贯日月,英风动大地。
万古千秋业,天下为公器。
先圣未能此,后贤乏斯味。
若无大手笔,谁堪创世纪?

……

薄言当献芹，文坛望新赐。

在诗前的小序里，陈毅说自己的诗，是在“反‘扫荡’准备中倚马走笔”而成，真正是“此中真歌哭，情文两具备”。陈毅对“艺文社”的重视，当然基于他对诗歌的爱好和对文艺作用的认知。

四

陈毅对阿英的创作，也十分重视。阿英刚到根据地不久，便将自己携带的多种剧本，与自己对开展文艺工作的种种想法写成的长文，让人带给陈毅。这些剧本里，有阿英自己创作的《碧血花》《海国英雄》《杨娥传》《洪宣娇》《桃花源》《五姊妹》等，另外还有曹禺的《北京人》，吴祖光的《正气歌》等。不过数天，军务繁忙中的陈毅，竟将这八个剧本悉数阅过。送还之时，阿英感叹：真快捷也。

阿英这些创作，多为从古典文史取材，虽含有古为今用的成分，可从效果看，到底与现实生活有些距离。对于这一点，陈毅没有刻意要求，他只是希望阿英能够与连队保持联系，然后可以寻找新材料，写成新剧本。按照陈毅的意思，阿英便开始着意留心与新四军战士、根据地人民有关的内容。一次，阿英在报纸上见到一篇特写《宋公堤》，记述阜东人民筑建堤坝的一段经历。从文中可以显示新四军除去对敌伪进行艰苦奋战外，对于危及百姓的自然灾害，也努力献身解决。其中描述的战士事迹，不仅艰苦壮烈，还极富戏剧性。他便打算以此为题，写出一个新的剧本来。

陈毅听了阿英的这个想法，十分支持。为了写好剧本，阿英打算阅读一下这次筑堤的有关档案，并到阜东实地进行考察，访问当事人。这些，陈毅乐于提供方便。他亲自为阿英开一介绍函，向新四军三师黄克诚师长等人布置接待任务。后来，陈毅又鼓励阿英去写三师作战的英雄事迹。因为在反“扫荡”的过程中,三师在八滩(地名)和陈集两处打了两个漂亮战役。这是华中根据地对外作战的一次大胜利。阿英为此向三师副师长张爱萍去信联系,张爱萍应邀写长函简述战斗情况;师参谋长洪学智又特别对阿英详谈了战斗经过……后来阿英说:这些不仅丰富了我的创作素材,也使我思想上受到很大的鼓舞和教育。

陈毅是军人,有军人风格。阿英谈到自己写《宋公堤》的想法后,陈毅不仅给予各种方便,还约定时间,希望阿英的新剧本能在盐阜区参政大会期间演出。后因太急促,又约在10月12日新四军纪念日演出。为完成任务,阿英又赶到盐阜陈集一带,查阅有关史志,与当地有文化的长者系统交谈,得到一些民间传说和民歌,以及许多其它实际材料;还见到了建筑宋堤的工程师王玉书,了解了筑堤经过和一些工程专有名词;还与这篇特写的作者见面……

即使在抗日战争紧张的戎马倥偬之际,陈毅仍不忘关注祖国文化遗产。因为阿英对清代书籍很有研究,陈毅便在阿英下去搜集材料时,叮嘱他乘便沿途访书,以免祖国珍宝落入敌伪之手或被战火损坏。也真是有幸,大学者柳诒徵镇江图书馆的藏书,因战事转移到了兴化县内。这里是新四军的驻防之地。阿英和其他文化人一听,特别高兴。大家一致认为应该将这批图书全数接受下来,成立一个根据地的图书馆,以部分解决这里的书荒问题。陈毅得到这个消息,当然十分兴奋,他指示阿英立即前往兴化,把这批书全数运到军部所在地,或者仅把其中善本运来,其余就近埋伏起来。阿英还未出发,陈毅又专门找他晤谈,叮嘱阿英先起草一份电文稿,问明这批书的基本情况,待打听清楚后再采取相应措施。这份电报文稿后来是由陈毅签署,发往兴化县政府的。

陈毅还对著名小说《红楼梦》大感兴趣。在阿英去搜集剧本材料时,他还让阿英在这片江南地区注意寻求《红楼梦》的古本,以期对当时已存的《红楼梦》后四十回问题有新的发现。后来阿英在那里仅打听到一个木刻本《红楼梦》的线索,并没有寻到有用材料。可陈毅军长对祖国文化的珍惜心情,却通过这些文化活动表达无遗。

五

在阿英的感受中,陈毅自己,戎马倥偬间,读书写作,时时不辍。他刚到苏北根据地时,便在陈毅那里见到多种中国古典名著名篇。有一些很专门的著述,例如《词律》,他还是从陈毅那里借读的。阿英自己的几个剧本,送给陈毅不过几天,他便全数读毕。陈毅读作品,还不时表现卓见。一次,他从阿英处借去一本宋人小说及《琵琶记》《牡丹亭》。阅毕送还时,附有一函,对几部书表达了自己的看法:

携回的三书已阅竟,兹璧还。宋人小说集甚好,虽多谈鬼说狐之作,但远较读宋代正史为佳,宋朝社会实况,固跃然纸上也。琵琶记赵五娘,剪发、描容、挂画诸节,其悲苦动人之处,迄今恍惚犹在心目。平生新旧剧寓目不多,真使我领略悲剧至味者,乃川班之赵五娘也。文学趣味以悲剧为最上乘,平生观戏,读小说、诗歌,均喜观悲剧的,最恨为封建统治者歌功颂德,以及酬对标榜之作,此或人之恒情,不独一人为然。今日风大,气候转换,希特勒感觉太冷,我辈当觉热甚也,如何?博一粲。

对古典作品素有研究的阿英,读到陈毅之函,也不禁在日记中表达感佩:“所论极为精当,拟将唐人传奇,继续送去呈阅。”他是希望再听到陈毅别具眼光的卓见吧。

陈毅的能诗能文,阿英在根据地感受颇深。刚到苏北不久,阿英便见到陈毅所著《本军的历史和发展》(按:本军即新四军)一长文。阿英读后的感受是:其内容实概括党史全部。而于红军时代叙述特详,逸闻轶事,包括不少。实亦近代革命史之重要参考资料也。1943年7月,阿英又在《盐阜报》上,读到陈毅《新四军在华中》的长文,以为"历述我军在华中苦斗一年经过,极悲壮动人"。

陈毅的文章,洒脱大气,又文白杂糅,读来有味。阿英曾在读书时,见到陈毅一篇文字,极为喜欢,忍不住在日记中撮录下来(此文鲜见,值得节录):

"辛巳冬,黄任之先生商定请紫石先生移家香港。某方公布报端,遂泄事机。敌伪闻讯,追索急于星火,不幸遂陷敌手。敌酋南浦旅团长,伪国府秘书长李士群,伪苏北行营主任臧卓,联袂莅韩宅,企图逼降。经紫老严拒,敌酋气丧色沮,伪官亦腼颜自惭……紫老厉声答曰:垂死之人,不愿再见海安惨状……易箦时,紫老告家人曰:抗日胜利之日移家海安,始为予开吊,违此者不孝,言毕气绝……"

陈毅文章题目《记韩紫老》。韩紫石名国钧,是当地一位著名的爱国长者。曾与陈毅有过交往。陈毅的居室,张挂有此人八十岁后赠陈毅的一副对联:

天心已厌玄黄血;

人事难平黑白棋。

韩紫石逝世后,陈毅撰有挽联以悼:

贤哲之亡,念江淮危局,藐藐吾怀若有失;

民心未死,忆商山故迹,悠悠君恨不难平!

除去文,陈毅军长还以诗名。这些阿英体会更深。见到陈毅不久,他便先后在报刊上读到陈毅的诗作。素有动笔习惯的阿英便开始辑录。不到一年时间,便得到20余首。于是,他将这些诗编成一个集子,用毛边纸抄录下来,手订成册。扉页上,还题有"阿英手录"的字样,并钤上印章。送到陈毅那里,请他校订。后来,这本诗集存放在陈毅的家属处。据陈毅之子陈昊苏讲,这可以说是陈毅最早的一本诗集。

阿英当时在编辑根据地报刊，陈毅的一些诗稿，经自己的手发出后，原件就留了下来。例如前面所引述的《湖海诗社开征引》长诗。此外，阿英还能记得，他们《新知识》杂志开办之后，陈毅亦常常投稿，那几首著名的《大柳巷春游》，就是在这个杂志上首次刊出的：

淮水中分柳巷洲，平沙绿野柳丝抽。
春郊试马优游甚，难得浮生似白鸥。

为惜春残共举杯，番番风雨苦相催。
人间好景随时在，满眼梨花景作堆。

十里长淮步月迟，阑珊灯火启情思。
旧歌不厌人含笑，抗战新声更展眉。

对于特别喜爱的陈毅诗作，阿英还录进自己的日记。例如这首不见于后来出版的《陈毅诗词选》的《和杨芷江先生步原韵》，就录存在1942年9月5日阿英日记里：

光明黑暗博神州，抗战年来禾黍秋。
胡马窥江人投敌，权奸误国我深忧。
英雄老去诗人在，邯郸梦回妄念收。
耆旧淮南多惠助，飘摇风雨济同舟。

这段时间，陈毅诗作是较多的，例如在7月7日所作《“七七”五周年感怀》：

即今抗战艰难日，累累新坟启我思。
五年碧血翻沧海，一片丹心照汉旗。
国中忍见儿皇立，朝内惟谋萁豆炊。
九仞为山争一篑，同仇敢与亿民期。

这年的七月中旬，陈毅得知八路军副参谋长左权牺牲，便写挽联一副，与饶漱石联名发出，以示悼念（因稀见引录）：

五年来在江南苏北河朔维扬燕岱纵横驰骋喋血沙场几许热血头颅名昭史册；

四十转战集川湘赣吴越豫楚黔粤海外侨胞工农贤俊无数中华儿女誓复河山。

此联大气磅礴，激情不抑，文辞流荡，十分难能。

六

陈毅对文化人，相待十分坦诚，因而赢得很多人的爱戴。1942 年 11 月，敌伪对根据地“扫荡”加剧，为了安全，陈毅决定将阿英等转移到比较安全的三师驻地。不久，军部也东移至盱眙县黄花塘村。他们之间相见困难，便只能靠书信往来。一次，敌伪在报上造谣说阿英在苏北遇害身亡，陈毅听后十分焦急，立即着人打听详细情况。不久，那家造谣的上海《新中国报》，又发出一条消息，题为《魏如晦尚在人间》（“魏如晦”为阿英当时用名）：

“某报前曾一度揭载戏剧家魏如晦（阿英）在苏北被地痞杀害消息，各小报并有专文表示悼意。现闻魏君并未被害，已由苏北转赴内地。”

陈毅闻知后，深感慰藉。急电询问之余，又去函慰问。这封信，阿英借日记保存了下来：

黄师长来，略悉近状，颇慰。前伪方反宣传，闻之焦虑万分，后电询无恙复大喜。吾侪乱世男女，生涯虽无定，而侥幸处亦多，可以自愈自贺，兄意如何？弟西移后，处境如前，兄有暇，不妨来游。希原及令公子等谅安泰。杨、张、庞褚先生见面时代致意。前《艺文社开征引》一诗，兄处如尚有存底，祈抄寄一份。敝帚自珍，不值方家一笑。近来制作多少,愿让我先睹否?弟痔疾调治后,已略愈,此间赴沪甚便,上海情形能窥见一二。兄处如何?知注特闻。

这封信当然使阿英十分感动。不久,他将陈毅的诗稿抄录出来,一共二十余首,又附了两篇文章,托人给陈毅转去,希望陈毅予以校补。

在与陈毅的接触中,阿英颇为陈毅的风采感染。在参议会议召开期间,新四军部请客,宴席间助兴节目很多,陈毅也被大家推出,用法文唱了一曲《马赛曲》,他还给大家解释:已经二十年没有唱过了。当时的文化人,对陈毅也颇乐意接近。阿英刚到根据地,见到陈毅居处名为"停翅港",相传这里过去歇过凤凰,故名,便与人开玩笑:陈军长所以建新屋于此,大约取其瑞兆。说罢,大家一起笑了起来。在阿英的8月23日的日记里,还记有陈毅邀请他们赴宴的情形。到那里他们才知道,"今日(旧历七月十二日),实为军长四十二岁生日。"陈毅把大家约在一起,吃一顿便饭,与大家同乐,在当时看,是一件很正常,很快乐的事。

陈毅的坦诚爽朗,也赢得了当地社会贤达的尊重。阿英的日记里,还录下了一位文化长者赠给陈毅的一首诗。亦可见出人们对陈毅的态度:

总领雄师镇楚州,一饶蕴藉一风流。
惯从谈笑摧强敌,更与指挥赴大仇。
假节孤军恢汉上,青田胜算逐元酋。
不才愧少匡时策,前席频虚只自羞。

这首诗的作者,对过去的当地驻军,大都不满,唯对陈毅所率新四军,极有好感。此诗名为《旅次陈集奉赠陈军长刘政委两公》。

但是,人们也许不曾料到,正是陈毅这种对文化人和民主人士的关爱态度，引起了党内某些“左”的人士的不满。1943 年 10 月，时任新四军政委的饶漱石，借党内整风之际，对与陈毅平时工作中的分歧上纲上线，给陈毅罗列了所谓反对毛主席，对抗党中央，反对政治委员制度等十大错误，并向毛泽东致电，要求中央“速决定物色才德兼全的军事政治负责干部来帮助我们”。并意图明显地说自己，在德的方面“可保证无愧”。很快，这中央开会，决定调陈毅到延安参加“七大”，离任新四军军长职务。这使陈毅深受打击。到延安后，毛泽东听了陈毅陈述，给华中局（饶漱石为华中局代理书记）发去电报：“关于陈、饶二同志间的争论，仅属于工作关系性质。在陈动身前，两同志已当面谈清，现已不成问题，中央完全相信……”可饶漱石不依不饶，他再次致电毛泽东，其中明白地说：“陈与我的争论，既非属于重大路线，也非简单属于工作关系性质，而是陈同志在思想意识、组织观念仍有个别毛病。他对统一战线，对文化干部，对某些组织原则，仍存有个别右的观点……”注意，“右”在当时，是一个足以损害政治生命的罪名，而这“右”罪中间，正有“对统一战线，对文化干部”的态度。

陈毅此次离开新四军后，阿英与陈毅在很长时间未能见面。一直到 1949 年全国解放，他们才在首都北京会面。那是 1949 年第一次文代会筹备期间，阿英与周恩来、陈毅一起，就文艺工作有过一次长谈，两位首长也做出了重要指示。1963 年，陈毅还与阿英有过一次关于《红楼梦》的详细谈话……这一切，均可以反映陈毅的特殊风格，虽然纵横国际风云，从事外交工作，仍不忘文化，真正如郭沫若所称赞的：“将军本色是诗人。”

阿英后来成了新中国文化界的领导成员之一，与他在新四军根据地的这段生活不无关系。在这里，他从陈毅军长身上，看到了共产党人的风范和对文化的关注和尊重。这些，对阿英的一生，影响都是十分重要的。粉碎“四人帮”之后,阿英应报刊的约请,回顾了这段生活。文章中有这样的句子:“亭子港那一段生活,陈毅同志对我的不倦教诲,遂成为我一生中十分珍贵的记忆。”陈毅将军一生,对党和人民的贡献是巨大和多方面的,仅从他在苏中根据地与阿英的交往情形看,他对祖国的文化事业,也是十分热爱和有很大贡献的;从更广泛的意义来看,文化甚至比物质层面更为重要,这也许还是陈毅得以长久存活在人们脑海中的又一重要因素。这在今天更是值得谨记的。

三名家“悠然”跑警报

“警报”，是抗日战争中为日本飞机轰炸而发；“跑”，当然是人们听到警报之后的躲避。飞机轰炸，性命攸关，惊慌奔逃还不及，怎谈得上“悠然”？世事，有时也许并非我们一般想象那么一致。寻常情形下，也许有惨烈血案发生；惊天动地间，或者存淡处悠然之致。这些事，有时与人的自我状况、实际生活情景密切相连。譬如这里说的在昆明“悠然”跑警报的三位名家。

著名作家汪曾祺在1984年时，写出一篇回忆文章《跑警报》，极为精彩。学人读者甚至以为可为其散文创作的代表作，录入一个又一个选本。在《跑警报》中，汪先生以自己的亲见、亲闻，写出了一派“跑警报”中的众生之相。以悠然写紧张，这种反差效果实在丰富。

汪曾祺当时在昆明西南联大当学生，他的所见，自然多与师生相关。譬如，历史系一位教授，所授课已讲多年，每次讲哪算哪。第二次上课时，问学生上一堂讲到何处，然后顺着滔滔不绝下去。这次可好，一位记笔记最认真的女同学告诉他，上次课最后讲的是“现在有空袭警报，我们下课”。

这则轶闻，以小见大，可以看出日本飞机对人们正常生活工作的干扰。当时的昆明，没有什么防空设施，日本飞机几乎想来就来。有时甚至在头一天广播，第二天有飞机轰炸。第二天，果然来了，飞机架次都不错的。日本人当时的嚣张，由此可见一斑。

可嚣张归嚣张，中国人仍要生活呀。于是，即使是这样的情形之中，人们却各有风范，“悠然”面对。譬如，一位马姓学生，早晨起来看天，只要无云，他便不管有无警报，就背一壶水，带点吃的，携一本唐人温庭筠或李商隐的集子，到郊外去，直到太阳偏西，才缓缓回来。这例子有些极端，但敌机轰炸之频繁（几乎天天），由此侧面也可看出。

当时西南联大学生主要是跑到郊外的一横断的沟里。这里口有两丈多宽，沟底也宽六七尺，可容纳数百人。在飞机未临头时，师生们便大都在沟上面看书、闲聊、打桥牌什么的。沟底，还有文人的一些小玩意。例如当时流传的两副有意味的对联：

人生几何，恋爱三角。

见机而作，入土为安。

就被刻在沟底的壁上。这样时候，尚有功夫来弄这中国文化的小玩意，心态真是“悠然”。

警报，有“跑”的，就有不跑的。联大有两位学生，一男一女，就不跑警报。那女的，一有警报，她就乘机洗头。因为此时锅炉房的热水没人用，她可以敞开来洗。另一位男的更有趣，一有警报，他便拿个大漱口缸子，到锅炉火口去煨莲子。警报解除，他的莲子也煨熟了。

还有一位哲学系的研究生，将自己的学识用在了研究“跑警报”上。他经过逻辑推理：跑警报，人们肯定把最值钱的东西带上，而最方便的，莫过于金子。有人带金子，必有人会丢失金子；有人丢金子，就会有人拣金子。我是人，故我可以拣到金子。这样的逻辑推理下，该生一路细心，果然奏效，他当真先后两次拣到了金戒指。

汪曾祺关于跑警报的记述,因时间距离已久,故多能冷眼旁观,写出便有了“悠然”之气。在一些人眼里,或许有些不以为然。可是,就在抗战当时,还另有两位名家,亦对自己在昆明跑警报的体会和心情,进行过描摹。他们是著名文学家施蛰存,著名社会学家费孝通二位先生。

巧得很,施蛰存先生也有一专文《跑警报》。写的事情与汪曾祺差不多,但一是回忆,一是实录。施蛰存的文章就写于当时,时间为1939年。应该更可靠许多的。本文在跑警报前加“悠然”二字,汪曾祺的文章已有清晰表达。施蛰存则多从自我感受出发,更明白地展示出这种“悠然”来。

“在你的想象中,倘若以为人们一定是很惊慌的,那是错的。人们并不惊慌,我没有看见一个惊慌的脸。经过了种种艰苦而流亡到昆明来的人,他们都经验过非常可怕的,或许是根本没有警报的空袭,一向生长在昆明的人,或没有遭逢到轰炸的人,这警报声就替他们担保敌机此刻还没有飞到头顶上。”

到了防空壕边,可“紧急警报”还没有拉响:“是没有人愿意先躲进去的。”“于是荒山上开了园游会。带着纸牌的会在坟前供桌上造桥;带着口琴的会靠着墓碑吹一阕救亡歌曲;女学生会一边结绒线衣,一边唱歌;小孩子会开金锁银锁的游戏;有伴的人可以谈海天,讲说前年他在武汉怎么样几乎被炸死,或是在山西怎么样打游击;没有伴的就从口袋里掏出一本书来读。”

那么,跑警报,肚子饿了咋办呢?这似乎不是问题。“这里有的是卖点心的。西点,核桃糖,山林果,白酒,米线或饵块,随你挑选。”这方面,汪曾祺描述的还要细致些:“昆明做小买卖的,有了警报,就把担子挑到郊外来了。五味俱全,什么都有。最常见的是‘丁丁糖’,丁丁糖即麦芽糖,也就是北京人祭灶用的关东糖,不过做成一个直径一尺多,厚可一寸许的大糖饼,放在四方的木盘上,有人掏钱要买,糖贩即用一个戗刃的铁片揳入糖边,然后用一个小小铁锤,丁的一声,一块糖就震裂下来了——所以叫做'丁丁糖'。"

1940年时,社会学家费孝通也在昆明工作,他也有一篇描述跑警报情形的文字,题目却另取一个《疏散》。其他人似乎在跑警报上很少同时考虑工作,可费孝通这样的学者却将它与工作联系了起来。在几乎天天有警报的情况下,想写什么长篇大论,或专业性强的文字,因打断太多,不易安排。费孝通别出心裁:这段时间可搞翻译。此时,他着手翻译的是一部社会学专著《人文类型》。一大早,他便开笔翻译,到了警报响起,他从容地将译稿叠好,整齐一下,装入"警报袋",便可以出发了。为何要在此时搞翻译呢?费孝通的理由是:"因为翻译不需要有系统的思索,断续其意,很适合于警报频频时期的工作。"费先生的这种经验,其他学者不知还有人效仿不?

说起跑警报,费孝通与先前所说两位先生相同,亦有相当"悠然"的感受:"看路上的人,大多是联大和云大的熟人。跑警报也成了朋友们聚谈的机会,日子久了,各人都有了一定的所在地。而且,疏散时,大家都觉得逃过工作也是正当的。反正在旷野里也没有工作可做。有时我还带本书在身上,可是心里总归有点异样,念书也念不下去。最好的消遣是找朋友闲谈了。警报帮助了不少情侣,的确是事实。我想实在讨厌这种跑警报的人并不会太多。昆明深秋和初冬的太阳又是特别的可爱。风也温暖。有警报的日子天气必然是特别晴朗。在这种气候里,谁不愿意在郊外走走!"

跑警报,自然会带上些珍贵东西。如前面所说,金子之类是肯定的。可是,怎么装呢?费孝通说:把重要东西放入"警报袋";施蛰存却将这袋子叫"警报行李"。还说这是最尊贵,最精选的行李。"行李"似乎更准确些。因为各人带的,有布袋,有包裹,或者一只小提箱。费孝通的袋子人们可以猜出，那叠译稿是少不了的。其他人带的东西，施蛰存做了一些设想：一束信札，一本日记，一册相片，几种契约，几本书，几种很平凡很廉价的纪念物，甚至是一些庸俗的首饰及钱币。汪曾祺却知道一位研究印度哲学的老师手提箱里面的秘密，因为他曾见过：箱子里不是什么别的东西，是一个女朋友写给这位先生的信——情书。此先生将这些情书视为生命，有时甚至拿出一两封给别人看看。汪曾祺也在这种机缘下读到。信中没有什么卿卿我我之类肉麻的话，而是一个聪明女人对生活的感受。文字写得很俏皮，充满了英国人式的机智，是一些很漂亮的 Essay（随笔）。这些信，在汪曾祺看来，是可以拿出来出版的。可惜到他写文章时，这些书信已不知去向。在战乱之中，带上这样的各式东西，人的精神、思想侧重，倒可以反映得很清楚。

终于，警报解除。人们可以从郊外回家了。在施蛰存的感受：那是一个得到了安慰的病人的叹息。于是荒山上的人们也随着舒松地长叹着，提起他或她的宝贵的行李回城了——没有逃跑的人却站出在大门口，用嘲讽似的眼色看着这些徒劳往返的男女，仿佛在说：早知不来，何必跑！于是过路人回看他们一眼，仿佛说：万一竟来了呢？但立即扭过头来对同伴说：明天可不跑了。同伴也不会有什么意见，反正知道明天还得跑。

汪曾祺的观感却比较有趣：解除警报响了，汽笛拉长音，大家都起身拍拍尘土，络绎不绝地返回市里。也有时不等解除警报，很多人就往回走：天上起了乌云，要下雨了。这时候，汪曾祺记录了一节趣事。为免女同学在野地里被雨淋着，一位侯姓同学总是一马当先奔回校舍。干嘛？不干嘛。他只是到各个宿舍搜罗很多雨伞，送到大路边，见到有女同学来，就递上一把。这位同学长得五大三粗，心却细。按一些人的说法，有贾宝玉心肠。这些伞，等雨停了后他还会到女生宿舍收回,物归原主。真个有始有终。这位同学这样做,一两次也许还行,可他却次次如此,给人们印象极深刻。以致汪先生在后来记忆时,还用了几个精彩的四字句复述:侯兄送伞,已成定例。警报下雨,一次不落。名闻全校,贵在有恒。这样的人和事,在现代社会,少见得很。

当然,这是正常的情形。非正常的呢?费孝通遇见过。一次跑警报回来,自己住的那条巷子被炸了。找到自己的房子,推门进去,“我感觉到有一点异样:四个钟头前还是整整齐齐的一个院子,现在却成了一座破庙。没有了颜色,全屋都压在有一寸多厚的灰尘下。院子里堆满了飞来的断梁折椽,还有很多破烂的书报。我屋里的窗,玻璃全碎了,木框连了窗棂一起离了柱子,突出在院子里。可是屋里的一切,除了那一层灰尘外,什么也没动。我刷去桌上的灰,一叠稿纸还是好好的,一张不缺。所损失的只是一个热水瓶。这是难于相信的。一切是这样唐突,这样不近于事先的想象,场面似乎不够动人。”

人的心态很怪,也很不一样。如此时的费孝通,心里一个劲地叫“着了,着了”,面上却像一个旁观者,似乎等待已久的事居然等着了,他的心情竟有些轻松。夫人直观感强,哭了起来,可不知为什么哭;而费孝通自己的笑,也说不出为什么笑来。

结果,费孝通不能在这里住下了,再不能如先前那样有:“我想实在讨厌这种跑警报的人并不会太多,昆明深秋和初冬的太阳又是特别可爱……”之类悠然的感受了。他只好向更偏僻的山村疏散。费力许久,在一户保长家,获得到一间二楼厢房。楼下一半是房东的厨房,一半是猪圈,是当时大多数中国农民的家居情形。虽然费孝通一家少不了体味房东家的炊烟和呼吸到猪圈的气息,但是,“我(费孝通)怎能不感激房东主人的好意?他给我这炸弹不会到的房间,至少减轻了不少生命的威胁。”跑警报,终于跑出了它“残酷”“残忍”的一面。

从三位名家的记述里,我们可以见出,在昆明,跑警报,对于知识分子来说，总体上，似乎并非时时感觉仓皇，倒如本文题目所拟，有许多“悠然”。这当然与昆明并非主战区，又不是如重庆那样重要的后方，所以没有引起日寇的充分轰炸；另一方面，中国人的精神、心态，也在这警报的“跑”中，起了作用。在此之前，许多知识分子经过了种种艰苦流亡昆明，都有过超过“跑警报”的危险，人们精神有了相当的承受力。从大处说，中华民族，长期以来，危难深重，心理上也磨得“皮实”起来。按汪曾祺先生从学理上分析：“我们这个民族，生于忧患，对于任何猝然而来的灾难，都用一种‘儒道互补’的精神对待之。这种‘儒道互补’的真髓，即‘不在乎’。这种‘不在乎’精神，是永远征不服的。”

抗战，对于中国广大沦陷区，常常异常惨烈，可在距直接战区稍稍远的地区，情形毕竟不同。我们从汪曾祺、费孝通、施蛰存三位名家在昆明的经历，从他们透露出的相对“悠然”的状态里，可以看出这一点。这种精神的底子、来源，名家们做了分析，相当深刻。或许正赖于此，中华民族精神没有被打垮，反而以艰苦地抗战赢来了悲壮的惨胜。这，我们在纪念抗战胜利的日子里，似乎可以做一个研究课题，或者不是无益的。

艾青与王震的深厚情谊

一

1943年,从后来的情形看,对于诗人艾青,是一个有深意的年份。

当年春天,在延安的艾青与另一位诗人萧三,率领陕甘宁边区文化界慰问团,到南泥湾三五九旅驻地慰劳演出。在这里,他与著名将领,三五九旅旅长王震,意想不到地结下了终身友谊。

到了南泥湾,为眼前战士们的奋战精神感染,在一个雄鸡报晓的清晨,艾青创作了《拥护自己的军队——献给三五九旅》一诗。第二天的部队欢迎会上,艾青用他浓厚的浙江口音,朗诵了这首诗。战士们对诗人的诗作,报以热烈的掌声和欢笑。

旅长王震对文化人发表了热情洋溢的讲话。他说:毛主席说,延安来了一批名流学者,这里需要维他命,没有维他命,眼睛就近视了。把名流学者喻作"维他命",是营养素,这倒新鲜得很。对这次到三五九旅的劳军,记得起的人,还有后来红极一时的诗人贺敬之。当时他虽只有19岁,可演出节目中的《南泥湾》歌词,就是他创作的。他当时的资格,只够与秧歌队员坐在台下,“仰望主席台上王震旅长讲话的风姿而没有机会与他直接交谈。”二十年后,王震给他了写雷锋的时代任务,促成了贺敬之《雷锋之歌》这首著名长诗的诞生。

此后,王震将军与诗人艾青,就算结缘。虽然往来不算紧密,可在王震心里,艾青是大诗人,是自己的好朋友。1954年,艾青从南美洲访问归来,接到了王震的邀请。见面之后,王震对艾青说,我在大兴安岭看到的景色真美呀！我想到你了。我想若是艾青来,该写出多少好诗呵！当时王震担任铁道兵司令员,王震对艾青说:“你到铁道兵来吧。全国只要铁道能通的地方,你都可以去。我给你一部车子,一个秘书,你去不去?”当时的艾青,大约还没有去部队的念头,没有答应下来。就在这次会面中,艾青看到了一本放置在王震处的《艾青诗选》,里面密密麻麻画满了圈点。扉页上,是王震写给儿子的“手令”:凡是我画了一个圈的你们要熟读,会朗诵;打了两个圈的,你们要会背……艾青万没有想到,王震对自己的诗,喜爱到这样的地步。对于一个诗人,还有什么比这更高的褒奖？于此,他深深感到,王震爱我的诗,也总爱着我!

二

1957年是整个中国知识分子受难的年份。作为知识分子突出代表的艾青,当然躲不过灾难。表面看去,艾青只是为所谓的“丁陈反党集团”说了几句公道话,其实,党内、文艺界内的宗派主义斗争,才是将他卷入灾难的真正原因。接下来,不仅那些身居高位者,就连先前的好友,也为自保而对他激烈、“深刻”批判起来……不久,艾青被开除党籍,撤消一切职务,由一个享誉世界的诗人,跌落成了不能留居北京,甚至放逐无处的“政治贱民”。

这样的时候，听到一个传说，有一位很重要的人，向周恩来提出要艾青。这个消息令艾青感到生活中出现了光……艾青猜测，这个重要的人一定是王震，只有他才有胆量在这样的时候要“右派”。

一天，与王震有很深交谊的诗人郭小川，来到艾青家里，说王震要见他。一见艾青，王震便说：“我知道你是拥护党和毛主席的；你是不反对社会主义的，你是拥护真理的嘛！”艾青心头一震：这不是和反对、批判他的人唱反调吗？

王震接着说：“你离开文化圈子吧，换换环境。1954 年我在铁道兵团的时候，叫你到我那里，你没有去。1956 年我去大兴安岭视察时，我站在大兴安岭上，看着茫茫的大森林时就想，要是艾青到这里一定会写出好诗！”

王震此时担任中央农垦部部长。当时为解决粮食等一系列问题，中央决定组织转业军人，开向荒原，开发北大荒。王震走到地图前，用手指着几个点说：“这一带是北大荒，中央军委指示，九个师的铁道兵转业要到那里，向地球开战。北大荒将发生天翻地覆的变化……北大荒欢迎你去。”

此时的艾青，真不知说什么好：“现在这个时候，有人收留我，是我的幸运。”王震说：“852 农场给我盖了个小木屋，可以给你们住。一两天，我去你家，给你爱人做做思想工作，叫她带着孩子和你一道去。”王震真是善于体会人性的人。

王震去艾青家里，正是午饭时分。王震开玩笑：“老艾，你的伙食比我的好。”当时艾青家为带孩子，有两个保姆。大家一起坐在桌上吃饭。王震问：“你们是哪里人？”保姆说“我们都是湖南人。”王震一听：“我也是湖南人，我们同乡呀！你们也一起去北大荒吧。你们上哪儿还能找到这样的好主人，同吃同住，平等相处。”保姆却说：“我们吃不惯北方的高粱和玉米。”

这时,王震转过身来,对着艾青妻子高瑛说:“我是来动员你去北大荒的。”因为艾青,高瑛也在单位受到不公正待遇,她爽快地说:“我不用动员,我是志愿兵。就是你不让我去,我也要向你申请去的。”夫妻情深,此时是一个不能丢下一个的。王震一听,不需动员:“老艾,你这个小爱人,性格很爽快,我对她估计错了。”

王震是第一次到艾青家,艾青也把他收藏的宝贝拿出来给王震看。艾青原本是学画画的,对绘画有很深造诣,加上他进北京时,是作为军代表接受美术学院的,与美术界很熟,收存有一批著名画家如齐白石、李可染、林风眠……的绘画精品。看了这些画,艾青还拿出在延安时毛泽东、周恩来、张闻天等领导写给他的信。这些珍贵的东西,王震让艾青好好保存。翻看了艾青的书架,王震说:“把这些营养品都带上,北大荒也需要文化。”

王震走后,正在人生低谷期的艾青精神振奋起来。他对妻子说:“十万大军开进北大荒,那里一定会热闹起来。”

王震是个急性子。很快,他要去北大荒,便叫艾青跟他先去。艾青的孩子当时还不满周岁,怕妻子照顾不了,便告诉王震:我们分开走吧!

尽管有人收容,可艾青夫妇知道,他们要去的地方决不是天堂,一定会很艰苦。当时,他们乘坐的是开往北大荒的专列。车上全是转业军人。在车上,艾青还碰到一些为难事。看到他们几位没穿军装,邻座的人就问:你是干什么的?怎么回答?右派?既然去北大荒,总得有点缘由吧。艾青只好回答:“搞农业的。”“研究什么呀?”北方当时以高粱玉米为主,那就是“研究玉米的”。这不伤大雅的谎,艾青撒得心里又苦又涩。

就在此时,王震又出现了。列车到一个站,车上广播不停地喊:“艾青同志请下车。下面有人找。”艾青当时不知谁在站台上等,他慢慢走到播音室，问播音员："谁找我？"播音员着急地说："你就是艾青，王震司令员在站台上等你呢！"（王震在领导铁路建设的几年，人们对他有很深的情感，所以虽然已经离开，人们仍以他原来的职务称呼他）正说着，车已开了。艾青没见到站台上等他的王震。

车到哈尔滨，又有一个陌生人上来，找到艾青，告诉他：有车在外面等。艾青知道了，也不再问，跟着下了车。来人说：王震司令员让我来接你们。王司令员住在别处，他给你们留了地址。

几天后，他们又乘车到了密山县。这里当时集中了几万名刚脱下军装的战士，王震先期到达。看过这里的养鸡、养马场后，王震说："让艾青来看看，他一定会写出好诗的。"艾青到达当天，在密山的一片大广场上，几千转业军人正待命向荒原进发。没有讲台，开来一辆大卡车，王震站上去，完全以战争时期的姿态对大家说："我们没有交通工具，怎么办？我们还有两条腿，要战胜困难，开始新长征。"王震问下面的军人："有个大诗人，艾青，你们知道不知道？他也来了。他是我的朋友。他要歌颂你们，欢迎不欢迎？"下面战士齐呼："欢迎！"就这样，诗人艾青的命运，在长达十多年的时间，与这些农垦战士连接在了一起。

三

随后，王震与艾青一起转了几个农场，最后，他们来到完达山森林边沿的一处地方，这便是852场场部。农场的书记是王震在长征时期的警卫员，当然是首长信任的人，艾青一家被安排在了这里。

场部有几栋结构相同的木房子，是农场领导人的家。艾青家也分得一栋，这是王震部长决定的。艾青的待遇嘛，也需要明确："按师一级干部待遇"，这当然是王震部长提议做出的。最初，艾青没有什么具体工作，所以有一段闲暇。这段时日，他们便开始自力更生，利用周边空地，开荒种菜。

这片空地是在森林中开发出来的，地下满是盘曲错节的树根。为了赶上种菜季节，艾青夫妇天一亮就起床，主要任务就是刨树根。这工作不仅流汗，手上打泡，还流血。不知费了多久时间，堆在边上的树根成了小山，他们自家的一座小菜园也建成了。园子里的品种很丰富：豆角、茄子、辣椒、黄瓜、丝瓜……这里全是腐植土，十分肥沃，蔬菜长得很壮实，真称得上硕果累累。

刚刚从"反右"激烈斗争中脱出来的艾青，在这片土地，获得了精神上少有的松弛。自我努力地劳动，也有了新的创造的收获。在自家菜园子边上，有几个大的没挖出的树桩，这成了天然的休闲坐凳。艾青常常在这里休息。他的眉头舒展了，没有了压抑的叹息。他对妻子高瑛说："我们的新家，你童话里的房子，我喜欢过这种清净的日子。"不期然的，他说起了文艺才子李叔同的出家，进一步联想到自身："我一想到文艺界人际关系那么复杂，宗派势力那么顽固，就想远远地躲开他们。王震叫我离开文艺界是对的。我们在这里，生活虽然苦些，可是心情轻松多了。"

当年冬天，在一个雪花飘飞的日子，王震又一次来到北大荒。车子在852场部一停下，他就先奔艾青的家，见面就问："老艾，你喜欢这里吗？"艾青说："这儿很好。""你喜欢树吗？""喜欢！""在这儿搞示范林场，你来当副场长，怎么样？""好嘛！"

随后，王震带着艾青到各处转。每次转回来，王震便对艾青妻子高瑛说："我把老艾还给你了。"有一次转回来，艾青告诉妻子，说他们去了853农场。当天，王震说："老艾，我今天要去看看右派。我说右派时你可别生气。你也去看看老朋友吧！"853农场，有一个右派村。北京下放的一百多名"右派分子"，便安排在这里。其中文艺界的名人，许多都是艾青的熟人朋友：吴祖光、黄苗子、丁聪、聂绀弩、陈明……艾青真无法面对。他只好说：听说这里有一个老猎人，我正想了解猎人生活。这当然是推辞。回来的路上，王震对艾青说：那些右派生活很艰苦，集体住大房子，睡大铺……还开玩笑说，我给他们村起了个名字叫“向左村”。艾青说，这样，劳动改造的目标明确，他们都有奋斗目标。王震一听，大笑起来。

四

王震成了艾青家里的知心人，艾青家里的一些琐事，也得他操心起来。当时852场部只有一口深井，摇水的辘轳很大很沉。为了照顾艾青一家，农场派了一个青年每天给他家挑水。一次，高瑛抱着孩子，在家门口听广播，并随着广播唱起了电影《柳堡的故事》的插曲《九九艳阳天》。艾青在家听了问：你唱给谁听？那“十八岁的哥哥坐在小河边”的歌词叫艾青不舒服。高瑛说：唱给自己听。艾青追问，为什么不到屋子里唱？为此，两口子拌起嘴来。

当时，王震正在这里视察。高瑛便去跟前招待所，找到王震告了艾青一状。王震马上让秘书把艾青找了去，批评了一通。当天晚上，农场举办舞会，王震叫艾青与高瑛夫妇也去。在跳舞时，王震问高瑛：“老艾向你检讨了没有？”高瑛说：“没有。”他（艾青）只说那些话都是开玩笑，不该拿芝麻粒的小事去找王部长说。高瑛问：“你是怎么批评艾青的？”王震说：“我问老艾，你是爱听哭声，还是歌声？你的小爱人唱歌，说明她在这里心情愉快。我告诉他，853农场那一批北京文艺界的右派，没有一个老婆跟来的。我还告诉他，这里的生活比较北京差得太多了，她能跟你来吃苦，是一个多好的小爱人。你要是把她气跑了，我这个部长也没办法给你拉回来。”

这些话，艾青没对高瑛讲。他说，王部长说，高瑛说了：嫁鸡随鸡飞，嫁狗随狗走，嫁给了艾青，活是艾青的人，死了是艾青的鬼；说我会和他风雨同舟,会死心塌地和他过一辈子。王震一听,哈哈大笑:"这个老艾,真会编故事。我哪和他说过这些话。"王震劝慰说:"艾青是个很有才华的诗人,写过那么多好诗;他说话很幽默,我看他是很爱你的,就是爱吃点醋,有时说话太随便,你就原谅他吧。"

舞会结束,艾青问高瑛,你跟王部长跳舞,说了那么久,是不是又告我的状了?高瑛说:"我不告你告谁?王部长对你说的话,应该给我说的你不说,没说的你胡编。"艾青笑了:"我假传'圣旨',没有什么恶意。你告我的状,王部长也批评了我,你该消气了吧。"艾青最后感慨地说:"王部长批评我的话,我没告诉你。他表扬了你,说你能跟我来,是一般人做不到的。他叫我好好照顾你。"一场家庭风波,在德高望重的国家部长调解下,平息下去。这样的规格,也真是够高的。王震将军的平易近人,这是个显著的事例吧!

五

一天早晨,王震来到艾青家里,谈了许多个人的话题。王震告诉艾青:"我问过郭小川,是什么理由给你定的右派。郭小川没对我说清楚。"当然,文艺界内部的纠纷,老将军也许弄不清楚。不过,经历过血雨腥风洗礼的王震,仍然从大处考虑。他告诉艾青:"生米已经煮成熟饭,老艾,向前看吧。争取一年时间,给你摘掉右派帽子。"对于眼前,王震说:"我们已经决定,在这里建一个示范林场。树木越伐越少,这不成,得育苗造林。我想给你一个接触群众的机会,叫你当示范林场副场长。"

艾青回答:"这个副场长,我还是不当的好。谁会接受右派分子的领导。"王震说:"你是个大诗人,当个小小的副场长,大材小用。你要打消顾虑,大胆地干,向工农兵学习,丢掉知识分子的多思多虑,优柔寡断。"王震又用自己的经历,来开导艾青。王震说:"老艾,人的一生,都不会一帆风顺。什么事都不干的人,就不犯错误;什么事都干的人,总有干不好的地方。我这个人有个毛病,任劳不任怨。但是有时也得学着忍。农垦部是中央最小的部。部虽小,我还想干大事情……我一年之中,有半年多在垦区跑。从东北到西北,不是去游山玩水,而是去工作。就这样,还有人向毛主席告我的状,说我搞冒进。我心里是有委屈的。"大约正是王震的推己及人,善于体会他人,特别是敏感的文化人,他才与艾青等一大批知识分子成了终身不渝的友人。

离开852农场前,王震找到当时的场长,告诉他:"艾青是个好同志,你们要帮助他很快回到党内来。他是个大诗人,有才华,主要让他接近群众,了解农垦战士。"

"他怎么能当副场长?""他为什么不能当副场长?""他当副场长,大材小用!"任命下来,大家议论纷纷。这是大反右派的第二年,无数右派在群众监督下劳动改造,艾青一个《人民日报》点名,全国知名大右派,居然在这里当上了副场长,还是示范林场;何况这里全是刚刚脱下军装的转业军人。仅此一点,真正可以看出王震对知识分子的厚爱和尊重,可以看出王震作为将军的胸怀和胆魄。

遵照王震的意见,艾青带着一个连去搞苗圃,准备供将来新建连队绿化用。这个连队在场部边上一二里地,他们伐倒一片林子,在这里白手起家。建场第一步是建房子。为了抓紧时间,大家黎明即起,一直干到太阳落山;夜战开来,艾青还给大家挑马灯。艾青同大家一样,每天穿过狗熊、野猪出没的林子,按时上班。看见大家伙忘我的奋斗精神,艾青深受鼓舞。他在工地上办起黑板报,自己写稿,把好人好事挂在上面。连队没有经费买电锯,艾青从自己的存款中取出五千元,亲自跑了一趟哈尔滨,买回发电机、电锯、照明设备等。安装电灯时,大伙儿非常高兴,一位从部队文工团转业的职工大声朗诵起了艾青的名作《黎明的通知》:"趁这夜已快完了,请告诉他们/说他们所等待的就要来了……”

虽然忙累，可艾青的精神得到极大的解放。在大自然的美的抚慰下，他渐渐将痛苦洗脱，心境变得明朗。在这大林区里，艾青常常在雨后去采蘑菇——松菇、扫帚菇、鸡冠菇……他晒了许许多多，后来到北京、新疆还送给朋友。为此，艾青写出一篇《树林中的神奇》的散文，可惜在后来动荡的日子丢失。在这里不长的时间里，艾青还完成了两部长诗：《踏破荒原千里雪》《蛤蟆通河上的朝霞》，抒写农垦战士战天斗地的壮举，赞美他们的劳动和创业。可惜，两部长诗也在动荡中丢失。对于了解大诗人这段时间的艺术创作，不能不说是很大的缺憾。

1959 年夏秋之际，北大荒多雨，泥泞的道路使得 852 农场一度与外界隔绝。大米、面粉运不进来，只好吃麦子、豆子。这样的东西很难消化，南方人艾青不适应，一下子病倒了。这时，王震又一次来到这里，见到艾青消瘦的样子，忙问：“老艾，你怎么了，是什么病？”随后，王震马上让人找来医生，给艾青治病。看到这种情形，王震知道艾青很难适应这里的物质生活。他对艾青的生活、写作，有了新的考虑。

王震回北京不久，艾青便接到农垦部的来函，让他们一家速回北京。这一去，他们就再没有回到北大荒。这一段生活，给予艾青精神的抚慰是诗人永难忘怀的。北大荒，当然也没有忘记诗人。艾青曾生活、热爱过的 852 农场场志上，有这样一段记载：

“1958 年起，我国著名诗人艾青曾在 852 农场‘落户’两年，并担任示范林场副场长。

1957 年‘反右’时，艾青也遭厄运，1958 年春下放到黑龙江省 852 农场。农场拨出了一幢专供师级干部住的木结构房屋，让他们夫妇居住。不久，又任命艾青为农场示范林场副场长。”

六

先前王震看望艾青时，曾谈起过新疆。说那里生产建设兵团建团早,经济基础好,让艾青有时间可以跟他去看看。可这一次在北大荒看到艾青瘦得不成样子,他便决定要把艾青安排到生活条件好一些的新疆。说实在的,若不是为了生活,艾青倒愿意呆在这里,他与北大荒的人民,森林风光,结下了深厚的情感。

艾青一家回到北京,便接到农垦部的通知,说已经与新疆方面联系好了,随时可以启程。对艾青,没有具体要求,只说是体验生活,准备写作。1959 年 11 月,艾青夫妇离开北京去往新疆。在乌鲁木齐,艾青受到了王震老部下——也算艾青友人——新疆建设兵团副政委张仲瀚的接待。当年艾青到南泥湾慰问部队时,路过一个篮球场,场上跑下一个年轻人,亲热地与艾青握手。王震介绍说:“这是我们 359 旅最年轻的团长,是个才子。”这位团长,就是张仲瀚。

张仲瀚见到艾青,热情地说:“我知道你们要来新疆,可没想到会这么快。”艾青说:“我们一别十几年,‘八千里路云和月’,我始终还记得当年南泥湾球场上,那位风度不凡的年轻团长。”张仲瀚想起了当年的事,笑了起来:“我还记得,当年在延安时,你带着一群姑娘,挑着花篮,扭着秧歌,唱着《南泥湾》,到我们部队劳军的情景。我们有的战士看了,想开小差。问他为什么要跑,他说:‘想老婆了!’”艾青说:“太糟糕了,这不是动摇军心吗?”……

在乌鲁木齐住了几个月,艾青还有文字上的收获。他是个闲不住的人,总想找点工作做。恰好兵团机械运输处要组织人去采访一名叫苏长福的司机,艾青积极接受了这个任务。他沿着司机行进的线路,在天山一带住了一个多月,采访完成,又用了一段时间,写出一部十五万字的报告文学《运输标兵苏长福》。后来这部书由新疆青年出版社出版,可惜书稿被大删大砍,只余下十万字,也没有署作者艾青的名字。这让视文字为生命的艾青很生气。可在当时情况下,书能够出版已经不错了。当然,鉴于艾青的努力精神,这个运输处政治部正式向上级机关提出,要求立即给艾青摘掉“右派”帽子,兵团也表示同意。

1960年的夏天,王震来到新疆,他让艾青陪他一起下去视察工作。他们先到地处奎屯的生产建设兵团农七师,又到农八师。这个师就驻扎在今天颇有名气的石河子。艾青喜欢上了这里。因为他先前来过这里,去了离石河子几十公里的莫索湾。在这片古老的土地上,看到一望无际的金色麦浪,听了八师政委讲述农垦战士进发此地,将这里变成良田的过程,感发了艾青,吸引了艾青,所以,他对王震谈了自己喜欢这里的想法。王震也看出现在只让艾青呆在乌鲁木齐不算回事,便说:“老艾,你就在这里安家吧!”

当年9月,艾青夫妇搬出乌鲁木齐兵团招待所,在石河子安了家。这个时期,正是新中国历史上的饥馑的年份。可新疆由于地广人稀,又有农垦战士奋进开发,这里反而自给有余,有肉有粮有瓜果菜蔬。仅从物质生活来讲,王震让艾青到新疆来,这一步是走对了。在这里,人们都知道艾青是个大诗人,是大文化人,所以各种文艺或其他活动都向他请教,他被当成了文化生活的顾问。在参加这里的种种活动后,艾青确实为这里翻天覆地的变化惊叹,他想写一部莫索湾的建场史,赞颂开发荒原的群众英雄。他构思的这部作品,题名为《沙漠在退却》。

七

心中有了写作目标,勤奋的艾青开始大量搜集素材。因为是想写莫索湾建场史,只要碰到从那里来的干部战士,艾青都主动去访问或者请到家里来面谈。几年下来,他作了几十万字的笔记,写出了数量可观的草稿。写作的事,王震知道了,他非常支持。但他给艾青下了一条禁令:“不要写我。”

艾青的勤奋工作,新疆的同志们看在眼里,一年多后,建设兵团的领导决定给艾青摘去“右派”帽子。他们写出材料，给艾青的“改造”作了明确鉴定，对他各方面的表现充分肯定。但是，艾青的帽子是中国作家协会给戴上的，最后还需要这个部门来解决。1961 年 8 月，艾青回了一趟北京，向作协党组织汇报在新疆的工作和生活情况。随即，新疆方面对艾青的鉴定材料也到了北京。当年 11 月中旬，《人民日报》刊登了为艾青等一批知名人士摘掉“右派”帽子的消息。消息发表当天，新疆建设兵团专门派车从石河子接来艾青，向他正式传达这一决定。这应该是王震特别关照的举措吧。

1962 年夏天，王震再一次来到新疆建设兵团视察。兵团为王震准备了一架小型飞机，只能乘十来个人，王震叫上了艾青。将军和诗人一块，去了南疆。他们飞过天山，穿过塔里木沙漠。这次他们去的地方，包括库尔勒、阿克苏、喀什、和田……这一路上，艾青向人们了解王震部队进疆和开发塔里木的过程，他还与这些垦区的劳动模范人物交谈，了解他们的各种情况，为自己的写作搜集材料。在视察过程中，人们看到将军和诗人天性迸露，两人一块儿挽起裤腿，在塔里木河里趟水。他们还一起去了塔里木的农垦大学。在礼堂的讲台上，王震把艾青介绍给大学的师生们：“这位就是大右派大诗人艾青同志。”下面一片轰笑。又是“右派”，又是“诗人”，又是“同志”，想来，在王震心里，帽子并不重要，本质是什么才重要。

回到北京后王震去听过一场诗歌朗诵会，他又想起了那位远在新疆的诗人艾青。他便亲自用毛笔写下了他的心情：“你是歌颂过巴黎公社的子孙的，希望你继续写下去。昨天我花钱买票听了诗歌朗诵会，你不能说我不爱诗吧？”

在王震的激发下，艾青的诗心又渐渐复原。当时艾青的诗作不能发表，可农八师党委专门为此做了讨论。师政委指示师部办的报纸：艾青同志的诗可以发，应该发。由此，在这份师部小报上艾青先后发表了20多首诗作。留下了十分珍贵的纪念。在那个历史时期，这应当是相当罕有的事。刚开始，艾青不敢用本名，用了“林壁”“万叶”等笔名，编辑后来还建议用“艾青”发表，这对于诗人来说，是莫大的鼓励。这段时期的作品，经过诗人择选，在《艾青诗选》里，常常只留下这么一首——《烧荒》：

小小的一根火柴，/划开了一个新的境界——
好大的火啊，/荒原成了火海！
火花飞舞着、旋转着，/火柱直冲到九霄云外！
火焰像金色的鹿，奔跑得比风还快！
腾起的烟在阳光里，/像层层绚丽的云彩！
火焰狂笑着、奔跑着，/披荆斩棘，多么痛快！
火的队伍大进军，豺狼狐兔齐闪开！
野火烧不尽，禾苗起不来！
快磨亮我们的犁刀，犁开一个新的时代！

八

但是，这样的生活并没有能够安然下去。1966年，那场洗劫了整个中国的“大革命”，艾青如何能够逃过？艾青是全国著名的右派，在这里算得是第一号。他们的家，被首先并反复查抄。人们疯狂了，认不清谁是谁。艾青收藏的大量绘画被抄走，工艺品被抄走，文稿、诗稿，抄走……连毛泽东、周恩来、吴玉章、张闻天等领导人给他的信件，也统统抄没。艾青悄悄对妻子说：“法西斯希特勒在中国复活了！”后来，听说王震在北京被打成“三反分子”，艾青气得拍起桌子：“如果王震是三反分子，那么还有谁是革命者呢？岂有此理，天下大乱了……”

这还不算完，艾青一家，被“欢送”去了石河子人称作“小西伯利亚”的144团8连驻地。这里一间十几平方米的“地窝子”，是他们此后的居身之处。艾青在这里,先是看管林带,修树;再是看草地,鸡鸭;最后被安排在“积肥班”,一个人负责打扫十几个露天厕所……当然,这里也和一切有人群的地方一样,有存心欺人者,有良善待人者,在这儿的几年时间,艾青和中国普通大众一起,共度一段最艰难岁月。

1971 年,林彪的出逃给“文革”浇了一大盆凉水。随着一批老干部的处境改善,艾青也成了受益者。当年秋末冬初,国务院有关部门,不止一次打长途电话到新疆,问及艾青情况。这时,除了王震,谁会首先关心艾青呢?随后,艾青妻子去石河子领生活费,有人告诉她,师部准备接艾青一家回石河子,只是一时没找到房子。果然,1972 年春天,艾青一家搬回石河子。

但是,在“小西伯利亚”的几年里,由于劳累,由于营养不良,艾青眼睛出了问题。等到 1973 年终于离疆到北京医治时,他的右眼已经失明,只能保得下左眼。1975 年,艾青再次回北京治病,没有地方住,一家五口只能蜗居在一间借来的小屋里。几位延安时期的朋友看了,十分同情。他们向王震反映了情况。王震再次伸出援助之手。他在给北京市政府的一封信里说:“艾青同志在东城区丰收胡同 21 号的私房,应屋归原主,退回给他们。”

又经过一段时间,新疆自治区书记过问,胡启立同志批示,艾青一家才算是安了家。同时,艾青在“政治上”也恢复了名誉。作为诗人,他在沉默了二十年后,又有诗作“亮相”。1978 年 4 月 30 日《文汇报》上,刊出了一首名为《红旗》的诗:

“火是红的,/血是红的,/山丹是红的,/初升的太阳是红的;/最美的是/在前进中迎风飘扬的红旗!

……

红旗是火,/是被压迫者反抗的火,/是被剥削者忿怒的火,/是普天下受苦人的火,/是争自由、求解放的火……”

还是那个艾青，声音没有嘶哑，还是那么年轻，那么健康，那么明亮，那么深切……可是，当我们了解到艾青这些年的生活经历，我们不得不对他的“保护神”王震将军肃然起敬！艾青的创作激情一发而不可收。他的一批“归来的歌”，再次证明了他超迈的诗才——《光的赞歌》《在浪尖上》《古罗马大斗击场》《清明时节雨纷纷》《墙》……一批或丰满宏大，或晶莹透亮的诗作，展现了他生命积蓄的丰厚。这一段时间他应邀出访了欧洲的德国、奥地利、意大利等国，以及他青年的求学之地巴黎；又去了美国、日本……可是，对于王震的几次外出访问，他却没有参加。

1983 年，仍然钟情着北大荒的王震，给艾青写去一信：

亲爱的老艾：

黑龙江三江平原，现在要全面开拓，我带去那些英雄的抗美援朝战士们，开拓北大荒，这些同志们，同你还是友好的（北大荒拓荒者），他们把你作为好友看待。这些同志，有些都有了孙子，请你写诗歌歌颂这些开拓的先行者。但绝莫挂上我。

此致

共产主义的敬礼

你的老友王震

艾青看了信说：“时至今日，王震不让我写他的禁令还是没有解除。”可是，艾青对于那段生活，怎么能够忘却？艾青在新疆写的文稿，经过洗劫后，找回来的只有那部莫索湾的建场史：《沙漠在退却》。经过一番整理，这部书稿以《绿洲笔记》为名，在新时期由四川文艺出版社出版。艾青虽不擅长这样的长篇记事，可在这部书稿里，他注入的是自己的心血和真诚的爱的礼赞。这可以作为对王震的一点致敬吧!

九

1984 年王震以国家副主席身份访问日本。仍然像在北大荒和新疆一样,他想叫上诗人。可艾青推辞了;1985 年 4 月,王震访问美国,他仍想叫上这位诗人朋友,可艾青又以身体状况不佳,放弃了机会;1985 年,新疆自治区成立 30 周年大庆,王震又提出让艾青前往。可艾青却对妻子说:“大庆大庆,一定去的人很多,我不想去凑热闹。”……对艾青的一次次推拒,王震不以为忤。这段时间,他们仍有多次见面。每次相逢,将军与诗人,都紧紧相拥,脸与身体都贴在一起,让人看去感动。将军与诗人,心灵是相通的,外在,倒并不过于注重世俗的方式。尽管随高官出访,在一般人看去,是很大的荣耀。

艾青与王震的最后一次会面,应该是 1991 年 9 月,当时“艾青作品国际研讨会”在北京召开。身体已经很弱的王震,拄着拐杖,来到会场,向艾青表示衷心祝贺。当他们的手紧紧握在一起时,他们的心,又紧紧地连接在一起。

对于王震对自己一生的大恩,艾青是不讳言的。一次他对妻子说:“我知道王震心里有艾青,远的从延安说起,近的到现在,王震始终是关心我,爱护我,帮助我。他是我们家的大救星!从小的方面说,我们之间的友情人人皆知;从大的方面讲,他一生对国家的贡献是难以估量的!我本该好好写写他。但是,他在北大荒和在新疆,却给了我一个禁条:不准写他!”

艾青像个军人,坚守着将军王震的禁令。妻子曾问过艾青:王震为什么一再地说不要写他?艾青说:“我想他是为了避嫌,怕别人说,他叫我到农垦区是为了给他树碑立传。他的这种顾虑,我是可以理解的,但是,农垦事业的宏伟业绩能与他分开吗?我说不能,完全不能,他的贡献太突出了，一定会载入史册的。”

1992年3月12日，艾青一家正在吃饭。这时，王震的秘书打来电话，告诉王震逝世了。妻子接了电话，先不打算告诉艾青。艾青一个劲地问，妻子说：王老走了！艾青一时不能明白：去哪里了？妻子的眼泪下来了，艾青一下子明白了。他长叹一声：“我们家的大救星没有了！”停了半天，艾青又说：“对于王震，我是知恩未报啊，我今生最大的遗憾，就是没有为他写一部颂歌。”

将军王震和诗人艾青，他们的相逢有些偶然。在他们一生中，劳军，只是一项很平凡的工作，可却因此结下了整整半生的深厚友谊。这半生，又是中国大地变动极大，民族危难的时期。在此之间，将军以他深心对知识分子的认同，竭尽全力保护、帮助诗人朋友，使他度过了几乎被淹没的黯淡岁月，为中国，为人民，重新唱出了他那沉郁却嘹亮的生命之歌。而将军，却禁令诗人“不许写我”。因为他感到，事业是广大人民推动的，他只是人民的一员。

当然，将军爱诗，他到处称艾青为“大诗人”，并非虚誉。他是通过自己的阅读，自己的眼光作出判断的。由领会诗到了解诗人，爱诗到爱人，他是全身心的。所以，艾青数度推辞不相随同外出访问，他接受、理解，他是用诗人的心性来珍视这不寻常友谊的。文与武之间，在一些人看去，相距似乎十分遥远，可从更高层次望去，他们却一致相通。王震与艾青，将军和诗人，正为我们演绎了这种更高层面的相知相通，并由此演绎出人间难得的深厚情谊。这——是值得人们长久记忆和无限珍视的。

刘绍棠与周扬的一段恩怨

刘绍棠与周扬的结怨,看似意外,其实也颇为正常。

1954年,刘绍棠虽还只有18岁,但已在《中国青年报》《光明日报》等报刊发表多篇作品。1952年发表的小说《青枝绿叶》,不仅被臧克家主持的《新华月报》文艺版转载,还受到时任人民教育出版社社长叶圣陶先生推重,编入高中语文教材第三册;1953年17岁时入了党,出版了第一个短篇小说集《青枝绿叶》;1954年入北京大学中文系,出版第二个小说集《山楂村的歌声》……此时的刘绍棠,完全用得上"春风得意"这个词。

但就在这一年,刘绍棠与周扬遇上了。周扬当时担任着中央文化部副部长、全国文联副主席、中国作家协会副主席、中共中央宣传部副部长等职,是代表中央主管文艺的重要领导人。此时的周扬,据很多人回忆:位高权重,在文艺界十分令人生畏。

刘绍棠当时主要受团中央培养。团中央是做青年工作的,对青年的思想和精神状态较为熟悉,所以也相对宽容。在这种环境中,按刘绍棠后来的话:"我在团中央,一向童言无忌。"因此,到了文艺界,也就不知忌口。当时文艺界会议颇多,刘绍棠头角初露,很受人们瞩目,许多会议都邀请他参加,参加必发言。这些发言,常常仍"童言无忌"。所以当时就给周扬留下不良印象:"不知天高地厚。"

在1954年的一次座谈会前,周扬见到刘绍棠,便招手让他过去。在交谈中,周扬问刘绍棠是哪里人。刘绍棠回答:通县。周扬一听,便问:读过李卓吾的著作没有?

李卓吾是明代末期的大学者,他的著作在后世极有影响。由于他晚年流寓通州,在此遭谗被捕,并在狱中自杀。他的遗体,就葬在通州的北关外。刘绍棠当然听说过这位大学者的事迹。但是,当时他年仅18岁,要让他去啃李卓吾的著作,显然不大现实。刘绍棠当时大约也不在乎,便据实告诉周扬:没读过。

"你这个通县人,怎么连李卓吾的著作也没有读过呢?"周扬一下子变了脸,厉声严词地训斥了起来。

当时的情形,用刘绍棠后来的话形容:"周扬是周瑜的后代,也是美男子。发起脾气,亦如其先祖玉面生威,盛气凌人。"

今天看来,周扬的"陡然变脸",应该在表达一些积久对刘绍棠"不知天高地厚"的不满。因为这脾气发得有些太快,也太大,并且没有多少道理。

刘绍棠当时仅18岁,加之颇有创作成绩,心情当然有些对抗。这之后,在多个场合,有机会他便顶撞周扬。1956年春天全国青年创作会上,刘绍棠还在发言中就文艺界问题闹了一阵,矛头直指周扬。弄得一位大会负责人告状到团中央。团中央一位书记要处理刘绍棠,多亏胡耀邦同志保护,他才没有受处分。但胡耀邦也批评刘绍棠不该口出狂言,攻击文艺界领导。

这些因素,加之地位、年龄、性格等方面的差异,便造成了刘绍棠与周扬间较深的积怨。

1957年,中央提出了“百花齐放,百家争鸣”的方针。在“大鸣大放”空气的鼓励下,刘绍棠结合多年创作实践和自己的研究,一连发表了多篇文章,对文艺思想上的教条主义,对毛泽东《在延安文艺座谈会上的讲话》中提出的普及与提高关系等问题,提出了一些在今天看来仍值得重视的见解。

1957年4月号《北京文艺》上,刘绍棠发表了《现实主义在社会主义时代的发展》一文。此文中认为:“如果我们的文学事业不受教条主义的严重影响,它是应该而且可能取得更大成就的。”

那么,在刘绍棠的眼里,文艺中的教条主义理论是咋回事呢:“只单方面强调作品的政治性,而抹杀作品的艺术功能;漠视复杂多彩的生活真实,闭着眼睛质问作家‘难道我们的生活是这样的吗?’”“这种教条主义的戒律,迫使作家不去忠实于生活的真实,而去忠实于要求生活和要求人物的概念;迫使作家忘却艺术的特性,而去完成像其他社会科学那样的教育任务。”

刘绍棠的艺术见解,对当时的情形,应该说是相当准确的批评。几十年后返回头看,这些见解仍可发人深省。

不仅中国,刘绍棠还结合当时文学上最推崇的苏联作品来谈,认为它们“后来,当只许反映社会主义优越性,服务于抽象的政治宣传目的……于是文学作品开始粉饰太平了,无冲突论风行了,后二十年的文学事业比前二十年逊色得多了。”

对于这样的话,周扬的反应可想而知。前段时间出版的《王蒙自传》里,记述有一段他与周扬的谈话,其中就牵涉到刘绍棠的这些观点。当时王蒙的《组织部新来的年轻人》发表,引起很大反响。可是1957年2月,李希凡突然在《文汇报》发表长文,批判这篇作品。王蒙当时年轻,也气盛。他便写了一封信,给当时文艺界的主要领导人周扬。周扬在接见王蒙时,曾皱着眉头对王蒙说:有一个表现很不好的青年作家,叫什么呢,他扬言苏联十月革命后的文学成绩不如革命前的,中国延安文艺座谈会后的文学成就不如座谈会前。王蒙在文章里说:"我完全体味到了这个问题的敏感性与严重性。我知道他说的是刘绍棠。"这样的态度,周扬不仅仅在与人谈话中表露,后来在文章里,更给了刘绍棠猛烈的回击。

刘绍棠的言论,在之后"反右"的大背景下,成了人们集中批判、指斥的靶心。除去郭沫若、茅盾、周立波、康濯等著名人物各写专文对刘绍棠予以批判外,周扬在 1957 年 9 月 16 日中共中国作家协会党组会议上的讲话,即在文坛有重磅炸弹一般影响的《文艺战线上的一场大辩论》,针对刘绍棠的以上言论,给予了严厉的驳斥:

"刘绍棠也鹦鹉学舌地说苏联文学在近二十年不如前二十年,说我国文学在延安文艺座谈会以后的十五年来也退化了。"

"我国的文学,在共产党的领导之下,从来把社会主义现实主义当作最正确的创作原则,把苏联的作品当作自己的榜样。我们学习苏联的经验,当然不应教条式地、机械地照搬,而应按照本国的具体实际,独立地有分析地加以吸取。由于我们的文学是和最先进的阶级、最先进的思想、最先进的社会制度相联系的,它在短短的期间就有了过去任何时代所不能比拟的巨大发展。右派分子说现在作品少了,戏也少了,一切今不如昔……至于劳动人民所需要的文艺,却不是少了,而是从来也没有像今天这样多。这是除了闭着眼睛说瞎话的右派分子,谁都看得见的事实。"

周扬的这枚重磅炸弹投下之后,文艺界反响极为强烈,除去一些名家发表读后评论,作家协会还组织有郑振铎、臧克家、陈荒煤、袁水拍、郭小川、林默涵等人参加的,讨论周扬《文艺战线的一场大辩论》的座谈会。由此波及,全国多家报刊发表大量文章,对周扬文章进行应和;对周扬文中点名的丁玲、冯雪峰、刘绍棠等人,集中火力轮番轰炸……这场“反右”斗争,结果大家都是知道的。丁玲、冯雪峰等人外,年仅21岁的刘绍棠,成了全国鼎鼎大名的“右派”分子。

之后,刘绍棠自然跌入人生低谷:党籍被开除,右派分子定为三类。戴着沉重帽子过了二十多年。但所幸有乡亲护佑,没有受到多少肉体的折磨。而周扬,在“文革”中,却受到前所未有的冲击。他不仅被戴上了“反革命修正主义分子”等今天人听起来可怕的大帽子,肉体上还遭到很大的摧残。

也许正由于此,周扬对自己的过往进行了深刻的反思,精神上与他先前批判过的许多人接近了,作为文艺家的情感方面也得到极大释放。“文革”一结束,周扬便在各种场合,不断向他过去错误批判过的人赔礼道歉。而且常常声泪俱下,获得了人们广泛的谅解。

“文革”后,刘绍棠的作品开始井喷般的发表。周扬读到之后,也深为所动。在全国第四次文代会上,周扬向刘绍棠等人做过赔礼道歉;不久的全国作协座谈会上,周扬又极为感慨地说:“我过去对刘绍棠并不了解,听信了一些谣传。看了他的《蒲柳人家》(刘绍棠著名中篇),我承认过去对他估计低了。”

之后刘绍棠又有几部长篇小说发表,这更增加了周扬对他才华的认可。在一次北京长篇小说座谈会上,周扬在评论刘绍棠作品时又说:“刘绍棠已经是创作经验丰富的老作家,他的语言功力是过得硬的。我曾给他造成多年的痛苦和污辱,是很对不起他的。”

周扬的这些深刻而动情的反省,也打动了刘绍棠。几十年风雨历练,他对人生也有了更深入的认识。于此,他也消除了对周扬的积怨。

历史的巧合有时令人惊叹。刘绍棠与周扬间因李卓吾引发的矛盾,最终竟然仍得由这位明代大学者来平复。

“文革”之后,为更好张扬李卓吾的事迹,纪念他的成就,他晚年的流寓及葬身地通县,准备为其迁葬,重修陵墓。刘绍棠是通县人,也参与其事。李卓吾是大学者,为他题墓碑者,自然也该是有分量的人物才行。刘绍棠想到了周扬。他给周扬写去一信,请其为李卓吾墓题碑。接信后,周扬即请秘书给刘绍棠打电话,欣然表示同意。

但过了很久,周扬也没有将题字寄来。后来接到周扬秘书的信,告诉说周扬洗澡时摔伤了肋骨,暂时不能握笔,并问是否还等他的题词。刘绍棠回信,告诉说没有另请他人,一直等周的题字。不过几天,周扬派人送来了题字:“一代宗师李卓吾先生之墓”,后落“周扬敬题”。周扬的题词,后来镌刻于石碑,矗立于通州西海子公园李卓吾新墓之前。

接到题词,刘绍棠便复信,代表通县人民向周扬表示感谢。周扬请秘书回信,请刘绍棠到家中一叙。刘绍棠到了安儿胡同一号周扬住宅,眼前的情形,刘绍棠后来留下文字:“看到他已经老态龙钟,风烛瓦霜,往昔的威仪不复存在矣。”

在这次会面时,周扬再一次向刘绍棠道歉:“你那时年轻呀!我当年冒犯鲁迅先生,也是年轻不懂事呀!”说着,竟老泪纵横起来。

周扬的晚年表现,与先前大异。所以成了一些研究者的课题(已出版有《晚年周扬》专著)。纵观其一生,的确有许多可以令人思索之处。在他过去的怨怼者刘绍棠眼里,晚年周扬的“人性和真情”毕现,甚至“感到他虽然当官多年,骨子里还是文人”。

现在周扬和刘绍棠已成古人,但他们的文学成绩,人生历程,仍值得人们关注或思索。刘绍棠后来评价周扬:“我觉得他有点像瞿秋白,一生也是一场‘历史的误会’。”这算是亲历者对周扬一生的一种认识吧!那么刘绍棠呢?读了他大量清新质朴的乡土著作之后,回想他一生经历及与周扬之间的纠葛,他们彼此最终对恩怨的超越,对我们的人生是否也有可以借鉴的有益启示呢?

文革中，沈从文函慰巴金家人

一

1972年，应当是巴金生命中格外艰窘的年份。

虽然身在接受改造的“干校”，直接批判、斗争、辱骂不那么多了，可管理者“工宣队”那极轻蔑的态度、语言，对巴金“们”的敏感神经和灵魂，仍能造成极端伤害。巴金较他人多一重的，是妻子萧珊长久受自己“牵累”，在精神、身体受到严重折磨后，染患癌症。有病而无处医，或草草医，使肠癌迅速转为肝癌。

在这样巨大的人间悲剧面前，凡血肉情感之躯，即使顶戴“牛鬼蛇神”封徽，亦不免深切伤恸。可巴金想在家多陪几天病人的心愿，被“工宣队”头头打消。这位头头果然“革命性”强，他的理由居然是：他（巴金）不是医生，留在家里，有什么用！这还不算，不仅“没用”，“留在家里对他（巴金）改造不利！”于是，“革命”战胜亲情，巴金只能返回“干校”。

此时巴金的家,用门可罗雀形容绝非夸张。巴金名气太大了,从报刊、批斗大会的口吻看,“罪恶”也大极了。这种时候,人人自危,连自保都难能,更遑论关怀他人。可就是这个时间,一位老友却来函相询慰。一封长函,表达温暖却长久的情谊。

二

就在这年的6月,巴金收到北京老友沈从文的一封慰问长函。在此之前,巴金被“揪”回上海接受批判。批判后又在作协分会参加学习。这时,一位年轻的姑娘走过来,自言是沈从文的亲戚,受沈的委托,想知道巴金是否还居住原处。巴金回答:仍住原处。便不敢多问半句。过了几天,这位姑娘又找到巴金,说是沈从文把巴金家地址遗失了,希望他写一个由她转交。巴金吓住了,不敢背着“工宣队”与他人“进行串连”。考虑了好几天,才把地址写出交给那位姑娘。后来巴金说:经过几年改造,自己变成了另外一个人,他的信条,成了“多一事不如少一事”。他甚至并不希望沈从文来信。

可出乎巴金意外,沈从文很快寄来了信,而且是5页纸的长信。沈从文很智慧,这封信他并没有直接寄给巴金,而是写给巴金妻子萧珊。用的也不是大家熟悉的“萧珊”,而是本名陈蕴珍:

“蕴珍:多年来,家中搬动太大,把你们家的地址遗失了,问别人忌讳又多。所以直到今天得到窦家熟人一信相告才知道你们住处。”看来,沈从文这封信,是接到亲戚提供的巴金家地址后立即写的,心情很急迫。

动荡的岁月,彼此相互了解,是询问和告慰的首先:“大致家中变化还不太多,孩子们可能都成大人,青壮,下放乡下又回转上海了!”“这八年我们家里一切还好,除了所有书籍几乎全部处理净光,人事变动还不怎么大,值得放心。”沈从文从小见多了苦难,对一些东西并不特别看重，极有韧力，所以，一个文人，“所有书籍几乎全部处理净光”，仍以为“值得放心”。在介绍了孩子目前婚姻情况后，沈从文还补充一句：“家中当前便有了四个搞工的，倒也省事！”当时“搞工”的，不算吃香，生活一般，可至少表示“根红苗正”，所以“倒也省事！”这些内容很能反映时代情形。

沈从文介绍自己情况，倒不全似巴金当时的苦涩：“我是十一月下去的，独自住在一个相去百多里的水田富庶兼风景区（名副其实的，有四万亩水田过千斤，环境比呈贡美得多，可是热到四十五度），过了一年多，受的倒是另外一种教育，即和区里三百来人大小无不相熟，住处一年四季地下总不免生点白毛绿毛，雨季房中也可养点青蛙。”

这里的“相去百多里”，是与妻子张兆和下到湖北咸宁那里的距离。呈贡是沈从文抗日战争时去云南教书的地方。当时巴金到昆明看望未婚妻萧珊，一同乘火车去呈贡看望过沈从文。沈从文提及于此，当然希望巴金夫妇生出愉悦的回忆。描写住处一年四季“不免”生点白毛绿毛，甚至雨季房中可养点青蛙，并非一般意义的苦中作乐，而是生活层面的平视面对。这些话语，对于老友，并非仅仅有趣的告知，而显现一种信念在其中。

一段时间，沈从文夫妇分在两个地方，“去年八月才和她一道转过丹江（许千里路）同住。属于文化部系统的老弱病。”妻子张兆和当时的情况，沈从文说得略详细：“成了种菜能手，因此还调来调去。和冯雪峰同搞一块菜地。原在湖边时，下菜地还得走十里八里，据说还得挑粪桶过独木桥，住处也相当荒野，经常会发现二米长大蛇迎向人昂头喷气……”沈从文的笔时时会冒出极形象的景致，具体而生动，给人深切印象。

说到老夫妇一块到的地方：“过丹江就简直上了‘天堂’，因为菜地与住处不到二百步远近，用自来水灌溉，且只一天下午搞二三小时，所以丝毫不感困难。住处在真正山沟里,约五百人分别住,各有一间新房子,比我目前北京住处似乎还宽一些,而且清静少灰尘。”沈从文的文字,含的东西很多。譬如下乡的一间房子,竟比“北京住处似乎还宽一些……”一个为这个国度奉献了一生的老者,生存条件居然如此。

说到自己,沈从文先说到自己身体:“看了四五个医院,同证明心脏血管已硬化,心已肥大,劳损,漏血,不可能好转。”可正因为此,“所以倒省事了,不管心脏怎么样,整天守在桌子边不动了。”尽管病况严重,可一经查实,“倒省事”了,反而不管心脏若何,整个投入了工作。说堂皇一些,这该是奋身不顾了。具体工作:“有一份是《服装资料》,常用上千图已制好版,幸好没有毁去,说明约廿万字,也没毁去。……若在六七月搞好改正稿上交,今年或许可印,将算是我近廿年比较有分量一本书!”这部书应该是沈从文晚年最重要的《中国古代服饰研究》。他当时不管不顾严重病体,“整天守在桌子边不动了”地工作,很大成分是在修订这部书稿,生命中应重视的东西的大小、轻重、如何处分,沈从文似乎比他人看得更长远些。

对于生命本身,沈从文尽管是患病之躯,可仍表现得健朗而坚韧:“今年已七十过头,还能写这种小字,就可知道一切还好,或许比六二三年变不了多少。看来还不像一时即将报废的样子。”甚至对老友表示:“未完待完的工作还多,所以坚决拒绝报废……因为‘古为今用’求落实,我近廿年懂的花花朵朵知识,还有的是事情可做!”沈从文提到的“六二三年”,是他与巴金曾经见面的时间,表示自己与当时相与比较。“拒绝报废”是沈从文此时对生命价值的认知与作为。这样说在那个沉闷、昏黑时期的话,对今天的很多人都是有意义的。

三

生命中最可珍贵的,还有友情:“这里不少熟人,多在近八年内小病即成古人，照规律我也难例外，因此更希望今秋明春或能过南方看看熟人。”这熟人，首先当然是巴金全家。与巴金熟悉的共同朋友，沈从文也代为告知近况：“萧乾夫妇似乎也在咸宁，闻也被动员退休，我在那边没见到他。”“曾祺在这里成了名人，头发也开始花白了，上次来已初步见出发福的首长样子，我已不易认识。后来看到腰边帆布挎包，才觉悟到不是‘首长’……”“曹禺闻也患心脏病，住协和医院。本说拟写什么张秋香剧本，或许又过了时，就搁下了。卞诗人和健吾或尚在河南漯河。俞平伯，钱钟书，吴世昌，何其芳等虽已回来，似乎还不会把研究工作提上日程，因为不大知道研究些什么才合今后需要。”

沈从文这些信息告知中，还保持有一份平常心。说到自己的学生汪曾祺，还有几分幽默，用“首长样子”和用腰边帆布挎包判断“觉悟到不是‘首长’”云云。称卞之琳为“卞诗人”，大约是友人中原本如此称谓；说一些学者“似乎还不会把研究工作提上日程”，以钱钟书看去，似不确。钱此时应该已经开始写作他的大著《管锥编》。沈从文是从一般去估计的，可钱钟书到底不是等闲之辈，在这样阴霾弥天的情形下，竟然做出了创造，阐发文化的第一等工作！当然，沈从文自己的《中国古代服饰研究》，亦可排列在最有价值的文化建设工作之中。从面对灾难的态度，真正可以见出人生的境界层次。

当然，沈从文十分想知道上海方面友朋情况：“巴金体力听说还好，我们放心不少。”大约是听亲戚信中告知，所以特别提及。“靳以爱人处望见到时代我和三姊（按：即张兆和）向她致意。熟人同在念中！”老友靳以已于1959年去世，沈从文到现在还记挂着他的家人，真正情真意重。

沈从文文字别具一格，问候人亦显趣味：“王道乾那个女孩，躲在你家沙发后的情景我还记得极清楚，可能也长大成了大姑娘！”王道乾是我国著名的法国文学翻译家。他的女儿若能读到这一节，一定会感到开心和温暖。

全信结尾,仍是在询问中:“便中也希望告告我们生活种种。我们都十分想知道。记得六二年在南京时,还看到赵瑞霟(蕻)和杨静如,不知近来还在南京没有？活着没有,这里熟人可故去不少！并愿一家大小安好。”沈从文的询问,今天看去有些特异,问人“活着没有”。其实,经历过“文革”风暴的人,因为见多了意外死殁,所以即使问起朋友,也没有多少讳忌,这种询问也折射出一个时代的部分景象。

四

在如此的境况中,这样一封充溢着人生暖意的“飞鸿”,对巴金及家人,该会带去多少深切的人间情谊和遥远的祈念！因为长久的折磨,萧珊已病入膏肓,躺在床上捱日子,想念过去的岁月,怀念旧时的友人。就在即将入院的前夕(这次住院萧珊就再没能回家),收到了沈从文的来信。据巴金回忆,萧珊拿着这五页纸的长信翻来覆去地看,含着眼泪说:“还有人记得我们啊!”对于病重之人,这该是多大的心灵安慰呵!

巴金后来在回忆文章中说:“他(沈从文)还是像三十年代那样关心我。可是我没有寄去片纸只字的回答。”可是,也许令巴金没想到,妻子萧珊是忍着病痛,还了沈从文一封信的。这封回信,直到1989年2月才发现。沈夫人复印寄给了巴金。巴金子女在2004年整理资料时意外翻出。于是,这封短信被发表出来:

“沈先生:收到你的信,全家都很兴奋,相传阅读。我家里情况还是依然,老巴在干校,他也做了二年‘菜农’,但比起三姐,大大落后。我的女儿已结婚,女婿是同班同学,劳动人民的子弟,婚后女儿女婿住在这里。幸而有他们,要不,住在这里更冷静了。老巴是一个月回家休息四天,可是这次因为我生病,为了照应我一个月没有下乡。我生的也不知什么病，四十余天体温有时高到 39 度，至今尚未查出病因。我儿子 68 年春去安徽插队落户，每冬回来过春节。总之，我们家的情况就是这样，你可以放心。”

从信中，可以想见巴金全家收到沈从文信后的情形。从信中可以看出，萧珊当时还并不知道自己生的什么病。其实，她写这封信时，距逝世也不过一个半月时间。想想此时境况，沈从文的来函定然给了病人巨大的精神宽慰。

萧珊于当年 8 月逝世。巴金并没有写信告诉沈从文。他在回忆文章中说：“我还是审查对象，没有通信自由，甚至不敢去信通知萧珊病逝。”萧珊逝世的消息，沈从文第二年 2 月才从熟人处证实。他立即致函巴金，表达悼念：“芾甘：年初见黎丁，谈及各方面熟人情形，方证实蕴珍已于去年秋天，即因喉病遽尔故去。得悉消息，我们均觉得十分难过。因为四十年熟人，本已不多，衰老谢世，日有所闻。蕴珍正当盛年，还能为国家好好工作廿年！”

不久，沈从文又让去上海的表侄黄永玉的妻子张梅溪去看望巴金。沈从文从张那里了解到巴金情况，又费去数日时间，写出一封长达 13 页的信函。（此函《沈从文全集》似失收。见《中国现代文学馆藏珍品大系·信函卷第一辑》。文化艺术出版社 2009 年 6 月版）其中除去慰问，对老友表露心迹，相与支持的内容较为丰富：

“社会变动大，人事代谢多，有不少事，种种情形实在过于复杂，我们始终难于理解，必不可免。”“我们对世事，可说极端无知，对政治更少认识，居然在如此各种变化万千过程中，还能比较平安地过了廿年，应当说是十分幸运。”

如巴金、沈从文这样历经世事的高级知识分子，居然总说自己对“世事”“政治”少认识，“极端无知”，这样的世事、政治，也真够高深莫测的。沈从文同时亦表露出自己应对世事的法子：“事实上十分自然，头脑对‘人事得失’,简化到‘毫无所理’程度,从不在此等问题上消耗分毫心思和精神。”这话虽然是在说自己,可同时又未尝不是对此时巴金的启示。

现在许多学人都在猜解沈从文1949年后改行之谜。沈从文自己却说:“过去人多以为人一入‘历史博物馆’,事实上即近于报废。万料不到天下事总是在变。我倒因为入了历史博物馆,不折不扣作了十年说明员,向人民学了不少,还可把学习所得种种,和社会在发展的种种需要结合,有机会学懂文物,也有更多机会‘为人民服务’。”中国俗语说:坏事可以变成好事。这在沈从文身上得到充分体现。甚至可以说,这进“历史博物馆”,对于天地翻覆间的人物,未尝不是一种恰巧的机缘。

具体到巴金:“所以听梅溪说到你身心俱健,因此写个拉拉杂杂的信,告之近情,但愿彼此均能维持健康,来各自为新的伟大的国家,多工作几年！才不辜负生在这么一个时代!”沈从文的话语中,叫人听出另一位戏剧家所说“生正逢时”的味道。

五

1974年,沈从文终于有机会去南方。抵达上海,他首先去了巴金的家。据巴金回忆:“一个下午到我家探望,我女儿进医院待产,儿子在安徽农村插队落户,家中冷冷清清,我们把藤椅搬到走廊上,没有拘束,谈得很畅快。我也忘了自己的‘结论’已经下来:一个不戴帽子的反革命。”

1949年后,由于多次人为“运动”,使得旧有的人际关系受到很大损伤。“文革”之间,更达及极致。在此之时,若有人带着温暖的友情致函致意,那不仅意外,甚至有出轨的感觉。(巴金接信后连复信都不敢,即为证明)可在此时,看似温和、忍让的沈从文,却不仅让人亲上门打听地址,还立即写去长信,陈述关切,接续友情。在今天看去,这不仅在考验友情的厚度,亦在验证精神强健、认知坚定的程度。沈从文曾经写过一篇《我的写作与水的关系》的文章,不仅写作,沈从文心灵也受到湘西多条水脉的滋养,看似平和,能承载,可他不居停,总在流动,并且经过许多的险滩,历练了精神,从长远看,水又实在坚韧。领会沈从文在"文革"当间,千方百计打听老友地址,并寄来长函慰藉的作为,可以他这一面性格入手;再进一步,学习沈从文,亦可从此一精神境界层面,多多领会,细细体悟!

秘　闻

洪深状告大光明剧院始末

一

1930 年 2 月，一部由派拉蒙影片公司摄制，由美国当红明星罗克饰演的影片《不怕死》在上海推出。该影片为一部喜剧片，内中丑角：偷东西、抢东西、开黑店、做强盗、贩烟土、杀人越货之徒，均为中国人。罗克所饰一植物学家，受聘到旧金山中国城稽查绑票贩毒团伙。在与这伙人打交道之时，尽显"英雄本色"，不仅出手时时击败恶人，惩杀狂徒，且嬉笑嘲弄，尽兴发挥……在美国国内，喜剧效果十分充分。

2 月 22 日，时任复旦大学教授的戏剧家洪深，与友人一块去看电影。本来他们是准备去卡尔登影院看范朋克主演的片子，可洪深不乐意。因为在范朋克主演的一部片子《月宫盗宝》中，有扭住华人辫子摔在地上，以及华人用辫子自缢的镜头，令他感到侮辱，于是，洪深与友人改去大光明剧院，观看由罗克主演的新片《不怕死》。

不料，《不怕死》比范朋克演出的影片，对中国人的丑化，更加无以复加。洪深在美国留学期间，学的就是戏剧，对美国社会的审美趣味及受众心理，了解较广。他在事后对于《不怕死》中的情节，曾这样做了一点分析：影片中许多中国人，所做的都是犯法作恶的事，如杀人、绑票、贩烟土等，在它国人看见《不怕死》的罗克，处处制胜哪怕死的中国人，固然觉得十分可笑，但在中国人如我者，想我国侨胞，在美国如此没有出息，而且全是诬蔑捏造的，看了自觉不甘心。

二

美国人为何会拍出这样一部以贩卖烟土为背景的侮辱中国人的影片呢？这与先前发生的一桩事件有关。在此之前，有过一次"高英夫妇贩卖烟土"的案件。这个高英，是北洋政府时期派驻到美国旧金山的领事。可笑的是这个家伙竟然利用外交身份的便利，携带鸦片进入美国。被查获之后，美国各大报纸都用大号字登出消息，造成很大哄动。时隔不久，美国影片商便利用观众心理，制作出这样一部《不怕死》影片。在美国人看来，中国领事都贩卖烟土，下面的一些普通人参与贩卖，那不是顺理成章的吗？

正在影院里的洪深，看到片子中对中国人的态度，是鄙贱、戏弄、侮辱、污蔑……实在无法看下去，便愤而起身离开。回到家后，他坐卧不宁。影片中那些中国人受侮辱的场面，不停在脑海翻腾。忍不住，他又赶到了"大光明"，想找同去的朋友，问问故事的结尾。走到门口，正遇见一些复旦大学的学生。这些学生，看了电影之后，也十分愤慨，他们见到洪深后，便递过来一张当天的《民国日报》。报纸上登出一封有35位观众的来信。信中将这部影片污蔑中国人的作为列出十条，陈述之后，大声呐喊："我们的血几乎沸腾了，我们再也忍不住了……我们中国人也有热血，我们中国人也会不怕死的。"

被学生及这封信的情绪感染，加上自己先前的观感，洪深爆发了。他对同学们说：写信到报社，登出来已经几天之后，到那时，戏院里已经赚了几万块钱了。不如现在就进入剧院,向观众说明情况,这岂不来得更直接快捷一些?说完之后,他觉得此事也许会有些风险,不好让学生前去,便决定由自己亲自做这件事。

三

说干就干,洪深立即挺身重入剧院。当时下一场影片还未开始,可观众已经坐满。洪深对着观众,大声讲了起来。他首先声明:自己是复旦大学教授,说话是负责任的。接着把影片里侮辱中国人的地方,大致作了介绍,并且说:我们至少应该认识到,我们是中国人,绝不能默受这样的侮辱和污蔑,抗议的方法,是我们不应当再看这部片子!

在场的观众听到洪深的话,大都起来附和:好!我们应当有志气,我们不要看这部片子了。我们去退票!基于先前的经验,洪深担心观众情绪上扬,会出现焚烧影片,打砸坐椅的举动,便特别补充:我们必须表达我们的态度,可同时不可有规外的行动……

就在一部分观众要求退票之时,大光明剧院总经理高永清赶紧将一个外国经理支了出来,想用洋人、洋文来威吓观众。此时,洪深挺身而出,以英文与之辩解。那位洋经理竟然指着洪深说:你就是那个为首捣乱的人吗?洪深说:我是演说过的。那个家伙便将洪深推进楼梯旁的一间屋里。这个屋里全是剧院的人,洪深当然不愿进去。这位洋经理揪扯论辩时,将洪深的帽子和围巾也扯得不知去向。等到巡捕赶到时,洋经理居然恶人先告状,用英文对捕头说:我要拘捕此人!俨然他就可以随便拘捕人一般。可几个巡捕一听,真将洪深上前扭住,押往巡捕房。

出门之后,洪深想,得赶紧把这里的情况告知朋友,路过围观群众时,恰好看到一位熟人,他便大声说:我现在被带到巡捕房去了。赶紧打电话给明星公司周张二先生,请他代请律师!(后来那熟人立即打了电话告知了洪深的友人。)

进了巡捕房(爱文义路,今北京西路),洪深将此事前后情形,向捕头陈述一遍。那捕头得知洪深为大学教授,客气了许多,答应先到剧院方面调查。不长时间,洪深的朋友金焰、田洪、田流、田汉等得到消息,纷纷赶了过来,慰问洪深。大家一起等到晚上八点一刻,那位捕头才从剧院那边赶了回来。大约由于立场不同,他告诉洪深:这部片子,完全是寻开心的。我看了一下,只是觉得好笑,并不觉得是侮辱了中国人。你大概有些神经过敏。在我看来,影片中的那位医生,是好人,他也是中国人呀!片子中间的一个恶人头目,反倒是美国人。总之,这完全是一部滑稽片,不能十分认真的。

洪深与这位洋捕头论理一番,看着也论不出个什么结果,便问他,那现在怎么办?捕头说:我愿意尽力给你们调解,如果你去对那位西人经理道个歉的话,我就可以放你走。听到这里,洪深厉声质问:这是什么话?他们无故要监禁我,又叫来巡捕拘捕我,现在反而要我去向他道歉?这事不能这么完,我要起诉他们的……看着这样弄下去也不是个事,洪深便在朋友们的陪同下,回到家里。

《不怕死》影片在上海放映后,曾先后多次遭到观众非议。《民国日报》等报刊也略有披露。这次,经复旦大学教授,又是熟悉演艺的洪深这样一闹,在社会上便产生了广泛响应。2 月 24 日,上海市电影检查委员会立即召开会议,呈文请市政府分咨内政部、教育部,会饬全国查禁该影片;各报不得继续刊登该影片的广告,以及慰问洪深先生等十项决议。上海租界纳税华人会也致函公共租界工部局,要求制止该片演出,并要求勒令焚毁胶片。与洪深关系甚深的上海戏剧界团体南国社,也与艺术剧社、复旦剧社、新艺剧社、戏剧社、摩登社、大夏剧社、青鸟剧社一起,发表宣言,要求销毁该片,并要求不得在世界其他国度上映……

就在洪深大闹“大光明”的当晚，该剧场在晚场放映该片时，突然场内发生巨响，观众受惊，秩序大乱。原来有人激于义愤，燃放巨型爆竹，以示抗议。迫于这些强大压力，大光明剧院总经理高永清辗转托到洪深的友人，向洪深表示道歉，声称愿意设法和解，可事关大局，洪深严词拒绝。在随后发表的文章里，洪深对这部《不怕死》谈了自己三方面的思考：(一)在美国留学时，本人对在美侨胞有相当的认识，觉得他们刻苦茹辛，在重压下求生存，富有革命性。他们从不忘记，永不羞惭自己是中华民族的一分子，甚至不断帮助国内的民众，决不是该影片描写的那么坏。(二)“高英夫妇贩卖烟土案”之后，本来已经十分排华的美国人，通过《不怕死》电影，会以为在美华侨，就是专门做这类杀人、绑票、贩卖烟土恶事，以后会更加厌恶在美华人。(三)影片主演罗克，深受美国未成年人欢迎，而他们最易受到影像的影响。《不怕死》这样的影片演出，会形成儿童对华侨的不良观念。对华侨，甚至对中国发展，十分不利。鉴于此三者，洪深决定对放映该影片的大光明剧院提起诉讼。

四

数天之后，洪深为争国体起见，委托伍澄宇律师，向上海临时法院提起诉讼。诉讼状控告的罪名为：“为公然侮辱，妨害自由，传述虚伪，诈财惑众，请求附带民诉事。”

在陈述事情原委之后的“理由”部分，诉状以刑法条规对应，“应请一并公诉拟究。”在民事诉讼方面，诉状称：“法律上侵害告诉人自由名誉，精神损害，以告诉人为大学教授，遭此拘捕，游行街众，当然为重大侮辱，应请判令相当赔偿损失若干元……以为劝惩。”

大约事情整个过程并不复杂，调查起来也不困难，不过十来天后的3月13日，上海临时法庭第七法庭便开审了此案。由于案件当时已在上海闹得沸沸扬扬，所以到法庭旁听的学界、电影戏剧界及其他人士甚多。还算宽敞的法庭被三四百人挤得几无插足之地。

负责此案审判者为高姓推事（据目击记者报道，高推事的白发母亲也携自己子女前来旁听。可见此次事件的引人瞩目程度）。审讯过程中，美国驻上海副领事也到场旁听，理由为被告高永清是美商雇主。（大光明戏院为中美合资股份公司）开审之初，巡捕房律师魏荫德首先声明：洪深被带入新闸捕房，是下午5点40分，到6点45分即被释放。此期间，捕房只是询问，并未将其羁押。这显然是预先洗脱干系的说法。

开庭之后，原告洪深首先陈述。他很专业地指出：《不怕死》片长约一万二千尺，可有八千尺左右，有侮辱华人的成分，所以该片实在是一部对中国人污蔑的影片。此外，洪深又陈述了自己的遭遇，认为大光明剧院严重侵犯了自己的权利，污辱了个人人格……

由于洪深为戏剧家，在阐述影片的表现方面，“遂滔滔而言，旁听诸人聆其妙论，不觉自忘身处庄严之法庭，而狂呼好好，间以拍掌之声……”（《民国日报》民国十九年三月十四日）

被告高永清在陈述时，多强调自己对于影片的选择，并不过多过问，而主要由美方经理参与，自己只是签名而已云云；至于揪扯洪深时，他则声称自己并未在场，只是处理此事时才出面……

虽然陈述人数不多，可由于洪深“滔滔不绝”，庭审时间已经很长。因为还有一些证据未提交，主审官高推事便宣布改期续审。

在此期间，由于洪深发表有“洪深为请禁映罗克《不怕死》影片呈上海市党部文”等，国民党上海市宣传部责令“大光明”等其它影院，立即停止放映该片；并由外交部向美国使馆进行交涉，希望禁止该片在任何国家放映。这是官方行动，而一部分激于义愤的群众，则携带刀片及其它物件，进入放映该影片的“大光明”及其它剧院，把皮面的座椅割破;还有人带上装有能生成异味的阿摩尼亚的瓶子,到剧场后释放,弄得臭不可闻;至于携带鞭炮,一阵“噼噼啪啪”乱响,观众受惊,纷纷出逃……总之,不仅放映被严重干扰,且座椅等物损失惨重。无可奈何,几家放映《不怕死》的剧院,不得不暂时停止营业。

五

这场官司,本来是安排在同月的 21 日进行,可不知为何,一下子拖到 4 个月之后。在第二次开庭过程中,洪深再次亲临法庭,并与被告进行了激烈争执。最后,因事实确凿清楚,且影片污蔑了整个国人形象,法庭当庭宣判洪深获胜。

不久,《不怕死》主演罗克,就影片情节等向中国旧金山总领事馆致奉了一封道歉函。这函件,6 月 15 日发表在国内有广泛影响的《申报》上。美国派拉蒙影片公司也宣布收回在华所有《不怕死》拷贝,并保证不再放映。放映该片并侵犯了洪深权益的“大光明”剧院,虽由总经理高永清本人一再道歉,可仍然遭到媒体的集体抵制——华人报刊一律拒绝刊登大光明剧院的电影广告。这使得该院营业受到沉重打击。10 月 16 日,这家剧院不得不再次登报向社会各界道歉,表示愿以接受 5000 元的罚款,捐助给君毅中学,作为该校建筑校舍的基金……一场轰动一时的风波,至此才算平息下去。

但是,这次侮辱华人事件,仍然在很长时间印在国人的记忆里。据新闻报道,事隔 6 年的 1936 年 3 月,当“大光明”剧院放映《不怕死》主演罗克拍摄的另一部新片《无胆英雄》时,该剧场再次被投掷了催泪瓦斯,弄得观众无所适从。记者认为,这应当是当年《不怕死》影片余恨未消的缘故。

洪深先生是我国现代有影响的戏剧家,他不仅很早就创作并参与演出多部戏剧,还担任过电影公司编导,写出有我国首部较完整的电影文学剧本(当时国内许多影片拍摄时并无完整的脚本);引进了有声电影技术;他编写并执导的影片有《冯家少爷》《早生贵子》《爱情与黄金》《四月里蔷薇处处开》等多部,是我国电影事业的先驱人物。在这次大闹并状告"大光明"剧院过程中,不仅表现了他对电影事业的珍重和热爱,更表现出一个中国知识分子的正直和拳拳爱国之忱。这一点,夏衍誉之为"敢于仗义执言"。这场风波,是洪深生命历程中一个深深印记,同时也是中国抵制国外影视丑化国人成功的文化行动,是中国电影史可以记录在案的事件。就在今天,它也可以对处理文化艺术交流活动中的矛盾,提供恰当范例。是值得完整记述出来,以见当年社会文化环境、状态,以及国人精神境况,可供长久宝重记忆的珍贵史迹。

民国年间的一次“民意测验”

1922 年 11 月 14 日，是北京高等师范学校（1923 年更名为北京师范大学）第 14 个成立纪念日。为表庆贺，学校各部，各学系按照旧例，将他们所取得的各项成果陈列展览，供人们浏览评说。学校新成立未久的“心理实验室”，也在当天大开门户，向学校及社会各界展示它的意义和价值。为了扩大影响，实验室同仁除去把他们研究所得的多种心理测验方法展示外，部分还进行了实际演练。最突出的，他们专门设制了一种测验表格，现场做了一次“民意测验”，希望以此“窥探吾民真正舆论之所在”。

这份表格设置颇为简洁，值得照录：

《民意测验》敬请答复

1. 你赞成女子参政吗？

2. 假使你有选举权，你将举谁做下任大总统？

3. 你最喜欢读的中国旧小说是哪一本？

4. 当今活着的中国人你最佩服哪一个？

5. 你相信宗教有存在的必要吗？

6. 中国有许多不良的风俗和习惯，你觉得哪一样应当先改良？

7. 北京地方上急当设立的是甚么？

8. 北京地方上急当取缔的是甚么？

即使以今天的眼光看去，这份“民意测验”的设置也是具有相当水准的。首先，它设置的内容较广泛，从中可以反映人们部分精神内容及现实看法；其次，所提问题使人们有兴趣；第三，回答问题较容易。除去这些前提条件，测验者在现场，也做了合乎现代心理测验的安排。他们专门备一只纸盒，作为票箱；又准备了水笔、铅笔多支，供答题者使用。在问卷上填写时，其他人不许窥视；问卷不署姓名，填好后投入票箱。票箱不允许取出翻阅。有了这些措施安排，就可以使填写者在完全不受干扰情况下，充分表达自己意愿。从后来投票结果看，这些措施的效果也得到了很好体现。

即使这样一次有限的“测验”，为了使结果更为科学、准确，组织者对选票印制还采取了保密措施。他们先刻好蜡板，到纪念日的前一天才进行油印。为了保证填表质量，受测验的人还做了限制：“旧式太太及儿童除外。”儿童油印对承担的各方责任不尽明了，易流于儿戏；“旧式太太”，大多不识字，对内容表达就成问题。这样限制应当是必要的。

这样体会人们心理，又符合科学方法的“民意测验”，即使在高等师范学校，也是十分新鲜的，所以当时参与填表，接受测验者十分踊跃。仅仅一天，现场收到的投票就达931张。题目设置合适，参与人数较多，如此看来，这次“民意测验”的结果，就有相当的参考价值了。

接下来，我们来看一看当时投票统计后的一些情况。

答卷第一问：“你赞成女子参政吗？”就在今天，这也是一个正努力实施的课题，且看当时人们作何表态。据后来公布的数据，认可“赞成”的，共计786票。这其中，男性为524人，女性为51人，其他未注明男女身份者211人；对此问回答“不赞成”的，共137票。其中男性95人，女性7人，未注明身份者35人。从票数看，85%的人赞成“女子参政”；16%左右不表赞成。除此外，还有8票不是简单回答赞成与否。例如“赞成品学都好的女子参政”；“赞成有知识的参政”；“女子尚无参政之资格，俟有真正学识，始可论之”……这大约表示了知识及“品学”在参政中的紧要作用。看来，在当时知识阶层，对女子参政这一点，在基本面上是达成共识的。今天倘若再提此问，在充分表达自己意愿情况下，不知道会有何种结果。

答卷第二问对当时的人们意义也许更重大些。在现在看去，或者对今人了解历史现场感有所帮助：“假使你有选举权，你将举谁做下任大总统？”据统计结果，所填可任大总统者，计有28人。其中票数集中领先的，第一名孙中山，327票；第二名黎元洪，122票；蔡元培第三，29票；段祺瑞第四，17票；吴佩孚第五，15票……

如此看去，孙中山在人们心目中，可担任下任大总统的呼声最高。他一人占了全体合格票数的56%。黎元洪虽排位第二，可票数仅及孙中山的1/3。看来孙中山的政治主张和行为作派，是受到知识阶层国民广泛认可的。当时的人心所向，可以看得很清楚。

除去这几位票数居高者，进入这份名单的还有一些今天人们也耳熟能详的人物。譬如冯玉祥，排名第八，可仅获7票；紧随其后者为陈独秀，获5票；以下梁启超，排13，获3票；胡适其后，亦为3票；另外，康有为、汪精卫、张作霖等，均仅获1票。演员梅兰芳获得6票，不知是否表达了投票者的真实意愿。以此看去，当时人们对于心目中的大总统人选，还是颇注重其“执政能力”的。较纯粹的武将，如阎锡山、陈炯明、张作霖、张勋等，票数极低；较纯粹的文人，如胡适、康有为、梁启超、陈独秀等，获票也很低。孙中山有政治主张，有执行之力；黎元洪有实力，有谋略，亦有一定主张，这些在人们心目中，是国家首脑应具备的重要条件,所以他们可以超过其他人而居于前列。

当然,并非所有人都在名人圈中寻“大总统”。一些人看着自己就不错,故在票上填“我自己”“洒家”“举我”者,达21票;认为“大总统”没什么作用的,便填写“老百姓”“一个老农”“做工的”“现在学生中之一人”,甚至“我的老差役”云云;对人选失望者,有回答:“谁也不配做大总统”“没生”“一个也不佩服”“嗳,靡的那个人!”等等;骂人的,填“饭桶”“狗”的也有。有一些人,没有提出人选,但提出了“大总统”的任职资格。例如“平民中人格高尚者”“好人”“热心民事者”“对于民事有一定政策之人”“学界人”“没有私心的人”“袁世凯一样的人”等等。由此可见当时人思想还是颇显个性的,并不愿定于一尊。当然,这同时反映出这次“测验”的恰当设置,它使得人们可以畅所欲言,不受束缚地自由进行表达。

“民意测验”第三问,是“你最喜欢读的中国旧小说是哪一本?”这是个文化问题,内容是容易回答的。投票结果:《红楼梦》高居榜首,获419票,占合格票的51%;紧随其后的是《水浒传》,153票;第三位《三国演义》,115票;再往下不是我们今天人常说的“四大名著”之一的《西游记》,而是《儒林外史》,获46票;第五位是《西厢记》,26票;第六位《东周列国志》,只17票,第七位是短篇小说集《聊斋志异》,15票;《西游记》位列第八,票数不上十,仅8票;再往下是《镜花缘》,7票;第十位《金瓶梅》,只得3票。

由此可见,当时还没有如今天给古典小说排名情形。故《西游记》在读者群中,并不如人们想象那般受欢迎。看来宣传力量强劲,可以对阅读产生相当影响。不过排名前三的《红楼梦》《水浒传》《三国演义》,不仅艺术水准高,还有相当可读性,它们受到普遍接受,可以显现读者的自觉选择。

填票人中,亦有将经史误会为小说者,答了《左传》《四书五经》等等;还有人只提到小说类别,如"社会小说""侦探小说""侠义小说"等。当然,还有人公开声明不喜欢小说,这样的票也有19张。这道题的测验,对了解知识群体的文化心理倾向,应当有帮助,尤其《红楼梦》等三书得到广泛喜爱,实在值得作为一种现象加以探究。

第四问为:"当今活着的中国人你最佩服哪一个?"测验结果,孙中山列第一,158票;吴佩孚第二,获60票;第三位冯玉祥,47票;蔡元培第四,43票;梁启超第五,40票;黎元洪第六,40票;胡适第七,37票;段祺瑞第九,19票;陈独秀第十,13票;接下来是章太炎,12票;汪精卫列十五,7票;梁漱溟列十九,3票;另外李大钊、张勋、张作霖、陈炯明、梅兰芳等,均获一票。

从结果看,被选中"最佩服"之人中,文人占位较多。其中从事教育工作者突出,政治家略少一些。这一问的统计最可与推举"大总统"一问对照。孙中山在这两项中均位列第一,可见人们对最高首脑等政治人物的品格、声望、能力……要求是很高的,希望他们的人品、素质等,能与执政能力相辅。这一点,应该表现出人们对政治人物的普遍要求。这种心理,是在对政治人物的选择中,特别应当考察的。

在这两项对比中,除孙中山位置未变外,其余多人有明显变化。例如"大总统"人选中,黎元洪位列第二,在"最佩服人"选中,却滑至第六。冯玉祥在"大总统"人选中,排名只是第八,此时却跃升第三,使得原来位居第三的蔡元培退居第四;"大总统"推选中只得3票,位居十三的梁启超,此时却达及第五,并获40票。原亦只获3票的胡适,这下也升至第七,得票37。今人眼中印象不佳的吴佩孚,在当时居然升为"最佩服人"第二,紧随孙中山之后,得票60。而在"大总统"人选时,他仅获15票,位列第五。看来,回到历史现场,吴佩孚倒实在是个可以认真研究的人物。

除去对最高政治人物的能力、品格等相辅要求,在"最佩服人"中,对品格方面的关注度，显然提高了。对“大总统”的综合要求不能双全如孙中山时，原列第二的黎元洪的票数和位置大大下滑。这是人们对于心目中“最佩服人”的特别之处的显明注脚。

“最佩服人”投票中，一些人还是颇为自信的。填写“我自己”的有 35 票。比“大总统”时推选自己者高出 2/3。可见觉得做“大总统”不配，做“最佩服人”倒还不差。有个别，也推举出自己亲友，或者“母亲”，或“妻子”，有一票居然是“我的一个不满四岁的小侄”。这次，填写“没有”或“无一个够佩服”的票也颇多，达 95 票，占了全体票数的 12%。这是一个不低的比例，也是一个值得注意的社会心理状况。

“民意测验”第五问，是“你相信宗教有存在的必要吗?”即使在今天，这也不是一个容易回答的问题。当然，也可以说这个问题设置，有一定缺陷。我们且看回答。票数统计结果，回答“否”，也就是认为无存在必要的，有 555 票，占合格票数的 69%；“赞成”，也就是认为有必要存在的，占 31%。

应该说，在中国这样一个宗教精神不浓厚的国度，长期以来受注重现实的儒家思想影响甚深，再加之鸦片战争之后遭受外国“船坚利炮”的打击，更加使人把思想靠到改造“工具”“物质”上去了，所以有了这样多半人持“否”态度的状况。当然，一些问题并不因人的多少能判断其正确与否的。尚有 31% 的人认为有存在必要，就是一个必须应当注意的，反映人们心理现象的比例。宗教作为一种精神活动，今天仍发挥着它无可替代的作用。

第六问:“中国有许多不良的风俗和习惯，你觉得哪一样应当先改良?”这个题目由于各人生活境遇不一，回答有些庞杂。从结果看，在家庭婚姻方面的票数较为多一些，有 151 票。其中回答“婚姻”者，有 60 票；“多妻”，有 34 票；“早婚”10 票；“夫权”“买卖式婚姻”各 1 票。“旧家庭制度”(有指“大家庭制度”)45 票。由此可见，当时的人们因为新思想的涌入，对于旧的家庭婚姻状况，已经大为不满，尤其婚姻。可是，能够具体指出其毛病在何处者，又不甚多，只大都以“婚姻”二字笼统表示不满。看来当时人们是感受到了不足，可对出路会如何，又不甚清楚。这个问题，也许今人回答起来，又是另一番面貌。这是社会发展的结果。如果真有今人答案，两相比较，倒真能见出时代变化的距离来。

与此相关的是“男女”问题。譬如“男女交际不公开”“男女不平等”“恋爱不自由”等等，也占到相当票数。从中可以窥见当时社会的保守情形。在今天，这样的问题大约不会有人提及的。

此外，谈到具体需改良的风俗票数最多者为“缠足”。小脚女人，在今天除极个别高龄妇女外，已基本消失。可从当时人们提出这个问题看，缠足应当还是较为普遍的，所以有 80 票关注于此。之下是“吸烟”，19 票，其中有 5 票写明“鸦片烟”。还有涉及操行的，譬如“虚伪欺诈”“私心”“守旧”“不守时刻”“结党”“爱钱，好名，好利”等。这些大约是人性不良一面，可改良起来，却有待全社会风习的好转。

对于需要改良的人物，票数最高为“娼妓”；之下是“官僚”“军阀”“兵”“盗”“腐败人物”“资本家”……这充分反映出人们对特别人群的看法。

在“礼节”方面，票数最多为“婚礼”，接下是“丧礼”，余下是“无谓的应酬”“叩首”“庆祝生日”……这样的内容，在今天也许仍能有许多票数。其它有关需要改良者，有人提到“公共厕所”“无谓的放炮”……这两条，许多城市今天也应该会被提出。

第七问是：“北京地方上急当设立的是甚么？”结果，票数最高为“电车”，计 165 票；下来是“工厂”，107 票；再下是“平民学校”，99 票。从范围上看，以要求各种教育设施为最多。如“平民学校”“小学校”“演讲所”“女学校”“露天学校”“补习学校”……于此类别相关的还有“图书馆”“博物馆”“美术馆”等等。倘将这些有关教育方面的项目加起来，总计达到255票。反映交通方面的，有“电车”“马路”“路上电灯”……计196票；另“公园”“剧场”“大规模的市民休息场所”等群众休闲娱乐场所，也获得42票；有关卫生的“厕所”“垃圾箱”“公共卫生机关”等，也获得34票；建议设立“救济贫民机关”“孤儿院”“残废院”“孤老院”等慈善机构的，有31票；政事方面，有人提议设立“好政府”“监督政府团”“女子参政会”“政治改革社”“民政府”等等。因为题目仅涉及北京地方，故只获12票；其余“音乐会”“风俗改良会”“地方自治会”“男女平等会”“男女社交公开机关”等机构设置，获15票。

由于事涉硬件建设，这一问答，一些项目最可看出时代变化，可以使人产生历史感。九十年前，北京人们认为“电车”最应当大力发展，大约因为电车速度快而载人多。可在这数百年间，电车已由需大力发展到基本淘汰，北京代之而起最为老百姓关注的应当是“地铁”了。它的功效，大约相当于当年人们对“电车”的需求。尽管地铁载人与“电车”不可同日而语，可北京的人口也与当年无法比拟。今天倘做这样的测验，拥堵的“地铁”也许仍可排名前列罢。

至于学校，北京今天不仅集中了大批高等学府，其它“图书馆”“美术馆”“博物馆”等，亦一应俱全。与当年对照，真正不可同日而语。在中国这样一个注重教育的国度，与上世纪初相比，人们确实将其置于发展前列，所以看去印象尤其强烈。可今天人们也许会对“幼儿园”“小学”之类教育设施，提出新的诉求吧。

此次“民意测验”的最后一问，仍是地域性的：“北京地方上急当取缔的是甚么?”回答结果以“娼妓”为最多，有264票；汽车意外成了“急当取缔”的第二，73票；名列第三是“治安警察法”，达44票。

针对人群而言，“娼妓”之下，为“兵”（其中有指明“军阀”），39票；第三是“官僚”，24票；再往下有“拆白党”“游民”“贫民”，甚至“警察”“国会议员”……由此可以略窥当时人们心目中厌恶的角色。

希望“急需取缔”的另外一项排首，竟然是“汽车”，与“急当设立”第一的“电车”形成鲜明对比。想来当时“电车”，用于公交，是大多数“百姓”所乘；汽车，则多为官员或有钱人使用。在选出“汽车”一项中，有许多票特别注明是“急速行驶的汽车”，大约在当时道路不畅情况下，疾驶的汽车会给行人带来威胁，倒并非仅以“仇富”心理一言蔽之。

在公共卫生领域，认为应当“急需取缔”，首为“粪车”。这种东西，今天基本看不到了。其它人们提到的“赌博”“阔人俱乐部”“公园的门票”“婚丧仪仗”“辫子”……不一而足。从总体看，还是那几项票数较高的值得特别关注。

据一些资料介绍，主持这次“民意测验”的，是我国早期心理学家张耀翔。张早年留学美国，获心理学硕士学位。回国后致力于心理学研究，是最早将西方心理学介绍到中国的重要人物，对中国心理学科建立、发展与普及，做出了重要贡献。这次“民意测验”，就是在他的主持下完成的。“测验”票数出来后，张耀翔曾写出专文，对诸种内容进行了统计、归类，并在文章最后，对结果进行了分析：①知识阶级（即参与答卷者）的多数皆赞成女子参政。假若将来宪法中没有这项规定，那么此宪法不能称之为“民宪”，不能称作“为国民而设的宪法”。②投票人中多数，推举孙中山为下届大总统。假若孙中山不能被选出，那么议员则不能代表民意；大家可以“不在乎有此国会”。③投票人多数，喜欢读《红楼梦》《水浒传》《三国演义》。这提醒中国教育家及研究中国社会心理的人，应当对这三部小说特别注意。

对于当时北京地方上急需设立的电车、工厂、平民学校、公共图书馆等，张耀翔认为：“地方官，资本家，及凡能为力者，曷兴乎起！”对于多数票主张急需取缔的娼妓、治安警察法、粪车、疾驶的汽车等,“此权全操诸地方当局之手,使当局稍尊重民意者,立即可行。”

从时间看,这次运用较为科学方式进行的“民意测验”,在中国当为首次。它的意义和价值是具有开拓性的,因而值得特别关注。在近百年后的今人看去,首先,这次“民意测验”的结果,让我们较为深入地抵达“历史现场”,对当时人们所处的生存状况,所思所想,以及文化水准等,有了颇为直观的了解;其次,与今天比照,我们可以看出,社会在诸多方面,已经有了当时人不可思议的变化。譬如“女子参政”,社会改良中的“婚姻、家庭”“男女交往”“缠足”等;人们感到“急当设立”的各种学校、公共图书馆、博物馆、美术馆等设施,以及急需发展的“电车”(已经发展到被淘汰)等,都与当年有了巨大变化,这是作为今人可以庆幸的。

在这次“民意测验”中有关“大总统”人选,以及“最佩服人”选中,我们可以读到许多政治、军事、文化教育界人士在人们心目中的位置,其中多位与我们今天流行的看法差别很大。这是我们在研究这些人物时有相当参考意义的;至于当时人们喜爱的旧小说,当时排名也的确可以看出,优秀作品总有强大生命力和受到人们广泛欢迎的,例如《红楼梦》等。我们今天誉为“四大名著”之一的《西游记》,当时排名却大大靠后,在意外之余,也可以给我们某种认知影响。这是观察文化变迁的有趣例证。

其它对宗教的看法,对当时风俗习惯的表态,许多至今仍有启迪意味;更有一些现象,如“婚礼”“丧礼”“无谓的应酬”等,在今天不仅仍然存在,许多地方甚至有过之而无不及。照当时人们看法,也是应当改良的。在经济高速发展的多元化社会状态下,这样的现象,当然更是应当列入改良范围的。

“民意测验”,可以反映当时人们精神状态和对社会的看法。对于政治人物、教育界人士,以及普通人,都可以有参照的意义和价值。对于今天的人,更有了解当时社会情形的历史价值。这一点,也许是我们将此略加介绍的一个合适理由。

“词的解放”的风波

1932年11月，《时事新报·星期学灯》栏中，刊出了一篇《词的解放运动》的文章。该文作者认为：诗的解放已“由胡适之一度‘尝试’而成功了”，这回应当提倡“词的解放”。不仅如此，作者还东拉西扯，自吹自擂，以“胡适第二”自居。那种态度，叫一般读者并不认同。此文作者是当时的一个小文人曾今可。

文章发表，当初并没有引发多少反响，可作者不满足仅发表一点倡导性的文字，他还要以自身实践，来真正让人们体会一下他所谓“词的解放”的模样。第二年2月1日，曾今可集合了一些文章，在自己编辑的《新时代》月刊上，出了个“词的解放专号”。其中不仅将自己已发表过的那篇文章重新刊载，还登出了“解放词”的样品。这就是曾今可后来为人们记忆，也为人们诟病的一首《画堂春》：

“一年开始日初长，客来慰我凄凉；偶尔消遣本无妨，打打麻将。

都喝干杯中酒，国家事管他娘；樽前犹幸有红妆，但不能狂。”

当时正值山海关失守，日军长驱直入，有志之士纷纷反对“不抵抗主义”之际，曾今可却以“词的解放”的名义，“国家事管他娘”“樽前犹幸有红妆”“打打麻将”……起来，所谓“解放词”引发的反应，也就可想而知了。

3月10日，茅盾以“玄”的笔名，发表了《何必“解放”》一文，对曾今可“词的解放”作了正面的分析：

“现在的白话诗，对旧体诗而言，就是一种解放；因为两者之间不单是形式不同，内涵的思想意识也完全两样。但这话也有例外。近来有许多白话诗在思想意识方面，实在还是封建思想的螟蛉子——从那种穷愁牢骚的呻吟到才子佳人式的新恋爱描写，无一不是封建诗人的瘦影子；虽则俨然是白话诗了，但新店里卖旧货，此种白话诗和旧体诗的区别正好像旧体诗中古风与律绝之分。”

茅盾在这里认为：所谓诗词“解放”，并非仅仅形式，内容也极紧要。倘若形式翻新，而内容仍是旧的思想和情趣，如曾今可“解放词”中表现出来的一般，那不过是“新店里卖旧货”而已，决然谈不上真正意义上的“解放”。

不过两天，《申报》“自由谈”栏目，又刊出署名“何家干”的《曲的解放》的文字。这篇文字从表面看，是接顺着“词的解放”来的，其实，作者正是利用这种所谓“解放”的方式，对曾今可那一套进行讽刺。所以开篇就是这样一句：“‘词的解放’已经有过专号，词里可以骂娘，还可以‘打打麻将’。”接下，作者撇开曾今可，以中国古代杂剧（亦称“曲”）的形式，来对当时日本进犯热河（当时有热河省），而省主席汤玉麟却放弃省会承德而逃亡情景，进行批判。对政府只顾打内战的作为痛加讽刺。这个杂剧（即“曲”），作者命名为《平津会》；这篇文字虽然署了鲁迅的常用笔名“何家干”，后来作品也收入鲁迅的《伪自由书》，其实作者是极富文才的瞿秋白。

作品讽刺有力，文字也颇为别致，值得略加录引：

“（生上）：连台好戏不寻常：攘外期间安内忙。只恨热汤滚得快，

未敲锣鼓已收场。(唱):

〔短柱天净沙〕热汤混账——逃亡!

装腔抵抗——何妨?

(旦上唱):模仿中央榜样:

——整装西望,

商量奔向咸阳。”

这中间的“热汤”,除表层意思,实际是指热河省主席汤玉麟。热河失陷于一百余名日军兵力,遭到全国人民谴责。国民党行政院议决将汤玉麟“免职查办”“彻查严缉究办”,这一切当然不过掩人耳目。所以瞿秋白在曲子中又有这么一节(唱):

“〔颠倒阳春曲〕被人搂定可怜汤,

骂一声,枉抵抗。

戏台上露甚慌张相?

只不过理行装,

便等等又何妨?”

自然,瞿秋白目标在讽刺现政权,可套用的却是先前“骂娘”的“解放词”。曾今可的“解放词”样品,不过作了瞿秋白文章的引子。

在茅盾、瞿秋白发表文章前后,还有多篇文章在报刊登出,对曾今可所谓“解放词”群起而攻之。本来,在大环境中,这样的无聊“解放词”,也值不得人们过分关注,可曾今可自己却不这样,他又以其他一些有悖文人基本操守的作为,引发了更多更严厉的批评。

就在人们批评“解放词”的这个时间,曾今可出版了自己的一本诗集《两颗星》。诗集前面,印有另一文人崔万秋的一篇“代序”。“代序”中将曾的诗文大大吹捧了一番。这事在今天看,也没有什么大不了的,可有趣的是,这代序却不是崔万秋所作。崔万秋当时是《大晚报》文艺副刊“火炬”的主编,见到曾今可诗集前印有自己名字的“代序”，便在《大晚报》“火炬”栏中，刊登启事，否认“代序”为自己所作；他还怕《大晚报》影响不够，又在大报《申报》上将启事刊出。这样一来，曾今可的面目真有些难堪了。

曾今可这样借他人自吹的行径，本来就够丑陋的了，可他却不思悔改，反而干起了诬陷、告密的勾当。因为崔万秋否认了“代序”为自己所作，曾今可便思量报复。这一次，他隐匿了自己的名字，写了一则消息，将崔万秋的地址公布出来，又编排罪行，希望借当局之手收拾崔万秋：

“崔万秋加入国家主义派

《大晚报》屁股编辑崔万秋自日回国，即住在愚园坊六十八号左舜生家，旋即由左与王造时介绍于《大晚报》工作。近为国家主义及广东方面宣传极力，夜则留连于舞场或八仙桥庄上云。”

不幸的是，曾今可的这篇东西，恰落到了崔万秋的手里。崔万秋一看，这人太下作了，一定要揭发。他便将这份短稿的原件，制成铜版，在《中外书报新闻》上精印出来，让人们看清曾今可的可憎面目。

此事一出，当然引来一片叫骂。当年 7 月 5 日《申报》“自由谈”上，刊出一篇《谈“文人无行”》的文章。其中对曾今可痛加批评：

“过去有曾某人者，硬以‘管他娘’与‘打打麻将’等屁话来实行其所谓‘词的解放’，被人斥为‘轻薄少年’与‘色情狂的急色儿’，曾某却唠唠叨叨辩个不休，现在呢，新的事实又证明了曾某不仅是一个轻薄少年，而且是阴毒可憎的蛇蝎，他可以借崔万秋的名字为自己吹牛，甚至硬把日本一个打字女和一个中学教员派做‘女诗人’和‘大学教授’，把自己吹捧得无微不至；他可以用最卑劣的手段投稿于小报，指他的朋友为×××，并公布其住址，把朋友公开出卖。这样的大胆，这样的阴毒，这样的无聊，实在使我不能相信这是一个有廉耻有人格的‘人’——尤其是‘文人’，所能做出。然而曾某却真想得到，真做得出,我想任何人当不能不佩服曾某的大无畏的精神。”

接下来,鲁迅也以他犀利之笔,写出《辩“文人无行”》一文,其中有许多激愤的字眼:

“看今年的文字,已将文人喜欢舐自己的嘴唇以至造谣卖友的行为,都包括在‘文人无行’这一句成语里了。但向来的习惯,函(按:原字如此)义是没有这么广泛的,搔发舐唇(但自然须是自己的唇)还不至于算在‘文人无行’之中,造谣卖友,却已出于‘文人无行’之外,因为这已经是卑劣阴险,近于古人之所谓‘人头畜鸣’了。”

在这里,鲁迅认为,这种人根本不是所谓文人,他们不过是在“文人”这一面旗子的掩护下,“建立着害人肥己的事业的一群‘商人与贼’的混血儿而已。”在分析中,鲁迅还说:“这种卑劣阴险的来源,其实却并不在‘文人无行’,而还在于‘文人无文’。近十年来,文学家的头衔,已成为名利双收的支票了,好名渔利之徒,就也有些要从这里下手。而且确也很有几个成功:开店铺者有之,造洋房者有之。不过手淫小说易于痨伤,‘管他娘’词也难以发达,那就只好运用策略,施行诡计,陷害了敌人或者连并无干系的人,来提高他自己的‘文学上的价值’。”

经过这样有力的打击和犀利的剖析,曾今可实在无脸再在“文坛”上混下去了,所以,鲁迅等人文章发表后不几天,曾今可以一则启事,告别了他的“文字”生涯:

“鄙人不日离沪旅行,且将脱离文字生活。以后对于别人对我造谣诬蔑,一概置之不理。这年头,只许强者打,不许弱者叫,我自然没有什么话可说。我承认我是一个弱者,我无力反抗,我将在英雄们胜利的笑声中悄悄地离开这文坛。如果有人笑我是‘懦夫’,我只当他是尊我为‘英雄’。此启。”

从当年 2 月 1 日自诩“胡适第二”,要搞什么“词的解放”运动,并写出解放词“样品”《画堂春》;再经过自吹自擂,借他人之口为自己诗集写“代序”;到最后诬陷、告密之类行径,前后不过数月,曾今可就“悄悄地离开这文坛”了。其自诩甚高,手段却拙劣,结果便相当孤零。由此看去,社会中不兴这般行事的。为出名就不顾文艺最基本的功能,宣扬“打打麻将”“国家事管他娘”……一套;或借人之口,自我吹捧;一旦被人揭穿,便恼羞成怒,以告密、诬陷方式对待之,更加不成体统。如此说来,曾今可的黯然收场,完全是自找,实在难以寻到让人同情和宽谅的地方。“曲的解放”引发的风波,得到这般结局,从整个过程看,不出人意外,反倒可以在意料之中了。

郭沫若斥责沈从文前沈对郭的评议

一

1948年2月10日,郭沫若写作了一篇对一些人命运产生很大影响的论文《斥反动文艺》。文章开门见山:"今天是人民的革命势力与反人民的反革命势力作短兵相接的时候,衡定是非善恶的标准非常鲜明。凡是有利于人民解放的革命战争的,便是善,便是正动;反之,便是恶,便是非,便是对革命的反动。"

今天看来,以一时的政治形式——战争来判别文艺的"正动"(郭沫若之用辞能力极强),"反动",实在偏颇,可当时,也许正合了极多热情的政治参与者的"心拍",反而因其简单、直接,而受到人们特别关注。

郭沫若进一步阐发:"所谓反动文艺,就是不利于人民解放战争的那种作品,倾向和提倡。"那么,到底什么才是"反动文艺"?郭沫若说得十分炫目:"在反动文艺这一个大网篮里面,倒真真是五花八门,红黄蓝白黑,色色俱全的。”

大约人们很难料到,这“反动文艺”的典型并没有落在那些替当局鼓吹,为政府买好的御用文人身上,而首先扣在了以小说、散文闻名于世的沈从文头顶。

“什么是红,我在这儿只想说桃红色的红。作文字上的裸体画,甚至写文字上的春宫,如沈从文的《摘星录》《看云录》,及某些‘作家’自鸣得意的新式《金瓶梅》,尽管他们有着怎样的借口,说屈原的离骚咏美人香草,索罗门的雅歌也作女体的颂扬,但他们存心不良,意在蛊惑读者,软化人们的斗争情绪,是毫无疑问的,特别是沈从文,他一直是有意识的作为反动派而活动着。在抗战初期全民族对日寇生死存亡的时候,他高唱着‘与抗战无关’论;在抗战后期作家们正加强团结,争取民主的时候,他又喊出‘反对作家从政’;今天人民正‘用革命战争反对反革命战争’,也正是凤凰毁灭自己,从火里再生的时候,他又装起一个悲天悯人的面孔,谥之为‘民族自杀悲剧’,把我国的爱国青年学生斥为‘比醉人酒徒还难招架的冲撞大群中小猴儿心性的十万道童’,而企图在‘报纸副刊’上进行其和革命‘游离’的新第三方面,所谓‘第四组织’。(这些话见所作《一种新希望》,登在去年十月二十一日的《益世报》。)这位看云摘星的风流小生,你看他的抱负多大,他不是存心要做一个摩登文素臣吗?”

指斥了“桃红色”的沈从文身份,郭沫若还点染了“蓝色的朱光潜”和“黑色的萧乾”,不过文字都没有对沈从文那么显著的“重”。当然,郭沫若文章写得正义凛然,大有真理在握,有权审判一切文艺的气概,所以,他不仅自己激烈指斥,还在文章结尾处鼓动说:“凡是决心为人民服务,有正义感的朋友们,都请拿起你们的笔杆来参加这一阵线上的大反攻吧!”

本文发表在香港生活书店《大众文艺丛刊》当年 3 月 1 日第一辑

上。以当时天地翻覆的社会变革背景,以郭沫若的文艺、政治影响力,受到文章严厉指斥的数人,能不心惊胆战,甚至惊心动魄吗? 别人不说,沈从文的命运被彻底改变。全国解放后,他几乎再未进行过真正意义上的文艺创作,这是大处;小处,见过无数流血、杀人场面的沈从文,竟然几番自裁,希望自我了断解脱……郭沫若文章的分量和威势,由此可想而知。

可是,事情也有人难以理解的地方,沈从文是个相当纯粹的作家,在政治上,虽不时发出一点声响,可文人论政,并不能在实际的社会层面上产生如何强烈影响,比诸郭沫若在政治上的爱好与参与及影响力,那肯定差得太远;再者,郭沫若也应当知道,文人论政,尤其小说家,那能影响的群体,相当有限。知识群体如此,政治群体更毋庸说。既然如此,为何郭沫若对沈从文下笔是这么重,措辞如此严厉而轻蔑,几乎让人感到有不"消灭"不足平愤的激烈,这是为什么?

沈从文的文学创作,大都是自学的。当初,他多种文体都试验过,所以,阅读面相当广泛,诗歌、散文、小说等文学类别,他都不陌生。当时的作者不多,研读的同时,大都也通过各种方式认识了。可是,他与郭沫若却并不熟。(在此前是否见面认识亦未可知。1930 年 1 月他给一位朋友的信中说:"中国诗人我只不熟郭沫若,其余多是熟人。")这样也许难能结怨的。可从郭沫若的声口读去,总有一种两人间有莫大仇冤在其中的感觉,否则凭常识看去,这样去指斥另一个小说家,有些不合情理。

此前,郭沫若在文章中有无发表对沈从文的看法,从笔者手头所存若干种《沫若文集》翻读,倒没有见到。可沈从文对郭沫若,却实实在在是有议论的。这些议论不仅散见于他的多篇文字,且有专门论述。那么,这些议论中,能不能窥见一点引发后来激烈直斥的端倪呢?

二

“夸大豪放，缺少节制，单纯的反复喊叫，以热力为年青人所欢喜，是创造社郭沫若诗完全与徐志摩、闻一多、朱湘各诗人作品风格异途。”

1930年10月，《现代学生》杂志刊出了沈从文《我们怎么样去读新诗》一文。提到新诗，当然绕不开郭沫若，可沈从文主要就说了以上这么几句。这短短几句，看不出什么褒扬的意思。“夸大”“缺少”……不屑的意味倒表现得相当清楚。

稍后不久，沈从文为卞之琳的一部诗集《群鸦集》（书编成后未能出版）写了一篇“附记”。在文中又对新诗的情形做了一点回顾。其中提及郭沫若时有这样一句：“郭沫若，使诗夸诞豪华，如疯如狂……”这似乎也不含什么褒义，仍是缺乏节制的意思。诗是郭沫若相对自信，并最受一般读者推崇的文艺形式，沈从文如此评价，郭沫若见到会很不舒服的。

1931年4月，沈从文在《文艺月刊》上，连载发表一篇长文《论中国创作小说》。说是小说，其实诗歌、散文等艺术形式，文中多有涉猎。谈及以郭沫若为首的创造社情况时，沈从文说：“……以夸大的，英雄的，粗率的，无忌无畏的气势，为中国文学拓一新地，是创造社几个作者的作品。郭沫若，郁达夫，张资平，使创作无道德要求，为坦白自白，这几个作者在作品方向上，影响较后的中国作者写作的兴味实在极大。同时，解放了读者兴味，也是这几个人。”这节评价，尚属公允。成绩及不足，都论及并相对确切。可接下来，沈从文对郭沫若的“创作”，却给了这样的描述：

“但三人中郭沫若，创作方面似不如其他两人。在作品中必不可少的文字组织与作品组织，皆为所要写到的‘生活愤懑’所毁坏，每一个创作,多成立于生活片段上。为生活缺憾夸张的描画,却无从使自己影子离开,文字不乏热情,却缺少亲切的美。在作品对话上,在人物事件展开与缩小的构成上,缺少必需的节制与注意。想从作者的作品上,找寻一个完美的篇章,不是杂记,不是感想,是一篇有组织的故事,实一个奢侈的企图。"接下来总体评价:"郭沫若的成就,是他那英雄的气度写诗,在诗中,融化旧的辞藻与新的名词,虽泥沙杂下,调子的强悍,才情的横溢,或者写美的抒情散文,却自有他较高成就。但创作小说,可以说实非所长。"对其诗作,抒情散文,略有肯定,可对郭沫若的小说,却以为"实非所长"。

以一个优秀的创作者,亦当是优秀评论家的角度看去,小说家的沈从文,对于郭沫若小说的评价是恰适的。郭沫若留下来的大量作品,小说确实是艺术方面最为薄弱的。虽然如此,沈从文的坦率直言,接受者会产生怎样的承载心理呢?

这还不算,在同一篇文章的另一处,沈从文又加有一句:"郭沫若用英雄夸大样子,有时使人发笑……"此文虽然主要论及小说,可文艺创作相互融通,这样的评价对于作者,尤其郭沫若这样在当时大名赫赫的人物来说,心理挫伤应该不小。

三

不仅在文章中偶尔论及,沈从文还曾写出专文,对郭沫若的诸多方面进行评述,这就是他发表在 1930 年《日出》1 卷 1 期的《论郭沫若》。

"郭沫若,这是一个熟人……从'五四'以来,以那大量的生产,翻译与创作,在创作中诗与戏曲,与散文,与小说,几几乎皆玩一角,而且玩得不坏,这力量的强(从成绩上看),以及那词藻的美,是在我们较后一点的人看来觉得是伟大的。若是我们把每一个在前面走路的人,皆应加以相当的敬仰,这个人我们不能作为例外。”

这说法,我们的确听不出多少实在的成绩肯定,而末一句的所谓“敬仰”,前边的限制词颇为广泛,是“每一个在前面走路的人”,一点看不出真正“独有”向往的意味。

那么,如何总体估价郭沫若的文艺成绩呢?沈从文简单地引了他人的说法:“这里有人可以用‘空虚’或‘空洞’,用作批评郭著一切。把这样字句加在上面,附以解释,就是‘缺少内涵的力’。这个适宜于做新时代的诗,而不适于作文,因为诗可以华丽表夸张的情绪,小说则注重准确。”半引用半阐发完后,沈从文认为:“这批评是中肯的,在那上面,从作品全部去看,我们仍将是那样说的。”

倘若将创作品类加以划分,那么“郭沫若可以说是一个诗人,而那情绪,是诗的。这情绪是热的,是动的,是反抗的……但是,创作是失败了。因为在创作一名词上,到这时节,我们还有权利邀求一点另外的东西。”

对于郭沫若在诗歌创作方面的成绩,沈从文给予了有限的评价:“诗可以从华丽找到唯美的结论,因为诗的灵魂是词藻。缺少美,不成诗。……但是在初期,那故意反抗,那用生活压迫作为反抗基础而起的向上性和破坏性,使我们总不会忘记这是‘一个天真的呼喊’。即或也有‘血’,也有‘泪’……还是天真。”为何,沈从文以为,郭沫若与“创造社”当时不过“是稿件压迫与生活压迫,所以所谓意识这东西,在当时,几个人深切感到的,并不出本身冤屈以外。若是冤屈,那倒好办,稿件有了出路,各人有了啖饭的地方,天才熄灭了。看看创造社另外几个人,我们可以明白这估计不为过分。”

沈从文在这里,将郭沫若等创造社成员的创作激情、冲动,归结为“稿件压迫和生活压迫”,这当然是很低,也较为廉价的创作“基调”。所以沈从文说:“因为他(郭沫若)那时,对社会的认识,是并不能使他向那伟大一个方向迈步的。”似乎当时的对社会认识，大大限制了郭沫若的文学发展。这个估计是否“过分”，今天的读者可以体会，可郭沫若自己，是很难顺心领受的。

此时的沈从文，还随即拿出郭沫若的两部作品进行评价，以证实自己先前的判断。此前不久，郭沫若先后出版了自己的两部自传《我的幼年》《反正前后》。前者内容，从题目中可知，后者是记述了郭沫若辛亥革命前后的一段生活。从内容和写作手法看，这是回忆录无疑。回忆录应当是真实的记录，这是毋庸解说的。可是，沈从文却认为：“在创作里，把自己位置到一个比较强硬一点模型里，虽说这是自叙，其实这是创作。”沈从文这样说的意思，是郭沫若并非真实回忆，而带有许多“创造”（亦即“虚构”）的东西。所以他便以“创作”来要求这两部自叙：“在创作中我们是有允许一种为完成艺术而说出的谎骗的，我们不应当要求那实际的种种，所以在这作品中缺少真实不是一种劣点。”据此推衍，沈从文对这作品提出了进一步的要求：“我们要问的是他是不是已经用他的笔，在所谓小说名词下，为我们描下了几张有价值的时代缩图没有？”

沈从文大约从文字的描述中，认定这两部为“虚构”作品，所以提出了“描下了几张有价值的时代缩图没有？”的要求。那么这“时代缩图”又是什么含义呢？沈从文没有直接解释，只是在括号中举出了鲁迅的例子：“在鲁迅一方面，我们是都相信那中年人，凭了那一副世故而冷静的头脑，把所见到感到的，仿佛毫不为难那么最准确画了一个共通的人脸，这脸不像你也不像我，而你我，在这脸上又各可以寻出一点远宗的神气，一个鼻子，一双眉毛，或者一个动作的。”由此看来，这就是“时代缩图”的意思。并且在沈从文眼里，鲁迅是在作品中做到了这一点的。（从鲁迅小说创作实绩看，沈从文的评价是极具眼光的。）

在这里，举出鲁迅并非仅仅赞颂鲁迅，而是为了对比郭沫若。所以赞颂鲁迅之后，沈从文立即认定："郭沫若没有这本事，他长处不是这样的。"那么他的长处何在？沈从文却从非文学角度谈去："他沉默的努力，永不放弃那英雄主义者的雄强自信，他看准了时代的变，知道这变中怎么样可以把自己放在时代前面，他就这样做。他在那不拒绝新的时代一点上，与在较先一时代中称为我们青年人做了许多事情的梁任公先生很有相近的地方。都是'吸收新思潮而不伤食'的一个人，可佩服处也就只是这一点。"对于一个作家，只从其思想及行为去对待，这本身就有非赞赏的意味。

接下来谈到写作："若在创作方面，给了年青人以好的感想，它那同情的线是为'思想'而牵，不是为'艺术'而牵的。在艺术上的估价，郭沫若小说并不比目下许多年青人小说更完全更好。一个随手可拾的小例，是曾经在创造社羽翼下成长的叶灵凤的创作，就很像有高那大将一筹的作品在。"

在沈从文理解的"创作"方面，郭沫若被几乎全盘否定。小说居然"并不比目下许多年青人小说更完全更好。"举的一个例子，是郭沫若所在"创造社"的"小伙计"叶灵凤。平心静气看郭沫若小说，沈从文判断有相当的认识，可他的表达语气、对比方式、贬抑态度太过显明。或许沈从文确实出自"艺术良心"，可在当时大有影响，在"创作"上声名赫赫的郭沫若，如何兜得住这满盆凉水？

四

至此，沈从文仍不愿放松，他还要从创作要求上来对郭沫若一番品评："他不会节制。他的笔奔放到不能节制……不能节制的结果是废话。废话在诗中或能容许，在创作中成了一个不可救药的损失。他那长处恰恰与短处两抵，所以看他的小说，在文字上我们得不到什么东西。"

"废话是热情,而废话很有机会成为琐碎。多废话与观察详细并不是一件事。郭沫若对于观察这两个字,是从不注意到的。他的笔是一直写下来的。"沈从文甚至顺手将另一名作家也牵了近来:"描画与比譬,夸张失败处与老舍君并不两样。"

这一切,沈从文是从郭沫若作品中读出来的:"他详细地写,却不正确地写。词藻帮助了他诗的魄力,累及了文章的亲切。"……在举出周作人做"亲切""不在文学上糟蹋才气"的例子后,沈从文乘胜追击:"我们随便看看《我的幼年》上……那描写,那糟蹋文字处,使我们对于作者真感到一种浪费的不吝惜的小小不平。凡是对这个不发生坏感的只是一些中学生。一个对于艺术最小限度还承认它是'用有节制的文字表现一个所要表现的目的'的人,对这个挥霍是应当吃惊的。"

接近一点的例子,沈从文说:"在国内作者中文字的挥霍使作品失去完全的,另外是茅盾。"可他仍认为:"然而茅盾的文章,较之郭沫若还要较好一点的。"对郭沫若在文字"挥霍"方面的批评,几乎无以复加。

由郭沫若,沈从文又牵及郭沫若为首的文学团体:"这又应当说到创造社了。创造社对于文字的缺乏理解是普遍的一种事。那原因,委之于训练的缺乏,不如委之于趣味的养成。"沈从文认为:"初初在日本以上海作根据地而猛烈发展着一种复仇雪耻的组合。成仿吾雄赳赳的最地道的湖南人恶骂,以及同样雄赳赳的郭沫若新诗,皆在一种英雄气度下成为一时代注目东西了。"

这样的一种组合,沈从文当然认为对于真正文学,成绩有限:"到现在,我们说创造社所有的功绩,是帮我们提出一个喊叫本身苦闷的新派,是告我们喊叫方法的一位前辈,因喊叫而成就到今天样子,话好像稍稍失了敬意,却并不为夸张过分的。他们缺少理智,不用理智……从另一面看,是这些人不适于作那伟大运动,缺少比向前更需要认真的一点平凡的顽固的力。"

在沈从文看来，即使文学，在社会发展中，也是有责任的："使时代向前，各在方便中尽力，或推之，或挽之，是一时代年青人，以及同情于年青人幸福的一切人的事情。是不嫌人多而以群力推挽的一件艰难事情。"文学在此时的价值："革命文学，使文学如何注入新情绪，攻入旧脑壳，凡是艺术上的手段是不能不讲的。"而正是"在文学手段上，我们感觉到郭沫若有缺陷在。他那文章适宜于一篇檄文，一个宣言，一通电，一点不适宜于小说。……一个作者在一篇作品上能不糟蹋文字，同时是为无数读者珍惜头脑的一件事"。沈从文所以要反复申说的，是郭沫若文字仅适合"檄文""宣言""通电"一类大言，一点不适宜于小说，并且随意"糟蹋文字"，耗费读者头脑。

之所以如此，是"郭沫若以他政治生活培养到自己精神向前"。大约是认为郭沫若创作受到了其政治生活影响，在其他作家在新时期拿出了作品表达自己时，郭沫若却"只拿出两个回忆的故事给世人的"。沈从文所说，是《我的幼年》和《反正前后》。

《我的幼年》，沈从文认为："若是每个读者他知道一点文学什么是精粹的技术，什么是艺术上的赘疣，他对于郭沫若的《我的幼年》，是会感到一点不满的。书卖到那样贵，是市侩的事不与作者相关。不过作者难道不应当负一点小小责任，把文字节略一点么？"甚至把书价太贵，也认为与作者缺乏节制有责任。

"《反正前后》是同样在修辞上缺少可称赞的书，前面我曾说过。那不当的插话，那基于牢骚而加上的解释，能使一个有修养的读者中毒，发生反感。"沈从文认为，该书主观的成分太多，所以难能看作史料："全书告诉我们的，不是一时代应有的在不自觉中生存的愚暗自剖，或微醒张目，却仍然到处见出雄赳赳。这样写来使年青人肃然起敬的机会自然多了，但若把这个当成一个研究个人过去的资料时，使我们有些为难了。"在郭沫若写的是自叙，而沈从文却判断为"创作"，并且是“不适当的”“失败”的创作。

沈从文还觉得,郭沫若之所以在文字中如此“浪费”,应该与先前稿酬按文字算有关:“他是修辞家,文章造句家,每一章一句,并不忘记美与顺适,可是永远记不到把空话除去。若果这因果,诚如《沉沦》作者以及沫若另一时文里所说,那机会那只许在三块钱一千字一个限度得到报酬的往日习惯,把文章的风格变成那样子,我们就应当原谅了。”其实沈从文并不原谅,他认为,一个作家写出文章,尽管发表刊物不同,可“说的话还是一种口音,那见解趣味,那不高明的照抄,也仍然处处是拙像蠢像。”末尾一句,几乎骂人。

文章结束,沈从文下了结论:“让我们把郭沫若的名字位置在英雄上,诗人上,煽动者或任何名分上,加以尊敬与同情。小说方面他应当放弃了他那位置,因为那不是他发展天才的处所。一株棕树是不会在寒带地方发育长大的。”这个宣判式的结语,包含文章中的大量分析、议论,相信不是郭沫若乐意见到的。

五

《论郭沫若》写作发表之时,沈从文陆续写出了一批有关新文学家的评论,所论及的作家,有徐志摩、冯文炳、朱湘、郁达夫、张资平、闻一多以及落花生、施蛰存、刘半农、汪静之等。总体看去,这些作家论写得颇为认真,有相当忠实艺术的表现。当然,它们也反映了沈从文作为优秀作家对文坛的精审观察和独到眼光。他评论的这些作家中,有提携过自己的徐志摩、郁达夫,其他多位均是相识的朋友,可沈从文的笔下,却能排开这样非文学的情感因素,较为忠实地将自己的看法发表出来。成绩,特色谈得深入,问题毛病也一一披示。这种态度,也许与沈从文刚入大学任教,为了表达自己虽无中学以上文凭,却依然不乏艺术见解有关;当然,作为青年作家,20 多岁方刚的血气,应当是他无所畏惧的底本。

总之,这批作家论无论表现的准确,得当与否,沈从文从艺术出发的立场是不错的。这一点是今天读这批作品须首先留意的。

具体到对郭沫若的评论,应当说,沈从文有说得相当精到的地方。郭沫若由于早早在诗坛暴得大名,声名远播,他的许多艺术方面的问题,常常为名气所掩,不为人关注或认真提及。而站在远处,不相熟郭沫若本人的沈从文却看得比较清楚;再者,沈从文大多从事小说创作,对于写作方式,常常以小说的特征去评述作家,所以得出郭沫若"有时使人发笑"的"夸诞豪华,如疯如狂""缺少节制"……的认识。这虽总体并不算无根,可对郭沫若的成绩,肯定的也实在太有限了些。

除去那些散见于其它各文中的文字,这篇集中评述《论郭沫若》,几乎从多个角度对郭沫若"创作"进行了严苛的批评甚至否定。这首先应当与他们彼此文学旨趣相去甚远有关。沈从文是真正不喜欢郭沫若那样的"缺少节制""夸诞""如疯如狂"……自然产生反感,再加上他不认识郭沫若,即使声名赫赫也与他无甚关系,所以下笔就无所顾忌:"创作是失败的。""不能节制的结果是废话。""郭沫若小说并不比目下许多年青人小说更完全更好。""一株棕树是不会在寒带地方发育长大的。"……

这些评论及判断,对于一个初出茅庐的青年作家,那几乎是毁灭性的;对于郭沫若,虽极有杀伤力,却不能较大地影响他的文学位置及声名。但是,要说对郭沫若的内心没有深深挫伤,那几乎不可思议。郭沫若富有文学的敏感,对于沈从文的评议,他不能不意识到多处戳在了自己的软肋。虽然在其它地方未见郭有直接反驳的文字,可十数年后挟着政治威势,以"不能节制""如疯如狂""夸诞豪华""适宜于一篇檄文"这些沈从文当年总括的笔调,对沈从文进行的讽刺和定性打击,那内心的忿忿,真正表现得淋漓尽致……此时的沈从文,不知有没有将郭沫若的行径,与当年自己不客气的文艺批评联系起来?

当然，笔者无意在这里说，郭沫若1948年对沈从文“义正词严”的斥责，完全是对当年沈从文批评的遥远回应。情况也许比这要繁复。可是，要说郭沫若在此时完全出于公心，全然没有受到当年沈从文批评的积怨影响，那郭沫若也太“端庄”，太“神圣”，太不近人情了……

人生在世，因果之间，往往是很难料的。沈从文当年对郭沫若文学“创作”方面的严苛评论及判断，应该说对当时郭在国人心里及政府中位置，并没有形成多大影响（对其心理的影响，只能从后来行为的蛛丝马迹去寻觅了）；而郭沫若后来的一番斥责，却折腾得沈从文一度精神错乱，几番自杀，并中断了正盛的文学创作道路，转而从事中国古代“花花朵朵”的物质文化史的研究……再几十年后，郭沫若的许多作为，包括诗文，受到更多读者和评论家的非议；而沈从文的文学，甚至他物质文化史研究成绩，均受到国内及国际间的广泛认同。在更多元开放的当今社会，倘依照读者心性去抉择，那两人文学功绩，当更能表现各具千秋，独领一方风骚的情状吧！

一个作家，并且是一个在世人眼里颇有成绩的作家，对自己的作品，无论口头上如何说，在心底是颇在乎的。他人品评，除非完全不靠谱，可以心理优势不去理会；可倘若遇见高手，击中软肋，在内心的挫伤，当长久激愤隐痛。此隐痛一旦触发，那凶烈程度及杀伤力，决然与郭沫若斥责沈从文相仿佛……

当今中国文坛，艺坛评论一派歌赞，当然并非发展幸事。可今人精明，为自己虑事极周全，大约亦是见多了沈从文批评人后携带的灾殃。结果，没有沈从文的勇毅大才，只落得做做文坛、艺坛“歌者”，未尝不得个你好我好他好混一碗赏饭吃的好。哪有沈从文那样希望以文艺作为社会进步之力推动的神圣念想；那样忠实艺术，在“她”面前无限敬奉的精神，并由此可以承载所有无可逆料的，前无古人，后无来者的伟大孤独感！

“腰斩张资平”前后

1932年12月1日，在当时广有声誉的作家张资平的一部新小说，开始在《申报》“自由谈”栏目连载。对于已经出版有二十余部中长篇小说，还出版有短篇小说集和翻译小说，甚至结集了《张资平全集》的作者，也许绝没有想到，这是他发表的最后一部长篇小说了。这部后来被中止连载，在文坛上被称为“腰斩张资平”的作品，几乎终结了他的小说创作生涯，幸与不幸，都难陈说。这部给作者带来灾难性后果的长篇小说，是——《时代与爱的歧路》。

一

张资平小说的创作，除去最初的几本，大多形成一种套式。用评论家阿英的话：“他的人物大都是为封建思想的残余势力所支配着的富于肉感的漂亮的女人，不负责任或懦怯的男子，事实不外是性欲冲动，相互诱惑，处女之宝的掠夺，我主基督的忏悔，一直纵欲下去，三角关系四角关系。”鲁迅对其作品的概括更为简洁：“这位作家（张资平）

的大作,我自己是不要看的,理由很简单:我脑子里不要三角四角的这许多角。"

1932年,一位留学法国获得文学硕士的年轻人回到上海。他先在法国哈瓦斯通讯社上海分社编译法文新闻稿,不久为《申报》史量才看中,邀请去编辑《申报》"自由谈"栏目。这位被邀请编辑,就是为"自由谈"改革做出极大成绩,后来却颇遭误解的作家黎烈文。

《申报》"自由谈"栏目,是一个颇有历史的副刊。它最早由王钝根、吴觉迷、姚鹓雏等主编,可一直到"天虚我生"(陈蝶仙)主编时,它才引起了读者注意;到了1924年,改由周瘦鹃主编,时间最长,达八年之久。一直到1932年12月,又改为黎烈文主编。黎烈文主编的时间虽不太久,可是,却成就了"自由谈"的一段辉煌。

黎烈文刚接手主持《申报》"自由谈"时,虽还没有什么名气,可在法国感受的新文艺影响,使他一开始就自觉地向新的进步文艺靠拢。在内容上,他反对趣味主义"茶余酒后消遣"那一套,倡导"文艺之应该进步与近代化",所以,他的约稿对象,便较为集中在进步并有名作家中间。譬如鲁迅、茅盾、郁达夫、施蛰存、陈子展、曹聚仁等。根据当时情况看,张资平的作品,大约也是应邀而来。创造社的大将郁达夫,最先帮助黎烈文约得了鲁迅的稿子;创造社的张资平的作品,应该也是有郁达夫约请而来。因为黎烈文当年12月1日接手《申报》"自由谈",张资平的《时代与爱的歧路》,也是同一天在此栏目进行连载的。应该说,当初约请发表这部长篇小说,作者、编辑也许都没有想到后面的结果。

《申报》"自由谈"经黎烈文接办之后很快在文坛发生了影响。原因首先在于作者队伍中鲁迅和茅盾的加盟,其余陈子展、周木斋、唐弢、曹聚仁等鼎力相助,一时间,栏目生动活泼,倾向明显,深受读者喜爱。后来甚至有人评价此栏目:"成了新文学运动的灯塔了。"

也许正由于此，喜欢“自由谈”栏目的读者，渐渐对连续刊载的张资平小说《时代与爱的歧路》，表现出厌烦情绪。因为作品中表现的三角恋爱并带有色情描述的内容，与“自由谈”形成的社会批评、渴求进步的倾向，有相当的距离。这些反应，通过各种渠道，汇到了主编者黎烈文的手里。

经过一段时间考虑，一方面是读者要求，另方面编者确实觉得该作品与整个栏目不相协调，黎烈文终于决定中止《时代与爱的歧路》的连载。1933 年 4 月 22 日的“自由谈”栏中，以编辑室的名义刊出一则启事：

“本刊登载张资平先生之长篇创作《时代与爱的歧路》业已数月，近来时接读者来信，表示倦意。本刊为尊重读者意见起见，自明日起将《时代与爱的歧路》停止刊载。”

二

中止一部连载作品，并且是一部有相当影响作家的作品，这在当时，尚不多见。所以，当时上海的多家报纸，对此事多有传播。4 月 27 日，《晶报》便发表一篇短文，题目就是《自由谈腰斩张资平》；5 月 9 日出版的《社会新闻》，也以《张资平挤出 < 自由谈 >》为题，发表文章。文章以颇带情绪的口吻，涉及鲁迅、郁达夫、曹聚仁等作者：

“今日的《自由谈》，是一块有为而为的地盘，是‘乌鸦’‘阿 Q’的播音台，当然用不着‘三角四角恋爱’的张资平混迹其间，以至不得不清一。

然而有人要问：为什么那个色欲狂的‘迷羊’——郁达夫却能例外？他不是与张资平一样发源于创造吗？一样唱着‘妹妹我爱你’吗？我可以告诉你，这的确是例外。因为郁达夫虽则是个色欲狂，但他能流入‘左联’，认识‘民权保障’的大人物，与今日《自由谈》的后台老板鲁(?)老夫子是同志,成为‘乌鸦’‘阿Q’的伙伴了。”

这篇文章的作者,主观臆想认为:“腰斩张资平”,应当是鲁迅的指使:

“而且《自由谈》的写稿,是在去年十一月,黎烈文请客席上,请他(按:张资平)担任的,即使鲁(?)先生要扫清地盘,似乎也应当客气一些,而不能用此辣手。”

由此看去,一个虽较为特别,但细想亦属正常的中止作品的行为,在某些人看去,倒颇有些帮派色彩起来。很短时间里,围绕“自由谈”的倾向,一些别有用心的报刊,明里暗里,往政治上面靠。5月6日的《社会新闻》中,明白以作家姓名为题,刊出《鲁迅沈雁冰的雄图》一文。文中反映出多重问题,值得一读:

“自从鲁迅沈雁冰等以《申报·自由谈》为地盘,发抒阴阳怪气的论调后,居然又能吸引群众,取得满意的收获了。在鲁(?)沈的初衷,当然这是一种有作用的尝试,想复兴他们的文化运动。现在,听说已到组织团体的火候了。

参加这个运动的台柱,除他们二人外有郁达夫、郑振铎等,交换意见的结果,认为中国最早的文化运动,是以语丝社创造社及文学研究会为中心,而消散之后,语丝创造的人分化太大了,惟有文学研究会的人大部分都还一致——如王统照叶绍钧徐雉之类。而沈雁冰及郑振铎,一向是文学研究派的主角,于是循此路线进行。最近,连田汉都愿意率众归附,大概组会一事,已在必成,而且可以在这红五月中实现了。”

这样或明或暗指出“自由谈”左翼倾向的文字,很快便引起了当局的注意。接下来,鲁迅的若干篇文章,就不能发表出来;其他有批判现实内容的稿件,也常常受到当局的封杀。这种政治压迫,使得“自由谈”栏目,立即发生了许多困难。无奈之下,黎烈文只好以编辑室名义，发表启事。这就是后来引发鲁迅《准风月谈》书名的那段文字：

"这年头，说话难，摇笔杆尤难。这并不是说：'祸福无门，惟人自召'，实在是'天下有道''庶人'相应'不议'。编者谨掬一瓣心香，吁请海内文豪，从兹多谈风月，少发牢骚，庶作者编者，两蒙其休。若必论长议短，妄谈大事，则塞之字篦既有所不忍，布之报端又有所不能，陷编者于两难之境，未免有失恕道。语云：识时务者为俊杰，编者敢以此为海内文豪告。区区苦衷，伏乞矜见！"

三

这节文字，颇表现出编者的两难情绪。略微领会中国政治的人，对于此中的政治或经济压迫，一定能感受出来。在此前后，丁玲和潘梓年等作家"失踪"；中国民权保障同盟副会长杨杏佛遭暗杀；文坛上压迫一天紧似一天。这种状态，有些人却高兴起来。譬如《社会新闻》四卷一期上，就刊出一篇署名"道"的幸灾乐祸带谣言的文章《左翼作家纷纷离沪》：

"在五月，上海的左翼作家曾喧闹一时，好像什么都要染上红色，文艺界全归左翼。但在六月下旬，情势显然不同了，非左翼作家的反攻阵线布置完成，左翼的内部也起了分化，最近上海暗杀之风甚盛，文人的脑筋最敏锐，胆子最小而脚步最快，他们都以避暑为名离开了上海。据确讯，鲁迅赴青岛，沈雁冰在浦东乡间，郁达夫杭州，陈望道回故乡，连蓬子，白薇之类的踪迹都看不见了。"

对这类谣言，鲁迅以他犀利之笔驳斥道："西湖是诗人避暑之地，牯岭乃阔老消夏之区，神往尚且不敢，而况身游。杨杏佛一死，别人也不会突然怕热起来的。"最后还特别加上一句："'道'先生有道，代我设想的恐怖，其实是不确的。否则，一群流氓，几枝手枪，真可以治国平天下了。"

不仅如此，一些报刊不断地用看似漫不经意，其实精心设计的文字，给鲁迅等作家戴上“左翼”（当时为当局不容，不断打压的对象）的帽子；更别有用心者还隐约其辞，弄得似乎鲁迅与日本人的特务有什么联系一样。譬如一本《文艺座谈》杂志，就刊出《内山书店小坐记》来。文章直接便认为“内山书店是日本浪人内山完造开的，他表面是在开书店，实在差不多是替日本政府做侦探。”然而又说：“不久以前，在《自由谈》上看到何家干先生的一篇文字，就是内山所说的那些话。原来所谓‘思想界的权威’，所谓‘文坛老将’，连一点这样的文章都非‘自出心裁’！”这“何家干”，当时许多人皆知为鲁迅笔名，所谓“思想界的权威”“文坛老将”，也是当时一些人给鲁迅戴的高帽。鲁迅与内山的关系，在当时是极密切的，而此文的写法，在当时完全可以引发极不良的后果。你鲁迅整天跟一个日本侦探搅在一起，连思想都受其影响，对于一般读者，鲁迅的形象是不是该大打折扣？

这样的东西过于猖獗，便引起正义人士的不满。7月5日，“自由谈”刊出了这样一篇文字：《谈“文人无行”》。其中对张资平当时的一些表现，十分不满：“不过，话说回头，就是受过高等教育的也未必一定能束身自好，比如以专写三角恋爱小说出名，并发了财的张××，彼固动辄以日本某校出身自炫者，然而他最近也会在一些小报上泼辣叫嚎，完全一副满怀毒恨的‘弃妇’的脸孔，他会阴谋中伤，造谣挑拨，他会硬派人像布哈林或列宁，简直想要置你于死地，其人格之卑污，手段之恶辣，可说空前绝后，这样看来，高等教育又有何用？还有新出版之某无聊刊物上有署名‘白羽遐’著作《内山书店小坐记》一文，公然说某人常到内山书店，曾请内山书店救过命保过险。我想，这种公开告密的勾当，大概也就是一流人化名玩出的花样。”

张资平看到这篇文章，加之先前为《自由谈》“腰斩”的痛楚，他便在《时事新报》“青光”栏里，回应出一则《张资平启事》：

“五日《申报·自由谈》之《谈‘文人无行’》，后段大概是指我而说的。我是坐不改名，行不改姓的人，纵令有时用其他笔名，但所发表文字，均自负责，此须申明者一；白羽遐另有其人，至《内山小坐记》亦不见是怎样坏的作品，但非出我笔，我未便承认，此须申明者二；……我不单无资本家的出版者为我后援，又无姊妹嫁作大商人为妾，以谋得一编辑以自豪，更进而行其‘诬毁造谣假造信件’等卑劣的行动。……今后凡有利用资本家为背景之刊物对我诬毁者，我只视作狗吠，不再答复，特此申明。”

这启事不仅牵涉鲁迅，主要针对着“自由谈”主编黎烈文。其中“又无姊妹嫁作大商人为妾，以谋得一编辑以自豪……”云云，令黎烈文十分愤慨。他也在第二日的《时事新报》上，登出一篇辩白、反驳的《黎烈文启事》：

“烈文去岁游欧归来，客居沪上，因《申报》总理史量才先生系世交长辈，故常往访候，史先生以烈文未曾入过任何党派，且留欧时专治文学，故令加入申报馆编辑《自由谈》。不料近两月来，有三角恋爱小说商张资平，因烈文停登其长篇小说，怀恨入骨，常在各大小刊物，造谣诬蔑，挑拨陷害，无所不至，烈文因其手段与目的过于卑劣，明眼人一见自知，不值一辩，故至今绝未置答，但张氏昨日又在《青光》栏上登一启事，含沙射影，肆意诬毁，其中有‘又无姊妹嫁作大商人为妾’一语，不知何指。张氏启事既系对《自由谈》而发，而烈文现为《自由谈》编辑人，自不得不有所表白，以释群疑。……”

在说明自己的胞妹的婚嫁情况后，十分激愤地说：“张某之言，或系一种由衷的遗憾（没有姊妹嫁作大商人为妾的遗憾），或另有所指，或系一种病的发作，有如疯犬之狂吠，则非烈文所知耳。”

看到黎烈文的启事，有人就到张资平处去访问，希望他能解释“姊妹嫁作商人妾”何所指。张资平却说：这是黎烈文他自己多心，我不过顺便在启事中，另外指一个人。当人追问那个人为谁时，张资平却以“不能公开”来拒绝发表。可那样的文字却出现在针对黎烈文的“启事”里，而黎烈文又恰恰是编辑，所以，鲁迅看到这里，带有不屑地说：“（既然如此）我也就不再深论了。”可是，鲁迅对于张资平之流的做法，仍极为不满：“可见纵‘无姊妹嫁作大商人为妾’，‘资本家的出版者’也还是可以为这一类名公‘后援’的。但也许因为恐怕得罪名公，就会立刻给你戴上一顶红帽子；为性命计，不如不登也难说。”随时给人造谣，并隐约其辞，给人戴一顶可能危及性命的红帽子，也就是指着政府去收拾这干人，这种所谓“文人”，不仅“无文”，甚至“无行”了。

四

“腰斩张资平”，从表面看，应当是尊重读者，针对作品的作为，可是，作者和编者后来均受到显明影响。长篇小说《时代与爱的歧路》被中止连载后，对张资平自然颇有打击。不仅他的作品不好卖了，连他办的“乐群书店”和《乐群半月刊》也渐渐为读者抛弃；后来他一度又开了一家“环球图书公司”，也惨遭失败。这一系列打击，使张资平日渐沉溺诗酒，在抗日战争中，竟投靠侵略者，成了汉奸文人。这一条人生运行轨迹，也许是“腰斩”其作品时人们难能逆料的。

《自由谈》主编黎烈文，因为力图改革，大量发表鲁迅、茅盾等人抨击时局的作品，并及时果断“腰斩”不能适应读者口味的张资平连载小说……而受到一些反对者的攻击和当局的打压，在1934年5月，被迫辞职。后来他曾从事过多种工作，翻译出许多法国文艺作品，最后在台湾大学担任教授。可不知为何，在“文革”当中，他却被大陆冠以“反动文人”的帽子。这叫他的老朋友巴金十分不解。上世纪八十年代，巴金专门写出《怀念烈文》一文，试图拭去溅在这位善良友人身上的污泥。前后看去，真有些不可思议。

“腰斩张资平”,在当时的文坛,是一桩不算大也不算小的非常事件。它显现了进步文化人对不健康作品的一种自觉排拒,完全符合当时国人渴求改革的愿望。后来的事实尽管也证明了张资平行为的堕落,可黎烈文被排挤,又落得“反动文人”的徽衔,却真正凸显了世事的复杂难料和进步途程的蜿蜒曲折。这倒是这桩数十年前“腰斩”旧事可供我们今天思考的别一课题。

《韶山的节日》事件始末

《韶山的节日》，著名作家周立波的一篇散文，1965 年除夕时写成。此文篇幅不大，只四千来字。这篇文章，记叙了毛泽东 1959 年 6 月回故乡韶山的情形。它通过一些细节的精致描述，显现了这位领袖人物的别样风采。这样一篇文章，在当时写作的年代，应当是毫无异议，政治上、艺术上都站得住的东西，可为什么却演变成一桩所谓“事件”？又怎么与罗瑞卿将军拉扯上呢？要说清其中原委，也许应当从文章的产生说起。

一

1959 年 6 月 25 日傍晚，毛泽东在罗瑞卿等同志陪同下，回到了自己的老家——湖南湘潭韶山冲。此时距他最后一次离家，已经有三十二年了（毛泽东有“故园三十二年前”诗句）。以毛泽东浓郁的情绪，面对家乡情景，感受一定相当强烈。他回到了自己的故居，在父母双亲的卧室，仔细看了两位老人的照片，对老人的过早去世，表达了深深的遗憾；他又去了自己当年的住房，弟弟毛泽民的住房……当晚，他思绪万千，虽然招待所电灯坏了，他却说："我今晚兴致勃勃，要写一首诗。你们给我找个煤油灯。"就在这煤油灯下，毛泽东吟成了一首后来为人们熟知的诗作《七律·到韶山》：

别梦依稀咒逝川，故园三十二年前。
红旗卷起农奴戟，黑手高悬霸主鞭。
为有牺牲多壮志，敢教日月换新天。
喜看稻菽千重浪，遍地英雄下夕烟。

诗前面有一节小序："一九五九年六月二十五日到韶山。离别这个地方已有三十二周年了。"

第二天上午，毛泽东起床。洗完脸后，就往外走，没有给人说他要到哪里去。穿过一家屋场，他走进一户从小认识的毛霞生家。家里只有一位妇女，毛泽东问了问家庭、生活、生产情况，就出来，走上屋后的小山。罗瑞卿等人不知他上山干什么，毛泽东也不说。山上茅封草长，连小路也没有，缓缓才来到山顶。在一个长满茅草的小坟前，毛泽东站住了。大家一看墓碑，才知道这是毛泽东父母的合葬墓。

事先大家都不知道毛泽东要到这里来，所以什么祭奠表示的东西都没有。一个青年还机灵，他赶紧在跟前树间折了一些松枝，用野草捆成一束，交给毛泽东。毛很从容地将这松枝献在坟前，在肃穆的气氛中深深鞠了一躬。随行人员也随着鞠躬。

往回走的路上，有人问："要不要把坟修一下？"毛泽东回答："不要了，保持这个原样就行了。"

这天中午，毛泽东午睡起床，在穿衣服时，他对罗瑞卿说：

"我们共产党人，是彻底的唯物主义者，不迷信什么鬼神，但生我者父母，教我者党、同志、老师、朋友也，还得承认。"顿了一下，他又说："我下次再回，还得去看他(她)们两位。"

虽然离家乡三十二年，但毛泽东只在这里呆了两天一夜。当天晚上，毛泽东便由罗瑞卿等人陪同，去往长沙。

现在得说说作者了。周立波，著名的湖南籍作家。早年参加过"左联"，后来到延安，在"鲁艺"任编译处处长兼文学教员。1946 年冬到东北参加土改，在这里写出了后来荣获斯大林文学奖的著名长篇小说《暴风骤雨》；此前，他还翻译了苏联作家萧洛霍夫荣获诺贝尔文学奖的长篇小说《被开垦的处女地》第一部。1955 年，周立波回到家乡湖南，担任省文联主席兼党组书记。这段时间，他还创作了反映工业建设的《铁水奔流》，反映农业合作化的《山乡巨变》这两部长篇小说。后者在读者中也产生了长久的影响。

1959 年 6 月毛泽东回过韶山后，引发了周立波的兴味。之后，一直到写作《韶山的节日》这篇文章之前，他先后六次到韶山参观、采访。当时周立波身负职务，又是作家，所以当地的许多干部、群众，都兴致勃勃，为他讲述毛泽东回故乡时的情况；招待所一位干部还陪他参观了毛泽东当时住宿的房子。1965 年周立波又一次去韶山时，毛泽东故居陈列馆新成立。在那里，他研究了展出的有关毛泽东生平的全部材料；先后几次到韶山听到和采访的素材，周立波也都记录了下来。

1965 年冬，广州《羊城晚报》来人约稿。手头材料周详，又有机缘触发，当年除夕日，周立波便一气呵成，创作出《韶山的节日》这篇声情并茂的散文。稿子寄出后不久，便被以显著位置刊登了出来。不料，一场风波也由此引发。

二

话可以分两头说。《羊城晚报》何以不早不晚，偏偏在这个时候，找到周立波为他们写稿呢？

《羊城晚报》是时任广东省委第一书记陶铸支持创办的。它的特点是寓教育于谈天说地之间，多批评议论，文风活泼，在当时国内报纸较为板正的面孔里，算得新鲜俊秀。上世纪五六十年代，该报日发行量在四五十万份，甚至超过了广东省的党报，影响很大。但到了1961年，国家天灾人祸一起临头，连办报纸的纸张也支持不了，《羊城晚报》便只得与《广州日报》合并，归广州市委领导。1965年秋天，经济形势有所好转，此时担任中南局第一书记的陶铸，又起了念头，将《羊城晚报》重新复刊。

《羊城晚报》新复刊，当然希望有一些好的稿件。当时读者作者来稿数量很大，可能用的比例却很小。为了应付每天一万六千多字的“花地”“晚会”两个副刊，上级责成编辑部积极向各方组稿。编辑找到了著名作家周立波，这就催生了《韶山的节日》这篇文章的诞生。

虽然当时在写作时，还没有开始“文革”，似乎不会引发“事件”之类，但此文的发表，情况就显出一些蹊跷，像是真有些征兆似的。

周立波所写的《韶山的节日》寄到《羊城晚报》后，编辑部是很满意的。用当时负责副刊的作家秦牧的话：“文章写得相当精彩，形象饱满，栩栩传神，在政治意义和艺术感染力方面都很出色。编辑总是希望有好稿子刊登的，我们读了自然很高兴。”

本来，一般的稿子是不需要交上级再看的，可因为此文是写毛泽东活动的，其中又涉及扫墓之类在当时有旧时代色彩嫌疑的内容，负责编辑感到吃不准，便将文章打了多份，分送中南局领导、宣传部和报社领导。

在发出征求意见的打印稿同时，几位编辑又仔细推敲了文章。他们觉得，文中几处提到了陪同毛泽东的罗瑞卿，虽然是事实，可当时社会已隐约有了一些对罗瑞卿不利的传言。为谨慎起见，他们略去了罗的名字；另外文章中提到了毛泽东夫人杨开慧烈士，当时国内各地报纸上极少出现她的名字，虽然不清楚是什么原因，但大家认为还是应该保留文章中的相关内容。

征求的结果,各方都没有提出什么意见。当时的中南局宣传部长王匡,也注意到有罗瑞卿名字这一点,此外,均无异议。总编辑杨奇还打电话询问过中央,得到“可以由你们自己处理”的答复后,他们才在略去了罗瑞卿名字之后,将文章发表出来。见报的时间是 1966 年 1 月 21 日。

文章发表后,受到广大读者的热烈欢迎,各界也都交口称赞这是一篇好文章。时任中南局第一书记的陶铸,见到编辑部同志后,也赞赏地说:“你们副刊一个月能有几篇这样的文章就好了。”

但文章发表后,韶山毛泽东故居陈列馆的一位同志寄来信函,对这篇文章的一些细节,提出异议,希望能予以更正。信件转到湖南省委宣传部,到了作者周立波的手里。周立波按照来信提供的情况,把文章作了修改。他在寄返宣传部的修改稿里,提出两点建议:一、按照来信意见,在《羊城晚报》上刊登一个更正启事。二、把修改后的文章重登一遍。修改稿回到编辑部后,大家大约认为,好文章不妨再多发表一次,便将意见报上。陶铸同志也说:把改正稿再刊一次好了,无须逐条更正。这样,这篇文章在发表后不过两三个月,便在原来版面又发表一次。这事无论当时或今天,都可算是十分例外。这次发表的时间,是 1966 年 4 月 23 日。

三

其实,《韶山的节日》在第一次发表时,就已经引发了某些人的不满。当时江青正在上海,与张春桥一起,搞“文艺黑线”论的准备。见到周立波这篇文章,江青大怒。她立即让张春桥挂电话到中央宣传部,指责此文发表。当时是副部长林默涵接到的电话。张春桥在电话里说:江青看了周立波的《韶山的节日》,很生气,认为这文章很坏。是丑化毛主席的反动作品。江青要我告诉你,要你通知全国报刊一律不准转载。

接到张春桥的电话后,林默涵马上把《韶山的节日》找来看过一遍,觉得没有什么问题。但是他又知道,得罪江青,对周立波,对自己,都不是闹着玩的。他马上让中宣部办公室挂电话,通知六个大区宣传部,请他们转告有关报刊,不要转载这篇文章。可不知为什么,偏偏主管发表该文章的《羊城晚报》的中南局宣传部不知道。是漏打了电话还是中南局领导觉得关系不大,没告诉他们?反正是,就在这条禁令下达后不久,《羊城晚报》再次发表了《韶山的节日》,这就是我们前面介绍的修改稿。

这下可真是闯下了大祸。时任上海市委宣传部长的张春桥,先挟江青之势,给中宣部下命令不说,这次,他还通过他们的渠道,给中南局负责人陶铸转去一封气势汹汹的信:

"××:周立波写的《韶山的节日》,是丑化伟大领袖毛主席的反革命毒草。我曾告诉林默涵,要他通知全国各报刊,不许转载。不知为什么广东要再登一次?是否要为罗长子翻案?广东的政治情况我不清楚,请你考虑。"云云。

张春桥此时才从上海市委宣传部副部长升为正部长,时间并不长。打电话和写出信来,口气却是这样霸道。并且是对高于自己职别的中宣部和中南局负责同志。看来,当时的政治生活已经十分不正常。当然,江青肯定是在支持着张春桥。给上级领导写信的口吻,亦颇似江青的特别身份。

陶铸当时接到这封信时,很有些紧张。中南局宣传部长王匡,也就是在发表文章时,提出略去罗瑞卿名字的唯一领导人,在一个半夜接到陶铸的电话,让他去看张春桥的信。王匡看后,对其中提到"为罗长子翻案",很不明白。"罗长子是谁?"陶铸说:你怎么这么糊涂,罗长子就是罗瑞卿。你还不知道？信上张春桥说，已经叫林默涵通知你不转载了，你又登了一次。可王匡确实不知道，因为他并没有接到什么通知。

关于这一点，后来林默涵在了解到事情全部后分析说：现在看来事情就很清楚了，江青最不愿意毛主席回故乡韶山，最恨别人提杨开慧同志，《韶山的节日》犯了她的禁忌，文章中就讲了杨开慧同志，又重登了一次，怎么能不触怒她呢？

可是，身为中南局的负责人，手握重权，怎么在接到张春桥一个市委宣传部长的信时，“有些紧张”呢？林默涵分析：他当然紧张。罗瑞卿是遭到林彪打击的，而林彪当时权重一时。不小心被安上为林彪所仇恨的人“翻案”的罪名，还了得么？即使中南局的负责人，也是吃不消的。

从后来情况看，为此一篇短文章滥发淫威，泄不满的，的确首先是江青。事情过后不久，江青还从上海打电话给林默涵：周立波、××很坏，阴风都是从他们那里刮出来的！政治生活如此，舆论如此随意管理，后来发展为“文革”的非常时期，也就不显得特别奇怪了。

当时负责《羊城晚报》“花地”“晚会”两个副刊的作家秦牧，也听说了“中央”有人来信，指责这篇文章有“严重错误”。但是，中南局的任何人，都没有告诉报社错误在哪儿？有一次见到王匡部长，秦牧就忍不住发问。王匡部长说，这事由我们负责，不关你们的事。秦牧百思不得其解，这样的文章有什么错误呢？王匡部长神色有些懊恼，只说：看先人坟墓的事，大概不该写。为“罗长子”翻案之类属内部斗争机密的话，他不便说出来。秦牧对此解释不以为然：“看先人坟墓丝毫无损于领袖的光辉。”对此，王匡只能默然。

就在1966年4月，作者周立波也听有人说：《韶山的节日》出了问题。可周立波并没有太在意。他认为自己写文章的素材，全部来自韶山毛泽东故居陈列馆和当地的干部群众,没有什么格外的虚构之类。再者,文章是出于对毛泽东的热爱,描叙的是毛泽东回故乡时的情景,这能有什么问题呢?何况文章发表后,读者群众都给予了很高评价和鼓励。当然,周立波没有料到,自己的笔竟触动了一个深有背景,无多高职位却有非常权利的狭隘女人。

四

很快,中国就陷入了"文革"的泥潭。《韶山的节日》的作者周立波,自然成了批判对象。但是可以注意的是批判周立波的第一条罪名,便是"写了大毒草《韶山的节日》"。据我们前面的介绍,周立波是写了长篇小说、短篇小说等大量作品的,不料此时却在这里被紧紧咬住。批判的时候,有人对周立波用了"赤膊上阵"之类的话。周立波听了,不得其解。"赤膊上阵"是借用《三国演义》里的典故,说是曹将许褚脱光了衣服上阵打仗的情形。把这用来批判一个用笔记述毛泽东回乡盛事的作者,真太有些驴头不对马嘴。

可在当时,话随批判者怎么说,被批判者是无权反驳,无法回应的,尽管"你百思不得其解"。对周立波的批判,不止长沙,湖南的益阳、常德、衡阳、洞口、邵阳等地,都有人起来批判。当然,一般人不能明了其中就里,只是泛泛跟在别人后面说此文是"反毛泽东思想","丑化毛主席"的大毒草;还有一些略知内情的人,便质问周立波与罗瑞卿有什么关系。其实,文章在最后发表时,罗瑞卿的名字并没有出现,可欲加之罪,何患无辞?这一切,当然是由江青、张春桥那封质问上级领导信中引出的。

批判周立波的人,其实哪看得出其中关节。他们提出毛泽东给父母双亲扫墓一段,认为这是对领袖的丑化。领袖不是人吗?领袖就应当不认父母?去看一下自己父母的墓,说:"生我者父母;我下次再回,还得去看他(她)们两位。”这样的话,就不能够,不应当?将这些话介绍出来,就是“丑化”?这样的逻辑,在今天听来实在不值一驳,可在当时,这种混蛋逻辑却无处不在并且无往而不胜。

结果,在“文革”中,周立波受到了无休止的批判。对着这篇四千来字的短文没完没了。江青在“文革”中的讲话里,先后六次点了周立波的名;在她、张春桥与林彪合伙炮制的“文艺黑线专政”论里,还把周立波早年写的《暴风骤雨》拿出来鞭尸:“塑造起一个英雄形象却让他死掉,人为地制造一个悲剧的结局。”……可见江青对周立波,骨子里有多大仇恨。

这样的事牵连的当然不止周立波一人。原中南局宣传部、《羊城晚报》,再加上同意发表这篇文章的人,统统被拉扯了进来。他们被加上了不同形式的罪名,予以追究。例如,当时负责并同意发表《韶山的节日》的作家秦牧,在遭到批判时,一些人责问他,为什么要同意放出这样的“大毒草”,秦牧回应:我只能凭我的政治思想水平来工作,我丝毫看不出那是“毒草”,而且直到现在也不知道它错在哪里。其实,一般人哪看得出其中曲折的“猫腻”,他们不过跟着人云亦云罢了。所以,对秦牧等编审者的批判,在此问题上是一直深入不下去的。

五

这件事,闹得这么大,后来甚至称为“事件”,当时人,包括大多数当事人,其实并不明白。倒是身在其中,后来经过一番了解,明白事情前后的秦牧一针见血,说到这件事的根子上。其实:“拆穿了不值一个烂钱!文中提到杨开慧烈士,触怒了江青。于是制造借口,多方打击写作、发表这篇文章的人。什么写了毛主席看望先人坟墓的事啦,什么‘你们是否要为罗长子翻案?’等等,都不过是幌子和恐吓的话,实际上卑劣的叛徒江青的暴怒是那一切奇祸的导火线。”

今天看来，这应当是最符合事情原委，最贴近事理的分析。否则，为“罗长子”翻案，文章中发表时根本就没有罗瑞卿的名字，这件事连基础都没有；说文中出现毛泽东祭拜自己先人是丑化了伟大领袖，这不是更大笑话？伟大领袖做的事，别人不能记述之？而且批判之人将毛泽东置于何地？

说是江青因为文章里提到杨开慧，触怒了她，这倒大可探究。文章里，直接提到杨开慧的，只有一句：“他（毛泽东）的夫人杨开慧同志一九三〇年就义于长沙，那时候，她只有二十九岁。”这里，作者直称杨开慧为其（毛泽东）“夫人”。另一处，在引用了毛泽东“为有牺牲多壮志，敢教日月换新天。”两句诗后，周立波作了这样的阐释：“诗人歌咏的是一切革命的家庭，一切殉节的同志，自然也包括了他的壮烈牺牲的可爱的家人。”这句话，当然包括杨开慧烈士。可这里一未提名，且包括众多为革命献身的烈士，实在不能再做其他附会。可是，联系到当时发表此文章时，编辑部同人感觉奇怪的，国内大多数报刊基本没有人提杨开慧的现象，事情不是可以较为清楚了吗？

也许这样说，还有孤证的嫌疑。那么，我们还可以举出更具权威的事实。早在“文革”之前就遭到林彪等人迫害，因为陪同毛泽东回过一趟韶山，被周立波写进文章里，又被江青、张春桥等无端指责的罗瑞卿大将，在“文革”刚结束后不久，曾写有一信。信中对江青的这种行径，进行了更深入的揭示：

“叛徒和‘四人帮’的头面人物江青，确实是对任何赞颂过杨开慧烈士的人，她都恨之入骨！因此，周立波同志因所谓《韶山的节日》事件，受到‘四人帮’无休无了的诬陷和打击，就一点也不奇怪了。因为江青和她那些爪牙的淫威，我们毛主席的答李淑一同志一词——《蝶恋花》，听说在‘四人帮’被打倒以前，谁都不敢演唱。沈阳军区文工团把《蝶恋花》创作成为一个舞剧，一九六三年左右曾来北京上演，听说毛主席看过，而且称赞是个好戏。江青听说了，就对该团施加压力。据说，她对该团领导人的谈话，是这样的：'小小的一首词，听说你们创作成一出大大的舞剧，可惜我没有时间去"鉴赏"！'话虽不多，但其反感、忿怒、仇恨之情，已充分溢于言表，从此该团不敢再演此剧了。

去冬(罗瑞卿同志此信写于 1978 年 2 月)军队第四届文艺会演，沈阳军区文工团才将此剧再次排练重上舞台。张平化同志和我都看过，张称赞此剧内容好，艺术上也很美，我也有同感。就是这样的好戏，竟被这个叛徒禁锢了十几年。

江青和林贼相互勾结迫害我，当然有很重要政治上的原因，但在这个问题上恨我，也可能是原因之一，因为她知道我称赞过多次演唱《蝶恋花》唱得较好的一个演员。"

通过罗瑞卿的揭露，江青在此事中的作为，其心理所在，是更加清楚了。罗瑞卿在这封信里，对自己陪同毛泽东回韶山，以及看先人坟墓的记述，完全证明了周立波同志所记叙的内容，是准确而实事求是的：

" 所谓看先人坟墓，是怎么回事呢？我现在还记得清清楚楚。这就是我们领袖毛主席一九五九年回到韶山后，略事休息，即起身从他的驻地向外走，我们这些陪同他的人，还以为他老人家要外出散步，或去访问他在故园建立党支部时候的老友，或回到他的旧居看一看，结果都不是。他老人家走到他的旧居对面一户农民家里，走进屋去，房中只有一位中年妇女，这女同志突然见到自己的领袖到来，惊喜交集，难免有些拘谨、紧张，我们的主席，只问了她的家庭人口、生活情况、年景收成如何等等，即出来向一座松青柏翠的小山走去。这小山当时连路都没有，他老人家一直健步登上山顶，我们这些陪同的人，都还不知道他的意图是什么。走了一会，才发现一座小小的坟地，一看碑文，才知道是我们领袖的父母合葬墓。当时他老人家立下来，行了一个礼。

我们都行了一个礼。当时大家都觉得后悔没有问主席，不仅未准备一个花圈，连一朵纸扎的白花，都没有准备，幸而当时陪同去的一位青年，还算灵活，马上折下一些松枝捆成一束，送给主席，献放在墓前。

回来后，主席说：我们共产党人，是彻底的唯物主义者，不迷信什么鬼神，但生我者父母，教我者党、同志、老师、朋友也，还得承认。我下次再回，还得去看他（她）们两位。

整个的过程，就是如此。”

毛泽东对自己父母的态度，罗瑞卿也有一些直接听毛讲的情况：

“我还不只一次听我们的主席说过：他童年时代怎样同他的父亲动不动就打人的家长制作风作斗争，他的母亲如何保护他的故事，这同革命导师恩格斯、列宁那样热爱自己的母亲，而却很不满意自己的父亲有何区别呢？”

毛泽东做的事，而且是正常又合乎情理的事，却被歪曲为“丑化”。毛泽东的话，在“文革”中被称为“一句顶一万句”。此时，不但不顶一句，因为不合某些人的心思，连宣传一下，也被污以恶名，大加批判。这些人利用毛泽东的威望，行自己见不得人的野心的情形，用一句“文革”中常用的成语，真正“昭然若揭”！

对于江青、张春桥一伙对罗瑞卿本人的批判，罗瑞卿在信里也予以了揭发：

“‘四人帮’的狗头军师是长期潜伏下来的特务张春桥。两三年前，曾有同志告诉我，“四人帮”中的重要人物，同林彪早有勾结，甚至都参与了林彪对我的谋害。当时我还不大相信，因为江青同林彪的勾结，我是知道的；他（她）们的相互吹捧，我也亲自听到过。而张春桥等人却同林贼素不相识。现在看来，还是我太天真，头脑简单。不久前，报纸上曾载有张春桥向人吹嘘，林贼那个真称得起臭名昭著的、所谓学毛著的二十五字诀，他是参与了的，这就证明林张之间，早有勾结。

为了周立波同志的一篇短文，张当时只是上海市委书记处一个书记兼宣传部部长，时间也还不长（原为副部长），居然对中央宣传部和党的中南局气势汹汹地发号施令并要把他的意见下令全国报纸照办，还有所谓为‘罗长子’翻案之滔天大罪等等，已经够说明问题了。这个特务分子，其所以敢于这样横行霸道，狗胆包天，不是恰恰证明他有当时江青、林彪在他看来是硬得不能再硬的后台老板，而且他投靠林彪已经靠得很紧了吗？”

尾声

随着“四人帮”的倒台，“文革”结束，许许多多如《韶山的节日》之类弄出很大动静的“事件”，都烟消云散，水落石出。细细分析下来，不过就个别人的一己私欲，一点说不出口的个人怨忿。可是，当时的参与人潮和千篇一律的批斗内容，真正还没有把那个人的隐秘心事的点公开出来。今天看来，当时的政治生活已经相当不正常，相当个人意志化而不是充分表达人民意志了。

这种状态终于不能延续。“文革”结束就是人民不能容忍这种非正常状态的表征。1978 年初，周立波、秦牧等同志纷纷发表文章，对这一所谓“事件”，予以了深入的揭示和坚定的批判。饱受“文革”迫害，此时已经身残的罗瑞卿将军，也奋力写出信件，与周立波、秦牧等人的文章相与呼应。此时，《韶山的节日》顺理成章有了再次与读者见面的机会。

《韶山的节日》，这次发表在《人民日报》“战地”上。当然的，“罗瑞卿”的名字恢复刊出。文章的再次发表，仍然在读者中产生强烈反响。首先人民可以看到，（大多数人，甚至是批判它的人，是没有读过和见过这篇文章的。）一篇怀着景仰、歌颂伟大领袖的好文章，是怎样被加以莫须有罪名，遭到非常批判的。仅此一点，便可以见出批判者的荒谬和其不可告人的别一番野心。

另外，“文革”十年，毛泽东日渐被推上神龛，百般神化，已成了人们心中不见情味的偶像。此文刊出，人们从中却很贴切地认识和感受到作为人的领袖丰采——对先人的衷心认同，对当年友人亲人的深切缅怀……这样看来，这篇文章再次发表，不仅为文章本身证明，也为被神化的领袖证明。对于刚从“文革”非正常环境中挣脱的人们，其意义和认识作用，是绝不可低估的。

真正有价值的事件，历史没有、也不能低估。我们今天来记叙、回味、思考这篇文章引发的所谓“事件”，正是尊重历史的行为，这当然也是我们来探讨《韶山的节日》事件始末的重要缘由。

《屈原》袭用《李尔王》？

1942年元月2日，郭沫若开始动笔写作历史剧《屈原》。短短十天，全剧完成。这十天中间，郭沫若在外面做过四次演讲；每天照常会客，并一天平均达十人之多；还替人看稿（元月5日为朋友写的《山城夜曲》看稿，用去整整一天），还参与外面应酬，7日那天参加苏联大使馆茶会，看电影到深夜……由此看来，写作时间真得“挤”出，速度之快连郭沫若都有些出乎意料。故他在11日的日记中记述：

“夜将《屈原》完成，全体颇为满意，全出意想之外。此数日来头脑特别清明，亦无别种意外之障碍。提笔写去，即不觉妙思泉涌，奔赴笔下。此种现象为历来所未有。计算二日开始执笔至今，恰好十日，得原稿一二六页……真是愉快。”

可就是这样一部作者异常快意的作品，在发表之初，曾被人指出有“袭用莎士比亚”的嫌疑，这是怎么回事呢？

一

在《屈原》的最后一幕，剧中主人公来到东皇太一庙，在雷电交加，大风咆哮之际，对着神像疾声呼喊：

“风！你咆哮吧！咆哮吧！尽力地咆哮吧！在这暗无天日的时候，一切都睡着了，都沉在梦里，都死了的时候，正是你应该咆哮的时候！……

啊，我思念那洞庭湖，我思念那长江，我思念那东海，那浩浩荡荡的无边无际的波澜呀！那浩浩荡荡的无边无际的伟大的力呀！那是自由，是跳舞，是音乐，是诗！……

啊，电！你这宇宙中最犀利的剑呀！我的长剑是被人拔去了，但是你，你能拔去我有形的长剑，你不能拔去我无形的长剑呀。电，你这宇宙中的剑，也正是，我心中的剑。你劈吧，劈吧，劈吧！把这比铁还坚固的黑暗，劈开，劈开，劈开！虽然你劈它如同劈水一样，你抽掉了，它又合拢了来，但至少你能使那光明得到暂时间的一瞬的显现，哦，那多么灿烂的，多么眩目的光明呀！

……”

这段长达数千字的独白，以风暴作背景，以雷电为驱遣对象，将屈原此时此刻对天地，对人生的认识，对光明的渴求喷涌呼啸而出，真可谓人天合一，鬼神惊悚，取得了极强的艺术效果和感染力，后来人们常常将此节从剧中抽出，作为典范，标之为“雷电颂”。

二

但是，剧本于元月 24 日—2 月 7 日在《中央日报》连载之后不久，有人就写信致郭沫若，希望作者将这一节独白从戏中删除。

建议删除该段独白的是年青诗人，后来成为著名报告文学作家的徐迟。当年 3 月，徐迟从香港到达重庆，26 日这天，他迁住进“文协”，在这个宁静的环境中，他一口气读完了郭沫若的这部新作，“激动万分，遂至失眠”。但大约由衷喜爱，寄望便深切，他立即给郭沫若写出

一信,信中没有表达自己的感佩赞扬,而首先提出的,就是希望将这一节文字删除:

“《屈原》第五幕第二景风雷电的 soliloquy(自言自语),我不赞成,因为这是 King Lear(李尔王)。甚至詹尹的出现,也像 K. L.(李尔王)中的傻子或可怜的汤姆,竟使人感觉一点点温暖了……

至于——

电,你这宇宙中的剑,也正是,我心中的剑。你劈吧,劈吧,劈吧!把这比铁还坚固的黑暗,劈开,劈开,劈开!

与 K. L.(李尔王)的——因为背不出来,所以不引莎翁的句子——有平行。所以虽是光辉的诗句,我还是不主张这一段独白存在于《屈原》剧中。”

徐迟在这里说得很清楚,他不赞成这一段独白存在于《屈原》中间,是因为它与莎翁的句子——“有平行”。“有平行”是客气的委婉辞,直白一点说,便是“袭用”。一个著名诗人、戏剧家、学者,袭用莎士比亚剧中的内容和句子,这真是一件颇为严重的事情。所以,徐迟从维护郭沫若声誉出发,认为就算这一节是“光辉的诗句”,他仍主张作者将其删除。

不仅此,连删除之后如何补救的方案,徐迟都替郭沫若作了设计:“请你原谅我,我真是要提议呢,把暴风雨的场面改为《天问》的场面,或别的场面……《天问》尽可以不投合近来那大量的时髦而注重生意的剧作者的胃口,若你把《天问》构制起来,我相信,你的诗句是天上的静静的夜的大戏院里,那些星座一样灿烂,无穷的灿烂的诗句,能使听众晕倒。”

三

读到徐迟的信,郭沫若赶紧寻出莎士比亚的《李尔王》来,针对徐迟的提示,将其中第三幕读了一遍,"的确是有些相似,相似得令我自己都感觉着有点惊讶。"

这是一种偶合还是郭沫若的袭用?这当然得郭沫若自己来解释。他在给徐迟的回信中这样说:"但我要告诉你,我很惭愧,像这《李尔王》——这'戏剧中最完全的典型'(雪莱语),我却是第一次才阅读到的。三十年前读过兰谟的《莎翁本事》(林纾译《英国诗人吟边燕语》),像暴风雨愤怒的一段大概也是有的吧,目前兰谟的原书和林译本都没有,无法引证。"

其实在当时,就有一些朋友对郭沫若说,《屈原》有莎士比亚的风味,有的人指出像《哈姆雷特》。郭沫若自己也有些这样的感觉,虽然说不出哪些地方相像。现在,徐迟指出其与《李尔王》相似,一读之下,"莎翁原剧里面的台词和气势的确和我的'有平行'。"郭沫若解释,自己手里有一部英文的《莎士比亚全集》,是近几天花两百多元刚买到;还有一部坪内逍遥翻译的日文全集本,是冯乃超不久前送给他的,"朋友们怂恿我研究一下,我也很想大大地畅读一番,但一直还没有动手。"此刻感觉惊奇之余,为了更好比照(因徐迟手中无原文),郭沫若自己立即将相似的一节翻译了过来。那是第三幕第二场"荒原的另一部分,暴风雨继续着"。李尔王与弄臣出场后,李尔王唱着:

"吹吧,风,把你的嘴巴吹爆!发狂吧!吹吧!你倾盆瀑布和龙卷倾泻吧,让水淹掉风车,浸到塔顶!你硫磺臭的如心意般迅速的火呵,你劈破槲树的雷霆的先驱,把我的白头烧焦!你震撼万物的雷,把这圆而厚的地球打成平板!把自然中一切造型粉碎,把那/使人忘恩负义的一切胎芽一举溃灭!"

"你尽兴地吹吧!喷呵,火!倾呵!雨!你们风雨雷电并不是我的女儿,你们这些元素,我并不责备你们不孝,我从不曾慈爱过你们,不曾叫你们为儿女;你们于我没有什么义务,因此尽可以/横行无忌,我站在这儿,就像你们的奴隶,是一个可怜、脆弱、衰朽、无告的老头儿——可是你们这些尊驾也够无赖啦,你们同我那两个忤逆的女儿伙在一起,把你们的天兵天将向我这样衰老发白的头上进攻！啊！啊！这是卑鄙!”

从郭沫若亲手翻译过来的这两节原文看,与屈原的那段独白,的确十分相像。“但我却深自庆幸,我在写《屈原》之前不曾读过《李尔王》。假使我读过而且读得很熟,我的《屈原》恐怕是写不出来的。”

郭沫若说出了艺术创作中的一种特殊现象:“崔颢在上,李白不敢题诗。”“不要误解,我并不是自比为李白,只是到了目前的年龄,已失去了雷同因袭的勇气了。”

这里有外在形式的相像,但内涵呢？郭沫若分析:“好在《屈原》的雷电独白和《李尔王》的也有一些很大的不同,便是屈原是与雷电同化了,而李尔王依然保持着异化的地位,屈原把自然力与神鬼分化了,而李尔王则依然浑化,屈原主持自己的坚毅,李尔王则自承衰老……”

徐迟在信中经过分析认为,“在暴风雨的题材里,莎士比亚已经发展到了这样的高度,因此超过它是需要一个 titanic(巨大)的劳役的。”言下之意郭沫若《屈原》中设计的这段独白,似乎有与莎氏争高下的想法。郭沫若从作者心理角度以及李尔王与屈原实质精神不同,觉得足以说明问题:“有这些悬异,虽然并没有那种 titanic 野心,想同莎士比亚比赛,但至少或许可以免掉复制版的嫌疑吧?”

针对徐迟提出以《天问》场面替代暴风雨场面的提议,郭沫若也“觉得假使要照那样修改的时候,恐怕非把全局另作一遍不可。”对于以情节冲突支持的戏剧结构,牵一发动全身,郭沫若是深知其中利害的。

对于暴风雨中的屈原独白效果,在读到日译本序中一些引文,倒略略使郭沫若有些担心。因为有人分析李尔王那段戏时说:然而(在舞台上)一个老人在暴风雨中蹒跚跄踉着的情形实在是只觉得可怜,只觉得狼狈。但郭沫若的信心是:“不过屈原比李尔王年青,境地不是旷野,有镣铐缧绁助愤……扮演屈原的金山兄关于这层定有深刻的了解,相信也不至于可怜而狼狈吧。”

抗战的背景使得爱国诗人成为人们精神的象征。当年4月,《屈原》在重庆上演,轰动整个山城。《新华日报》报道:“上座之佳,空前未有。”几十年来,这部戏剧,作为郭沫若的代表作而不断散布着它不灭的艺术魅力。“屈原”暴风雨夜中的独白,也因为几位优秀演员的渲染而成为人们难忘的经典。徐迟当年指出的袭用之点,因郭沫若本人的解说,人们也得以释疑。

1978年,郭沫若逝世,诗人徐迟很快写出一篇名为《郭沫若、屈原和蔡文姬》的纪念文章。他用了这样的开篇:“请听:‘鼓动吧,风! 咆哮吧,雷! 闪耀吧,电! 把一切沉睡在黑暗怀里的东西,毁灭,毁灭呀!’在《屈原》这个历史剧中,发生了这样强烈的声音。这是未能如此发出却郁积在屈原心胸之中等待着有朝一日爆发出来的声音,这是鲁迅的呐喊的继续,这是郭沫若的《雷电颂》。”这开篇的动情的话,应当是徐迟对其先前质疑的最直接的回应。但他不满足于此:“郭沫若和屈原,历史条件不同,生活际遇不同,然而两个不同的新兴社会阶级的诞生之前的阵痛,却有一定相同之处。阵痛的程度却也不同……郭沫若的情感比屈原的感情是更加强烈的,有《雷电颂》为证。”似乎为了进一步突出,徐迟还接续下去:“在《屈原》这历史剧的第五幕第二场中,郭沫若化身为屈原的形象,向一切反动阶级的统治者们,尤其是向着当时的国民党独夫民贼,倾泻了他的愤怒的火焰。他登上了九天,抚彗星! 他舒长剑,以拥护幼艾! 他向尘寰,向仙山琼阁,投掷他的《雷电颂》。”

在后来的文字里,他特别对自己当时的质疑作了表态:“屈原这个人物是在历史推移过程中出现的一个新兴的阶级人物，是反对野蛮的没落的奴隶主阶级统治的，第一个宣告新制度将要来临的诗人。郭沫若在《屈原》中发出了一个先驱者反对黑暗统治的雷电般的挑战，由此剧中人物屈原是与象征时代精神的雷电同化了的，郭沫若也是和雷电同化了的。……在莎士比亚的《厘雅王》（今译'李尔王'）这个剧本中，厘雅是横蛮狂暴的君王，一种'异己'的'异化'的力量，向着同样横暴的贵族阶级，发出没落者的衰颓的暴怒，因此雷电是与厘雅'异化'的，厘雅王不是雷电。莎士比亚和他的时代的雷电也是'异己'和'异化'的，莎士比亚也并非雷电。《屈原》和《厘雅王》两个历史剧的社会条件，历史内容不同，由此将两者拉扯在一起是不伦不类的，反映了我当时的幼稚无知。"

此时的徐迟，显然完全同意了郭沫若的辨认解说。并坦然对自己当时的质疑表达真诚歉意。这是一个真正文化人的应有之态，并且他是用一种带有深挚情感，用诗一般的语言来描述的，所以就带有特别的感染力。这个发生在当年，事关"袭用"外国名家的插曲，就在此时完全尘埃落定，但通过此，却可以见出当时人们对艺术的真诚，同时见出杰出诗人郭沫若的胸怀风范，这也许不是记述这段轶事的言外之意。

“马恩”何时入《女神》

《女神》不仅是郭沫若，也是现代文学最为著名的新诗集。略微读过点文学的人，几乎都会知道它出版于1921年8月，所有的文学史和多种版本，都清楚地注明着这一点。

但是，它的内容全部产生于这一时间吗？

《女神》集中，有一首名诗——《匪徒颂》。这首诗，是为反对日本新闻界对中国青年的诬蔑而作。他们称“五四运动”后的中国学生为“学匪”。郭沫若满怀愤怒地写下了这首抗议的诗作。在诗里，郭沫若通过对世界历史上起过革新作用的——“古今中外的真正的匪徒们”的高度评价和赞扬，反映了当时进步青年强烈要求改革的共同心声。

在现今所见的绝大部分版本上，这首诗里的第二节显得格外触目：

鼓吹阶级斗争的谬论，饿不死的马克思呀！
不能克绍箕裘，甘心附逆的恩格斯呀！
亘古的大盗，实行共产主义的列宁呀！
西北南东去来今，

一切社会革命的匪徒们呀！

万岁！万岁！万岁！

这首诗的写作时间，尾部注明为“1919 年年末作”。乍一看去，真正觉得郭沫若了不起。竟然在这么早的时间，就对我们现在认为共产主义的领袖人物，有如此深入和全面的认识；居然早早将他们列入自己所尊崇的“古今中外的真正的匪徒”中间，加以大力赞扬。

大学和中学的课本里，全然是如此刊登的。记得中学一位语文老师，就由此节诗得出郭沫若当时就对共产主义有清醒认识的结论。这样的情形，相信凡是读讲过此诗的人都会遇到。

但是，这节诗在所署“1919 年年末”那个时候，真是这么写，这么认识清醒吗？查《时事新报·学灯》影印本，在该诗最初发表的 1920 年 1 月 23 日，见到了原诗。其中第二节，是这样的：

倡导社会改造的狂生，瘐而不死的罗素呀！

倡导优生学的怪论，妖言惑众的哥尔栋呀！

亘古的大盗，实行波尔显威克的列宁呀！

西北南东去来今，

一切社会革命的匪徒们呀！

万岁！万岁！万岁！

“罗素”是现在人们熟悉的英国哲学家，积极倡导社会改革，所以被列入郭沫若赞扬的匪徒之间。“哥尔栋”，今译“高尔顿”，是英国 19 世纪的遗传学家。他受到达尔文进化论的影响，系统研究了与人类遗传素质有关的因素和规律，在《遗传的才能和性格》等著作里，第一次阐明了优生学原理。是“优生”最早的提倡者。因为这样革新而大胆的理论，他也得以入围郭沫若的“匪徒”行列。

写列宁一行，原本是“实行波尔显威克”，用今天的翻译，应当是实行“布尔什维克”。

在1921年8月由泰东图书局出版的《女神》初版里，这节诗大致仍是报刊发表的样子。但是，今天绝大部分版本所见的，如何却是另一番模样？加进了马克思、恩格斯，使诗的成分发生如此显著变化呢？

1953年1月，人民文学出版社再版了《女神》。在“本书出版说明”里，有这样一段：“《女神》出版于1921年8月，是‘五四’新文学运动中影响最大的一部诗集。现在经作者作了若干修订，并加上必要的注释，重新出版。”在这个本子里，《匪徒颂》只加了两个小注，是关于菲律宾爱国诗人黎塞尔，瑞士教育家丕时大罗启（今译裴斯泰路齐）的，大约考虑读者不够熟悉的缘故。上面所举三句，当然仍是“马克思”“恩格斯”“列宁”，却没有任何其他说明。

查近年出版的《郭沫若全集》，在收有《女神》的卷中，对这一节才有所说明。在注释里，录出了《女神》1921年初版本的内容后，注明“1928年编入《沫若诗集》时，作者改如今本。”

不仅如此，在另一处涉及革命导师列宁的地方，内容也是经过改变的。《女神》收入的名篇里，还有一首《巨炮之教训》。这首诗，以日本博多湾海岸上两门巨炮起兴。这两门巨炮是从前日俄交战时被打败的沙皇军队遗留下来的，成为了博多湾海岸上的“幽囚者”。诗人与巨炮对话，问：“你们为什么都把面皮红着？/你们还是羞？/你们还是怒？……”这时，有两个奇异的人形前来相见，他们一个“好像是托尔斯泰，/一个好像列宁，一个涨着无限的悲哀，一个凝着坚毅的决心。”

因为牵涉到俄罗斯，所以出现了其代表人物托尔斯泰及列宁，他们是来回应诗人的询问的。托尔斯泰提到了中国的墨子和老子，他们的主张，是托尔斯泰喜欢中国人的一个理由。其它便概括了托氏“克己”“不抵抗”（无抗）“朴素”“慈爱”的社会生活主张……这些不用多介绍了。我们只是来看看列宁的发言。在现在的几乎所有版本中，这一节是这样描写的：

“列宁先生却只在一旁喊叫,/‘为阶级消灭而战哟!/为民族解放而战哟!/为社会改造而战哟!/至高的理想只在农劳!/最终的胜利总在吾曹!/同胞!同胞!同胞!……’他这霹雳的几声,/把我从梦中惊醒了。”

“阶级消灭”“民族解放”“社会改造”……列宁当时真是这么说的吗?非也。这几句,在1921年《女神》初版本中,其实是这样的:

“列宁先生却在一旁酣叫,/‘为自由而战哟!/为人道而战哟!/为正义而战哟!……’”

显见的,当时的郭沫若,对这些革命家的理解,其实是有限的。他虽然赞颂“十月革命”,可他让列宁口中喊出的,还是资产阶级民主革命的口号:“自由”“人道”“正义”云云。应该说,当时的大多数作家们,对“十月革命”的无产阶级革命性质认识,多是不透彻,甚至不理会的,这绝不止郭沫若一人。可是,后来郭沫若把这几句列宁的“话”改动,调整了,却没有作相应说明,仍然在这首诗的末尾,署着“1920年4月初间作”的字样(在《时事新报·学灯》发表时,原注为:“一九二〇年四月十八日于福冈”)。这虽然看起来“先进”了许多,可正如茅盾后来读到这一节时议论的:“反倒失了本来面目。”

《女神》诗集发表之后,中国的文学社团纷纷成立。诗人和作家们,也纷纷投入进革命洪流之中。1926年,郭沫若参加了著名的“北伐”,担任过政治部副主任等职。战火的洗礼,使郭沫若思想有了更成熟的发展。1927年时,他不仅写出了风靡一时的《请看今日之蒋介石》这样的有力檄文,而且由周恩来、李一氓介绍,加入了中国共产党。他的思想,与近十年前写作《匪徒颂》时相比,自然有巨大的变化。

1928年,包括《女神三部曲》《天狗》《星空》《巨炮之教训》《春蚕》等多首诗作的《沫若诗集》出版前,作者本人便对其中多首诗作,按照发展后的思想进行了修订。《匪徒颂》此时,便由“马克思”替代了“罗素”,“恩格斯”代替了“哥尔栋”,马、恩、列,便如今天的排列一般,在一节诗里同时出现了。《巨炮之教训》中的列宁,说话便有了充分的“无产阶级”色彩……

一个人思想逐渐发展,认识产生变化,这是十分正常的。人们在对自己先前的作品修订时,当然也常常以更成熟的眼光,来对当时的内容进行改造。但这却会引发误会。譬如《女神》集里《匪徒颂》这首诗,无论修订与否,后面的写作时间却都是“1919 年年末作”,《巨炮之教训》依然,后面总是“1920 年 4 月初间作”的字样,而没有进一步修订的相关解说。那么,读者便会认为郭沫若当年的认识会成熟如此,以致拿此来说明、领会问题,那便自然会造成很多误会。这也许是可以略加澄清的一点理由。

《烽烟图》手稿的离奇经历

“文革”之前，作家梁斌以《红旗谱》《播火记》两部长篇小说著名于世。尤其《红旗谱》，不仅热销，1961 年又改编成电影，由著名性格演员崔嵬扮演其中主角“朱老忠”，获得巨大成功。电影放映，对小说的传播，也发挥了推波助澜的作用。

但在《红旗谱》《播火记》两部小说之前，梁斌还写出了另一部长篇《七月》（后改名《战寇图》，定名《烽烟图》）。这部小说，与后来发表的两部小说，实为相互联系，难能分割的“三部曲”。可它的遭际，就远不及《红旗谱》《播火记》的幸运。它不仅长期未能出版，在“文革”中，手稿被强迫上缴，后竟然失踪。一直到“文革”结束，经多方求助，终于由好心人提供线索，报刊发表消息，分离已久的上下两册手稿，居然先后从两方异地分别获得。其中的情节几乎又可成一部小说。不过故事却非虚构，而是真实、真情的现实演绎。

一

1954 年，40 岁的梁斌经过长期构思，开始了一部长篇小说的创作。用了近一年的业余时间,梁斌写出了小说第一部的初稿《七月》。其中的部分章节,梁斌拿出交《北京日报》《天津日报》连载过。但写完第一部后,梁斌返过头来看,感觉其中的倒叙部分所占比例太大,与全书不大相称。于是,他决定将这部分从中抽出,单独成一部。内容主要写朱老忠、严志和两家的友情,并由此展开故事。这一部分,唤起了梁斌对青少年时期战斗、生活场景的回忆,因而写得激情四溢,其中人物也显得生动鲜活。这部从中抽出而独立的长篇,就是后来在群众中产生很大影响的《红旗谱》。

写这部系列小说,梁斌几乎是废寝忘食。1955 年夏天,梁斌调任河北省文联副主席,专门从事创作。为充分利用时间,也为书中人物命运冲击,梁斌一段时间几乎通宵达旦工作。最初,晚七时开始写作,到午夜两三点钟休息;早七点半又起床,一口气写到晌午……这样拼命下来,几年时间,梁斌不仅完成了《七月》,还将从中抽出的两部分,分别又写成两部长篇《红旗谱》《北方的风暴》(后改名《播火记》),四年间,竟完成三部长篇小说。

梁斌最早交出的是《红旗谱》。1956 年底,经改定脱稿的《红旗谱》,交给了中国青年出版社。1957 年底,《红旗谱》出版。第二年,全国各大报刊纷纷发表文章,评介《红旗谱》,可以说好评如潮。书的发行量,自然就相当可观。

但此时的梁斌,却因过度劳累,积劳成疾,入住北京友谊医院养病。后两部书的修订,也只好有待时日。一直到 1963 年夏天,小说第二部《播火记》才在北戴河修改定稿。同年 11 月,这部小说由天津百花文艺出版社和作家出版社同时推出。由于《红旗谱》的广泛影响,这部小说的热销,是在出版社和作者意料之中的。

1965 年春,梁斌又回到自己写作长篇的原点,开始修改这部最早完成的《七月》。这部初稿,在 1959 年发表部分章节时,已更名《战寇图》。后来，一部名为《战洪图》的电影拍摄放映。为避免自己作品与这部影片混淆，梁斌又将此书改为《抗日图》。但从内容考虑，又并非妥当。因小说反映的是抗战烽烟初起时的情景，而未写到如火如荼的抗战，于是，这部小说最终更名《烽烟图》。

二

想来，这部《烽烟图》生非逢时。刚完成后，便由作者自己从中抽出两部分，写成《红旗谱》《播火记》早早享其声誉；当它的修订完成提上议事日程时，“文革”“烽烟”却起来了。1966 年 9 月，梁斌家被抄。这部装订成上、下两册的《烽烟图》原稿，便在强大的“洪流”之下，被勒令交出。这一次交出，这部小说便几乎与作者绝缘了。

《烽烟图》手稿交出后不久，梁斌放心不下，便向机关群众组织的一个头头问了一下。头头回答：“我不知道。”跟前的造反派也幸灾乐祸：“没有下落了。”梁斌一听，血压立即升高了起来。这部原稿在写作时，他还在《新武汉日报》担任社长。业余时间写出几十万字，艰难程度可想而知。作者对于自己作品，常如子女，万分珍爱。此时一听稿子没了下落，梁斌情绪大受影响，几天都愁眉不展。

造反派中的一些群众，见到梁斌这个样子，也起了恻隐之心。有人就对梁斌说：稿子可能在某人手里。梁斌想，此人还不错，大约不会把稿子弄坏弄丢的。

几年过去，到了 1970 年春天，虽仍在“文革”中，但到底没有最初几年的混乱了。梁斌又想起了自己《烽烟图》原稿。他便向当时管理他们的群众组织询问。不料竟因此惹出乱子。管“牛棚”的小组长以梁斌“反攻倒算”为名，强迫其检讨。此后，梁斌也不敢轻易张口了。

1971 年，梁斌被解除“管制”。第二年春天，被抄家的一部分物件也逐渐退回。但是,《烽烟图》原稿却不见了。问到工宣队,他们说原稿在石家庄大批判组里;问到大批判组,又说用完后已送回唐庄指挥部。梁斌急了,连续给省委写了几封信,要求追回《烽烟图》原稿。在上级压迫下,指挥部把收存的所有箱子打开检查,可《烽烟图》原稿却终于不知去向。

此时的情形,用梁斌后来的话:“作家丢了原稿,可以想象,就像母亲丢了孩子一样的难过。尤其丢了《烽烟图》原稿,我这颗心就像是在油锅里熬着一样。”

1976 年“文革”结束。梁斌在这段时间秘密写作的长篇小说《翻身记事》得以出版;很快,《红旗谱》《播火记》也被再版。此时,《烽烟图》的写作,自然可以提上议事日程。但是,原稿没了,又经历久远,距原稿写作已十多个年头,内中除去一些较为生动的情节,大部分细节已十分模糊。想重新写出,万分艰难。但是,原稿中的一些人物、情节,仍然“好像鬼魂一样在追随着我,甚至在梦寐之中,也使我不安。一梦到他们,我的心头就惊怔不止”。

无论怎样艰难,梁斌仍想将这部书写出来。他找到了一些《烽烟图》的零张散页,想由此引发一些联想。但一部长篇小说,不是这一点零星的记忆所能构成的。所以,拿着笔的梁斌,常常是怅然失神,无所适从。

三

1977 年,《红旗谱》又一次修订再版。作者梁斌再次引起媒体关注。1978 年秋季,新华社记者马杰采访了梁斌,知道梁斌的写作计划,也知道他为原稿丢失的懊恼。回去后,马杰写出一篇访问记《拼将热血展红旗》。文章以新华社专稿形式发表,全国十数家报刊予以采用。

没想到,这篇访问记真为《烽烟图》原稿的回归,起了绝大作用。1979年初,在张家口市委办公室工作的复转军人张瑞林,读到了这篇文章。文章中一段话引起了他的特别注意:“当记者来到他的书房的时候,梁斌正戴着老花眼镜,埋头桌前,全神贯注地写作《红旗谱》第三部《战寇图》。提起这部作品,他气愤地说:这部书本来在写《红旗谱》第一部时已经完成了初稿,林彪‘四人帮’横行时,底稿被抄走遗失了,现在保存下过去发表过的章节,有许多章节必须重新补写。”这使张瑞林想起了在部队时的一段情景。

那是此前数年的事了。当时张瑞林是保定驻军某部的一名年轻的新闻报道员。由于工作关系,他经常到保定日报社送稿。一天,在一位编辑的桌上,他看到了一叠用线绳串起的厚厚的手稿。手稿封面,写着“战寇图”几个大字。稿纸与一般纸不大一样,比十六开大出许多,这当然是为了修改的方便。稿子是钢笔竖写,笔迹颇见功力。张瑞林拿起来翻了翻,看见稿中有“朱老忠”“严运涛”这样熟悉的名字。这不是《红旗谱》中的人物吗?

张瑞林是保定人,又爱好文学,以保定地区为背景的小说《红旗谱》自然是他的最爱。他赶紧询问这部手稿的由来。编辑告诉他,这是梁斌的手稿,是《红旗谱》三部曲中的一部。现在梁斌成了黑线人物,小说成了大毒草,遭到批判。这部手稿可能是抄家之后辗转到报社的。编辑对张瑞林说,你喜欢可以拿去看,也可以从中学习写作技巧。

张瑞林一听,喜出望外。当时学习写作,见到的除去学习材料,就是大批判文章,要看一部小说真不容易。回到军营,他将这部手稿一口气看了几遍,才依依不舍地送还回去。不料他到报社还书时,却找不到借他手稿的那位编辑了。一问,才知道那位编辑是部队到报社“支左”来的,已经完成任务回去了。手稿,张瑞林就带在了自己身边。

张瑞林对这部手稿倒是十分上心的,野营拉练也没有放下过。直到1978年,张瑞林要复员了,他才有些为难起来:书稿是带回去,还是留在部队上呢?当时,一些"文革"中批判的所谓毒草,已陆续开始出版。张瑞林想,这部书也有可能出版。作者如果来找,在部队还是容易一些。他便在临行前一天,郑重地将这部手稿托付给战友李向前,希望他妥善保管。

读到这篇有关梁斌的采访记后,张瑞林坐不住了。看来这真是一部未发表过的手稿,而且是作者唯一的底稿。现在梁斌因稿子丢失又要重写,那该要花费多大的努力呀?想到这里,刘瑞林立即给梁斌写了一封信,详细讲述了自己保存手稿的经过,并告诉了手稿现在的收藏人。接着,张瑞林又给部队战友写信,让他们准备将手稿归还作者梁斌。

几天后,写梁斌创作情况的新华社记者马杰,专程到张家口采访了张瑞林,告诉他说,梁斌收到你的信,流下了眼泪。梁斌此时也通过张瑞林提供的信息,托人帮助,在部队找到了收藏书稿的李向前。李向前是从衣服包袱里取出原稿的,保存得很好,一页不缺。梁斌收到稿子后,激动之情,可想而知。他致函张瑞林,感谢由于他的帮助,找到了自己作品原稿,并向他"致以老同志的谢意"。

但是,张瑞林曾收存的这本原稿,并非《战寇图》的全部,而是两本手稿之一的下半部分。当然,仅此,梁斌已经十分欣慰了。新华社记者马杰,又据此写出一篇报道《梁斌找到〈红旗谱〉第三部〈战寇图〉原稿》。发表在4月10日的《人民日报》《光明日报》等各大报纸上。

事有凑巧。同在张瑞林部队当过兵的李焕昌,也在山东自己老家见到了《光明日报》上这第二条消息。他手上,正保存着这部手稿的上半部分。他立即给《光明日报》编辑部写了一封信,说明原委;又将这半部手稿寄给《光明日报》的秦晋同志。秦晋亲手将这部手稿交到梁斌手里，至此，这部丢失时间长达十二年的原稿，终于意外地“完璧归赵”。对着这遗失已久的“孩子”，梁斌不由流下了热泪。

从李焕昌的来信里，梁斌又知道了这半部手稿的命运。那是1968年8月，河北文联的人们到石家庄三二〇学习班时，当时驻军某部有人在《保定日报》支左。《保定日报》与河北文联毗邻，有人从文联取出此稿。当时到处没有书读，这部当时应受批判的手稿便在营里、团里秘密流传了数年之久。

不管怎样，梁斌重又寻到了失稿，心情可想而知。他分别给为此事出过力的张瑞林、李焕昌及保定驻军某部的负责同志写信，表达感谢之情。后来《战寇图》以《烽烟图》正式出版后，梁斌还在“后记”中对他们再致谢意，并赠书以表达感忱。

尾声

《战寇图》手稿回归后，梁斌立即开始着手修改。此稿写于《红旗谱》《播火记》之前，修改起来十分费力。当时写此稿时，梁斌才不过四十岁，而今已是花甲之年，阅历心境均有很大不同。在这种困难情况下，经出版社同志帮助，梁斌用了近两年时间，才将此书修订出来，并以《烽烟图》的新名，于1981年10月交最初出版《红旗谱》的中国青年出版社。

1983年5月，《烽烟图》由中国青年出版社出版。因为有《红旗谱》《播火记》的不俗影响，这部书的发行量也极可观。时间又过去二十多年，这部著作仍不失却魅力。2005年，这包括《烽烟图》在内的“三部曲”，以《红旗谱》为总名改编成电视连续剧，在荧屏播放，仍引起了颇大反响。这可见出一部精心之作的生命力。

一个作家，对自己的作品，那种情感是一般人难以想象的。可在混乱的“文革”中，人却无法把握自己的命运，更不要说一部作品手稿了。在梁斌，却似乎特别受到幸运之神关顾。居然在混乱之后，虽神奇却较顺利地从两处异地得到了丢失的原稿，这几乎是一段传奇。可这传奇的基础，又是在人心向善、珍惜文化、尊重知识这样民族的优秀传统中建立和获得的。这是我们在感叹这段传奇时可以深思的。

周越然如何以教科书“致富”？

周越然，二十世纪初叶的有名藏书家。他的藏书，虽有宋、元、明版的善本，亦多西文珍稀原版，数量都不小，可是，周越然的藏书名声，却因其富藏“淫书”（周本人称为“性书”）而广为人知。据专家介绍，仅各种版本的《金瓶梅》，他就收藏有十数种；其它刻本的《痴婆子传》《灯草和尚传》……也无不大力搜购。这类书，大多历代禁止，十分珍罕，价格自然不菲，能竭力搜求，财力应当了得。那么，周越然无祖上遗产，自己又只是商务印书馆编译所英文部科长，如此大力采购费钱的“黄书”，他的资金由哪里出来？这，还得从周越然编著的一套《英语模范读本》说起。

一

周越然编述英文课本意图，可谓由来已久。周出身于浙江吴兴，就在不过十一二岁开蒙读《左传》之时，他就“常常偷看家藏之木刻本《英语注解》”了。后来正式学习英语，老师用的是一册西方人合著的

《文法作文合编》(Lockwood 当时译名陆克武,Emerson 当时译名伊默逊,由此二人合著)作教材。周越然因为有些英文底子,所以对该教材并不满意,认为它“繁简不称”。甚至因此与老师雷女士辩论起来。老师没有办法,一天便笑着说:照你这么说,你的文理比这部书的著者更精到了。假若这样,那我希望你能做一本专门为中国人用的文法书。周越然也毫不客气:我早已经开始编了,就快要完成了。周越然这倒不是随口乱说,在学习闲暇时,他针对自己学习的感受,陆续编成了一卷《简明英文法》。可惜,这册书并没有为他带来什么效益。因为他在1908 年将此书稿托朋友带到上海,希望卖给商务印书馆时,并没有什么结果。但是可以看出,周越然确实较早就希望编成一部英文方面的教科书了。

1915 年,周越然进入商务印书馆。商务印书馆由于事业发展很好,待遇各方面都不错,在当时已是十分难进的抢手单位。可周越然的进入,却没有经过什么申请、考核之类,他是由于英语颇佳,而为该馆英文部部长邝耀西看中,直接保荐进去的。

进英文部后,周越然最初主要做翻译校读工作。后来参与函授教育,编校讲义,批改函授课卷等。此外,还大量编译各种有关英文方面的书籍:《英文启蒙读本》《国民英语入门》《英文造句法》《英文作文易解》《英文作文要略》《英语中国故事》……这些书,应该是职务工作,所以虽然销售不错,可对于编者,收益却十分有限。

说起真正为周越然带来巨大经济效益的书,是一部同样为英语方面,却算得职务工作之外的著述。人们知道,编印教科书是商务印书馆起家,并长期经营,作为立业之本的一项重头工作。周越然在这里,就编辑了多本教科书。可这本书的编写,说来就有些特别之处。

在商务印书馆呆了几年,周越然感到不尽如人意,他便想调换一个生存空间。这时,设在南京的江苏国立高等师范向他发出邀请,任教之外,还兼一个主任衔。就在将去未去之际,商务印书馆出现了一个编辑教科书的机会。原来,“商务”的英文教科书,一直没有找到一部合适畅销的本子。当时也有一些西方人士,以自己编写的英文课本投稿给商务印书馆,可惜他们并不了解中国人学习英文的难点,编出来的东西不是太简单,就是太繁琐……一句话,不合适;国人中间,也有颇多人进行过这方面的尝试。可是,他们大多主要研究英美人学习本国文的教材,与中国人的习惯和思维模式相去较远,编出的教科书总与实际修习颇多隔膜。这让“商务”很是为难。为了解决这一问题,英文部主任邝耀西费尽心思。他一方面托人四下打听,一方面八方致函中外教育专家,请他们编辑或者对此发表意见建议。当时的主张也很明确,无论是谁,只要编出适宜的英文教科书,“商务”便可以接纳。

将走未行的周越然,也被邝耀西纳入参与英文教材“竞赛”的行列。匆匆之间,周越然编成了自己的“竞赛”部分——课样 32 节。因时间紧,连稿子都未誊正,更谈不上配图加工,就将一堆草稿送出,自己赶到南京的江苏国立高等师范上班去了。

不料来到南京未及半月,在上海的邝耀西便寄来快信,告诉周越然,他与编译所所长看了多种英文教材后,一致觉得周越然编写的部分为最佳,已经决定接受印行,请其从速完成全书编写。

恰好这段时间,周越然任教的国立高等师范并不多忙,他名义上兼一个主任衔,实际办公时间不多,于是,他可以集中时间、精力,收集材料,编写誊正。不长时间,一部名为《英语模范读本》的四册(后随学制变更改为三册)中学英语教科书完成了。

二

说来也巧,周越然成年后的大部分时间,都在为商务印书馆服务,偏偏这十来个月,他去了它处任教,不然的话,这部使他大发其财的教科书，被算成职务之内的本分，被“充公”了也未可知。

这“巧”为一。还应该有一巧，就是这部教科书合同签订的情况。人们知道，教科书一般来说，发行量都比较大，对于出版商，大都不与编者以版税结算，而采用一次性买断的方式。周越然这部教科书，一口气编了四册，分量既重，页数也甚多。当他交稿的时候，邝耀西就问他：周先生，你认为每册应得多少报酬？周越然先前没做过这种买卖，便说：我初次出售课本稿子，自己也不知道应得多少报酬，请你与上面斟酌一下就行了。邝耀西说，不行不行。你还是好好计算一下，明后天告诉我吧。

到了第二天，周越然碰见邝耀西，告诉他说，请你对上面说一下，我每册要 5000 元，四册一总 20000 元吧。邝耀西一听，连连摇头：数字太大了，恐怕开不了口。况且……我知道，上面是不会答应的。想来，邝耀西先前也应该与上面商量过的。不过，邝耀西还是说：这部书，你是费了大量心血的，又是我们特别定下来的，质量又不错……我再去找所长商量商量，一定不亏待你。

几天之后，邝耀西满面笑容来告诉周越然，编译所所长说这部书很不错，决意要印。两万块钱，公司一时不能付出。上面意思是，最好“两不吃亏”，采用版税原则，你认为如何？看来，所长和邝耀西虽然认为书编得不错，可市场前景究竟如何，还并不能看得清楚，所以，万一书销行一般，损失就大家都担待一些。周越然回答：我不知道什么叫版税，更不知道你说的两不吃亏是啥意思。邝耀西说：首先，公司排印此书，不要你出钱。你编辑这部书，公司也不先付你的钱。将来书售出后，按照定价，给你支付一定比例。以后假若销路好，你的收益一定很多；倘若销路一般，公司就赔钱了，这赔的钱也与你无关。这就是所谓“两不吃亏”，也就是版税（Royalty）。

邝耀西还进一步举例，现在外国许多大出版家及著作人，都喜欢采用这种办法。麦克米伦公司每年付出的版税超过一百万。英国有位诗人买了一块山头，建起了大厦，靠的都是版税。你认为怎么样？周越然听了，觉得也还合适，便说，既然版税是公平的事，我也不反对。谁知道，当时这么似乎随随便便一说，竟成就了周越然也能以版税建造藏书楼，大量收购中西珍善本图书的梦想！

从南京国立高等师范回到印书馆之后，周越然又听说，"商务"当时收到英语教材投稿的中外人士有八九人之多。这些人士投寄的稿件，大都经过细致审订，誊写齐整更毋庸说；还有人专为教材配上彩绘插图，可结果却均被一一婉拒，偏偏是没有出过洋的周越然编的教科书被看中。对此人们也许会感觉奇怪。

三

也许，因为没有出过"洋"，在学习英语的过程中，甘苦冷暖，比受到正规教育的感受更深刻许多，所以，编出教材来，能够结合实际，体会入微，因而更能够得到学子们的欢迎。当然，这只是从一般意义来说。从编写过程看，周越然还是动了许多脑筋的。

编写教科书，首先当然得依照标准原则。这个标准原则，是教育部制定出的。可当时所定标准也很简要。周越然在编写教材时，就按照自己理解，形成了自己的一些特点。学习英语，无非要达到能听，能讲，能阅读，会书写这几点。如何才做到这几点呢？在周越然看来，要想能听会说，发音一定要正确；阅读、写作、文法一定要十分熟悉。可在他的学习实践过程中，看到一些人学了三四年，也学了发音，学了文法，却仍然一无所能。在他看来，这一半在教学不得法，一半是课本编得不好。

教材编得不好，周越然以为，是将单词、造句、会话、阅读过分分割。基于此，他在编写教材时，就将这些内容综合排列，"合一炉而冶之”。他这样编写,是希望老师能够走上新途,采用新法,不唱老调;在学生一方,能够在学习过程中总有新的趣味,常常感觉自己在进步,这样使他增加兴味,增强深造的志向。

从内容上看,周越然的编写也富有特色。第一册中,他主要编写有日常常用的字句,人的身体部位名称,学校里看到的物件,家庭所用会话,以及数目、时间、房屋、衣食等等,在课后,还附加有发音、抄写、文法等相关练习。第二册的内容,主要是了解美国的一般生活。如方位、街道、火车、轮船、汽车、电车、图书馆、医院、公园等等,还附加一些有趣味,很浅易的小故事,使得学生可以获得一定的实际感受。第三册主要介绍英国的一些情况。比较第二册,多了一些文化内容:譬如英国人的家庭,他们的会客、拜客的礼节;宗教、婚丧、度量衡、币制、学校、纪念日等等。第四册主要是阅读部分,有英美的短文短诗,增加学生对西方文化的感知;同时附有修辞学纲要等。(后来由于学制变更,第四册取消)总体看去,周越然这部教材,编写的思路比较明确,注意到学生的兴味所在,最后得到学生老师的欢迎,风靡数十年,确实有其显著的特色。

在编写这部教材过程中,由于力图出新,周越然还受过一次折腾。当时大多数编写英文教材,都没有注意利用“国际音标”这一工具。周越然是制定该音标的国际语音学协会会员,便在自己编写的书里大加运用。在第一册的练习及词汇中,都用了国际音标,作为讲授读音的辅助。可这一招,先前从没有人运用过,出版商有些担心,便将这一部分从教材中抽出,另外形成一本小册子《初级英语读音教科书》。这部本来有助于学生的册子,送交教育部审查时,却被批了一通。批文大意说:编辑人于西文字母之外,改头换面,另设奇形之新字母,显系杜撰,实属荒谬绝伦……周越然见到批文,十分愤怒。他马上向教育部上书,说明国际音标的作用和来历。行文中,周越然当然颇带情绪,他说,国际音标已通行欧美各国,有字典,有教材,是学习外语的十分有效工具,怎么可能是我的创造?同时又将国际语音学会的宣言书附上,意在批评审稿者的无知。

除去上书教育部,周越然还将这封信稿,交送当地报纸发表出来。这下子,教育部吃不住了。一星期后,周越然接到教育部一封当事人来函,劝周越然息怒,将大事化小,小事化无。并告诉他,一个人做事,最伤感情者,莫过于以严厉之辞,在报刊上攻击个人或机关。这其中显然有道歉的意味。信的最后说,将来周越然编辑的图书,当竭力快速审定。至于《初级读音教科书》,因为批示已经公布,无法收回,只好再发一文,含糊了之。这次批文大意是:

据呈称"遵示复审商务印书馆呈请审查之《初级英语读音教科书》一册,该书采用万国语音学会之读音字母,以为英语拼音之助,用意甚善。惟中西语文,形态迥异,初学外国语时,即于寻常之外,加授读音字母,难免烦累淆混之虞……查该书以读音字母,防检英语读音之讹误,分课演进,尚便练习,应准中学、师范各校酌量采用为英语读音教科书……并将此种字母逐渐推广,以符实事求是之意……"由此看来,当局者否定了先前的说法,批准了《初级英语读音教科书》作为教科书的资格。接下来,周越然编辑的《英语模范读本》送审,不仅很快批准,还得到嘉奖的评语。

四

《英语模范读本》出版之后,受到欢迎的程度,着实令人难以想象。第一册出版不到两月,便已售罄。好在当时"商务"印制能力强大,随时添印,以应市场。可由于全国大多学校采用其为教材,即使以"商务"的印制力量,仍在一年左右的时间,不能完全满足市场。"七七"事变之后,甚至用上了当时颇为稀有的复印新方法赶印,弄得外界以为盗版。此书当时的发行盛况,由此可想而知。

此书销售极广,如今日一样,跟风搭车之事也不可免。当时出版的图书中,有的干脆直接抄袭,大多暗暗仿效,或使用"模范""标准"之类名称,浑水摸鱼者,不胜枚举。例如,天津一家名为"久大"的书店,便出版了两册《英语模范读本自修书》。该书只是将周越然编的书中英文翻译一遍,就成了自己的东西。另一册《英语模范读本单字成语释义表》,由一家名为"北平英文学社"者印行。该书将周越然的教材作了一些注释,也可以有可观的赚头。这样的事情太多,有朋友就劝周越然向法院提起诉讼,可周越然以为,这样的事情太多,假若逐一起诉,那几乎每星期都可能产生一件关于该书的诉讼案,实在没有必要。加上周越然以为,中国人常常翻译外国人的著作,盗印外国人的作品,他们也似乎没来干涉。"余为区区'英模'(《英语模范读本》简称),何必与本国亲爱之同胞相争耶?"

《英语模范读本》发行得好,对于以版税签约的周越然,自然收入不菲。周越然曾经在一篇名为《版税大王》的文章中回忆:"我第一次取得版税,数目不过二百多元……到了秋季,八月底,结账的时候,有个会计科的同事,暗暗关照我道,'老乡,你这一期的版税,一共有七千余元。'……"

到后来,这些收入也就不算什么了。当时商务印书馆每年三次结账,"我每年总有好几次一万以上的进款,虽然不是每期一万七,但是一万二三千的次数也不少。"今天我们说起这笔钱,也许感受不深,周越然曾为我们用实物打了一笔账:当时的米价,每石约十元左右。一万七千元,可购白米一千七百石……根据一部专业著述列举的数据,在 1918 年该书初版之时,一元币值大约为今天 55—70 元人民币。这样算下来,周越然仅仅《英语模范读本》一部书,一年的收入就是 100 多万元。而当时,拿到这笔钱的人极为罕有。所以甚至外国人也知道了周越然的大名。在当时的美国纽约一家《独立周报》上，就介绍说：《英语模范读本》的编者，每年可得版税约计美元五万美金。在周越然看来："其捧我未免过度，但非羡慕，亦非嫉妒也。"

周越然因《英语模范读本》致富之后，虽然可以坐享其成，可他却用该书赚来的钱，还之于书。首先，他在上海闸北宝山路西，宝通路北的天通庵路转角处，买下一块约两亩半大小的地。在这里盖起了一座藏书楼。楼的周围，前有花园，后有菜园，左右植树，十分雅致。藏书楼名为"言言斋"。据周越然讲，"言言"，不做"高大堂皇"解，也不当"意气和悦"讲，只是因为自己所收藏的大部分中文书籍，为词曲小说一流。词曲小说，都以"言"为偏旁(按：繁体)，故名"言言"。

由于有丰厚的版税收入，周越然藏书时间虽然不长，可藏书的数量却很快成了规模，质量也相当高。可惜，这批藏书及这座藏书楼，在1932年"一·二八"事变期间，被战火彻底焚毁。据他自己后来说，这次遭劫的图书，中文书籍有160多箱，约3000种；外文书籍，有16书橱，约5000册。中文书籍中，有元明孤本，也有名家稿本；外文书中，也有从国内外搜集来的名贵版本100多种。这样的损失，对于个人，真不可谓不惨重。可即便如此，"言言楼"被焚毁不久，周越然又开始了搜藏图书的努力。之所以能够重新开始，仍然靠的是那部《英语模范读本》。他后来在文章中，捎带着提到了这样一笔："'商务'账务正确，检查严密，对于著作人之版税，毫不作伪，毫不推宕，不若他家之今日不结，明日不销，似乎全然无人负责，全然不顾面子也。'一·二八'事变，公司全毁，停业多月，余以为版税无着矣。不料复业不及一月，已将'一·二八'以前未付清之版税1700余元送至吾家。'商务'之诚实可靠，'商务'之顾全信用，真可令人佩服！"由此看来，周越然之所以能够靠一部书致富，成为藏书富翁，与他遇到一个诚信的好东家——商务印书馆——有绝大关系。

当然，周越然该书的长久销行，也在于他能常常根据实际予以修订。据他 1942 年写的一篇文章介绍，从开始到此时，共修订计 56 次。笔者查寻资料时，在 1930 年上海出版的《民国日报》上，见到了商务印书馆为该书作的广告上有这样一段话："本书除旧有各特点外，现已加入新材料，新读物不少。发音，会话，造句，作文，及英美风俗人情，均可于本书中学得之。"可见，一部教科书能够长时间占领市场，还得随时代前行，注意不被社会淘汰才是。

《英语模范读本》不仅畅销一时，还能够长销不衰，几乎创造了一个英语教科书出版奇迹。据周越然自己计算，在风行的数十年间，该书销行大约百万部："在此 25 年中，华人自编之外国语读物，绝无胜过其耐久力或超过其畅销性者。"以如此销行情形，周越然获得丰厚报酬，有意味的是，他又用此款项，去进行另一项与书相关的活动——藏书。在周越然看来，这也许是对这笔款项最恰当的运用吧。在今天看去，更是取之文化，报之文化的恰当善举，虽然今天人大都不会这么做了。

《荷花淀》如何被删及误读

一

1963年6、7月间，孙犁收到在晋察冀工作时两位战友的孩子（高中学生）的一封来信。这封信里，对孙犁的作品表达了由衷的喜爱，但非泛泛，而是在认真阅读基础上的赞赏。对于这一点，孙犁感到很高兴。他先前也接到过一些同学的来信，虽然对作品的内容有赞赏或批评，可"好像都是道听途说，并没有仔细地阅读我的书。他们是人云亦云的。他们是听到风声便随着来了雨声的"。

这位高中学生在信的后半，还对孙犁的几篇作品提出了一些具体、切实可行的意见。这使孙犁有些意外。因为他接到的大部分读者来信，都是称道的。少数批评的文字，多登在报纸上。在孙犁看来，他们对一篇作品，"不是捧到天上，就是摔在地下。"所以，对于信里的意见，孙犁认为："都是非常切实，非常正确的。……（作品发表后）还很少听到这样具体、这样切实可行的意见。"还表示：假如以后能够修改这部作品(《风云初记》),我一定要郑重参考的。

在来信的末尾,高中生还告诉孙犁:他们课本中选的短篇小说《荷花淀》,与书中刊出的有很多不同,并且将这些不同列举出来。这引起了孙犁的特别注意。

这些内容和字句的不同,主要是在课本里。这其中,大多是删节。例如,《荷花淀》中几位妇女去看自己丈夫途中,遇到日本人船的追击。她们摇着小船往荷花淀里去时,作者记述了妇女的内心想法:“假如敌人追上来,就跳到水里去死吧!”这一句话,在课文里被删去了。

另一处,说妇女们在划船时,有人顺手从水里捞上一棵菱角。因为还很嫩小,便又丢进了水里。“那棵菱角就又安安稳稳浮在水面上生长去了。”这句话,也被删去。

《荷花淀》开首第二段,作者叙写这里的芦苇,多被妇女们编了席子,这时,补了一句:“编成了多少席?”这增添了小说韵味的句子,也被删除。

文中写妇女们急速划船时,“水在两旁大声的哗哗,哗哗,哗哗哗!”最后一个“哗”,也被划去……

这些删节,作者孙犁并不知道。所以这个学生一问,他一方面与原文对照,一面循着一些人的思路,对为何删节,略作探讨。“假如敌人追上了,就跳到水里去死吧!”被删,孙犁在回信中说:“可能是认为这两句话有些‘泄气’,‘不够英勇’。”当然,孙犁本人并不这样认为。所以,这两个词他都用了引号。

“那棵菱角就又安安稳稳浮在水面上生长去了。”被删,孙犁认为:可能是认为这样的描写“没有意义”,也许认为这样的句子莫名其妙,也许认为有些“小资产”。看来,孙犁也弄不懂为何被删。

“哗哗,哗哗,哗哗哗!”最后一“哗”被删,孙犁替删削者着想:可能是认为:既然前面都是两个“哗”,为什么后面是三个?一定是多余,是衍文,他们就用红笔把它划掉了。细细体味,孙犁这样写,既显变化,程度又有加深。删削者却未能注意和体会到这一点。

小说开首处"编成了多少席?"一句被删,孙犁也想不出为什么:有什么妨碍吗?可能是,他们认为织出多少席,难道还没有统计数字吗?认为不妥,删削去。

对文章以自己的认识进行删削,显然是由于误读产生的。因为不理解,或自以为不正确,就发表意见,有权力者就删削。这样的事,孙犁在此前也遇到过。

二

那是在更早的1952年。当时的平原省(今已撤消)聊城地区(后划归山东省)安乐镇师范学校,有一个学生组织的文艺研究组。这个文艺研究组在"研究"了孙犁的《荷花淀》后,发现了一些问题。便写信给孙犁,就这些问题希望孙犁回答。

他们对《荷花淀》的意见,归起来有三条:

一、有点嘲笑女人的味道。

二、拿女人来衬托男子的英雄,将女人作为小说中的牺牲品。

三、不是郑重地反映妇女们的事迹。

第一条的理由,是孙犁在作品中叙说到水生等离家去打仗,妇女们前去探望时,作品中有:"女人们到底有些藕断丝连。"一句。来信质问:"这句话是说明什么问题呢?人是有感情的动物,当人刚离开自己的同伴时双方都是有些恋恋不舍的心情,尤其是青年夫妇这种感情不应当单独存在于男方或女方,亦不能偏重于男方或女方。"而作品中的这句话,"这显然是说明妇女在这方面更较男人为甚。"甚至认为孙犁这样的句子否认了"藕断丝连"是青年们应有的情感,严重到"认为这是可耻的,是女人们特有的至少是较甚的卑鄙的弱点之一"。

来信中引起置疑的还有另外一句:“女人们尤其容易忘记那些不痛快。”学生们认为,作者用这样的话来说明女人们没有找到自己的丈夫而失望,以后又变得愉快的情况,并且这句话是用在“可是青年人,永远朝着愉快的事情想”的下面,那么,“但是‘女人们’为啥‘尤其’是这样呢?”这还不算,来信还很带情绪地问:“莫非她们的脑子比男人简单吗?她们没有永不忘却的不合自己心意的事情吗?”接下来,信中还有事实说明:“刘胡兰、郭俊卿等英雄,她们对民族敌人和阶级敌人的仇恨,并不亚于男人,她们对自己过去所受的压迫亦不比男人们易于忘却。”现代女英雄之外,还对旧有的东西作了批判和分析:“是的,过去是有人认为女人的脑子是简单的。红玉娥为了爱罗章的容姿,而不报杀父之仇、亡国之恨(旧剧《秦英征西》);在农村中也普遍地流行着‘女人挨打睡夜就好’的嘲笑妇女的谚语。但是今天我们谁也知道这种观点是不对的,是吃人的旧礼教使妇女那样,并非妇女的本质。”最后质问孙犁:“但您的作品中却依然存在着这种味道,不知用意何在?”

由一句“女人们尤其容易忘记那些不痛快”,引来了如此多、如此尖锐,甚至如此严峻的质问,小说的作者孙犁,真不知该如何回应。

第二条理由:说水生们隐伏在荷叶下打伏击时,看望他们的女人们也刚巧来到这里,“……战士们,正在聚精会神瞄着敌人射击,半眼也没有看她们。”对此,学生们在信中说:“当然,被高尚的爱国主义精神所鼓舞着的作战的人们是不能为自己的爱人而忘记战斗的,但他们并非不爱自己的妻子。”进而问道:“而作品中却说‘半眼也没有看她们’,这是否暗示着水生这些英雄看不起这群落后女人呢?否则为啥不说是‘没有顾得看她们’呢?”

作品叙写战斗结束后,区小队长问水生说:“(这些妇女)都是你村的?”“不是她们是谁,一群落后分子!”这两句,被来信认为“不够恰当”,根据作品叙述:“……几个青年妇女把掉在水里又捞出来的小包裹,丢给了他们……”同学们认为女人们此次前来的动机,除了青年夫妇的爱情,还为了自己的丈夫们作战。她们为了怕自己的丈夫受冷,不避艰难危险前来送衣,“但结果却遭到了嘲笑、咒骂”。

按同学们的理解:“水生是作者心中所崇爱的人物,对我们读者也是如此。大家所以爱他的原由是因为他能起来保卫祖国,而不是因为他能够给远来送衣的爱人以凶相,那么作者想塑造水生的英雄性格,就应当着重描写水生如何以忘我的精神杀敌才是。”可作者孙犁——“您却在表现他杀敌的同时加上了些如何对自己爱人要凶以衬托水生的英姿”,总而言之:“这样的写法我们不赞成。”

第三条,在引了小说中描写妇女的积极方面如“……她们学会了射击……她们配合子弟兵作战……”的话之后,来信认为,这些一般描写觉得还不够,因为这不是“郑重地反映女人们先进的一面,而是作者为了掩饰自己的轻视妇女的观点,不得不这样。”

小说里另外的妇女要自己建立武装动机的句子如“你看他们那个横样子,见了我们爱搭理不搭理的!”“刚当上兵就小看我们,过二年,更把我们看得一钱不值了……”等等,来信中认为:“作者却将她们建立武装的动机放在渺小的为个人争口气的基础上,这样就势必使人认为女人们虽然积极行动起来了,但她们总不如男人们伟大。”

对于上面看起来十分严正的观点,来信要求孙犁:“请您解释一下。”

这封明显脱离艺术作品特点,甚至脱离现实生活,以某种口号、观念来图解小说的信,经《文艺报》转到了孙犁手中。当时社会刚刚经历了巨变,各种新的,或自以为新的观念,被许多人操持在手,对几乎所有从旧时期过来的东西,来一番全然颠倒的解说。孙犁当时就接到不止一封这样的读者来函。面对这样对《荷花淀》的误读,孙犁还是很认真地从文艺的角度,从生活的角度,写了一封较长的信作了回答。

针对第一点误读,孙犁解释说:"'女人们到底有些藕断丝连'这一句话的上面下面还有文章。这一句是在一定的情节下面写出来的。……这里所说的'女人们',是指小说里的那些女人,'到底有些藕断丝连',是指她们在当时的情况下到底有些牵挂她们的丈夫,这样写是可以的。如果不根据上下文,不根据故事发展的整个情节,单单摘出这一句话来,并把这句话理解成为'一切女人在一切的情况下都藕断丝连'的意思,并根据这种理解说我'嘲笑妇女',说我'显然是说明妇女在这方面更较男人为甚,同时也否认了这些藕断丝连是青年们应有的情感,认为是可耻的,是女人们特有的至少是较甚的卑鄙的弱点之一',那就完全不是我的原意了。"

针对此,孙犁作了一点假设:如果为了避免误会,把文章中的那句话写成"人是有感情的动物,男女双方都有些藕断丝连,所以……"大概,读者也会觉得不很妥当吧?

另一句"女人们尤其容易忘记那些不痛快",被同学们质问为"莫非是她们的脑子比男人简单吗?"孙犁回答:你们的理由很多,"但请你们注意,我所写的女人要忘记的事,并不是什么'杀父之仇',也不是什么'亡国之恨',要忘记的是找不到丈夫那点小小的不愉快。"面对这样"上纲上线"扣大帽子的议论,孙犁几乎是以文艺常识,来为这些同学们上文学阅读课程。

对于第二条意见的举例,孙犁回答:"半眼也没有看她们"这一句,"丝毫也没有暗示着民族英雄看不起女人的意思。你们也知道在大敌当前,间不容发的当儿,青年们不能像在戏台下面一样可以东瞅西斜,飞眼吊膀。"这后面的话,孙犁显然带了一些情绪。

至于说女人们是"落后分子",孙犁回答:"水生这句话可以说是嘲笑,然而在当时并不包含恶意,水生说话的时候,也没有表现'凶相'。他这句话里有对女人的亲爱。这并不等于给她们做鉴定,肯定她们是‘落后分子’。在日常生活里面，夫妻之间是常常开这样的玩笑的。”一般读者，大约也很少认为在这里称女人“落后分子”，会包含什么恶意。

孙犁在此说了一段话，对阅读艺术作品非常有益：“我们看作品，不能仅仅从字面上看，还要体味一下当时的情调，理解人与人之间的关系。不只和概念理论对证，还要和生活对证，就是查一查‘生活’这本大辞书，看究竟是不是真实，如果不是这样，许多事情都是无法理解的。”说实在的，孙犁这一段话，几乎可以回答同学们来信指责的所有问题。

至于说孙犁“不是郑重地反映妇女们的事迹……是作者为了掩饰自己的轻视妇女的观点，不得不这样。”孙犁认为，这是从你们的以上观点，最后达到的结论。“我认为《荷花淀》是一篇短小的文章，它只能表现妇女生活的一部分。在这个部分里，我觉得是郑重的。”

在回信最后，孙犁认真指出：“《荷花淀》只是一篇短短的故事，它不足以表现我们时代的妇女们的多方面的伟大的生活面貌。它只是对于几个妇女的简单的、一时一地的素描。它自然是有缺点的。我本来可以不谈它。今天我所以详细地和你们讨论，是因为我看到，我们的同学在读书的时候，常常采取了一种片面的态度。”

孙犁下面的回答，就对今天阅读文艺作品，仍有一定帮助。“我们的同学在读书的时候，常常采取了一种片面的态度。一篇作品到手，假如是一篇大体上还好的作品，不是首先想从它那里学习一点什么，或是思想生活方面的，或是语言文字方面的，而是要想从它身上找出什么缺点……在谈作品中的问题的时候，往往不从整个作品所表现的思想感情出发，而只是摘出其中的几句话，把它们孤立起来，用抽象的概念，加以推论，终于得出十分严重的结论。”孙犁指出的这种很不妥当的思想方法和学习方法，后来在历次运动被人广泛运用，并在“文革”中发展到极致。此时是1952年，但不从实际出发，不从事物本身特点出发的思维方式已初见端倪。

三

但是，对《荷花淀》的误读甚至删削并没有完。1980年前后，江苏铜山县一位中学老师，因为要讲作品《荷花淀》，翻读了一些参考书。不料在读到一部《中国现代短篇小说选》时，发现其中内容与课文出入很大。他便写信询问孙犁：哪个版本更可靠一些？

孙犁拿着两种本子参照对读了一下，大吃一惊。原来，这本《中国现代短篇小说选》，将《荷花淀》第二段180多字全部删去。妇女们在水生家的对话，有八行，160余字，也全数删去。此外，删去整段、整句，或几个字，一两个字的地方，有十余处。《荷花淀》是一篇不足五千字的短篇，这些删节竟达一千字。这叫孙犁十分生气。

这是怎么一回事，删者是什么人，为什么这样删法？孙犁都不知道，所以他恼怒地认为：这样大面积地删削，不加说明，不加批注，叫读者不知所以然。“随心所欲，把你的文章支解、分割。不加任何说明，灭去他自己的刀斧痕迹，使读者以为你生来就是这样。这种做法，已经不便于说他是简单粗暴……是对著作的侵犯，是偷偷摸摸的行为。”

对作品删改，是有时编辑对投稿，教师对学生的做法。但《荷花淀》已出版多年，遭此割裂，实在令人不解。孙犁不客气地说：“你说他不喜欢这篇小说吧，他确实把它选上了。你说他喜欢吧，确实他又觉得有美中不足之感，不甚合他的心意。可写篇批判文章吧，不一定大家都赞成。于是干脆自己动手，以快一时之意，一展不世之才。”

通过这位教师来信，孙犁只能说知道了这一被删情况，别的，他真还没有什么好的法子。他只能给来信的老师复函，说明他手头拿的那篇《荷花淀》，是不能用的。面对非个别的情形，他还写有一篇《被删小记》的短文,可从实际看去,这种自以为有权力乱删甚至经典的做法,并没有得到多少实际改观。所以我们至今仍常常能从报刊上,得到或经典不“全”,或照片人物忽多忽少的信息。这应该不是正常情形吧。

《荷花淀》这篇优秀的小说,在解放以来的几十年间,受到了这许多过甚的“关爱”。从此中,我们大约可以感受到当时人们的一些思维模式和行为方式。而这些,在极左的“文革”中,更被推向极致。几乎所有文艺作品,在那个时期均遭到这样的被支解,被揪其一点,不及其余的猛烈批判。随着人们对“文革”的反思,人们对待文艺作品的领会,越来越宽容,越来越接近文艺的特质。这是值得庆幸的。但《荷花淀》被误读甚至被粗暴删削这样的情景,也许仍可以作为突出个案,值得人们警惕和反思。

《胡笳十八拍》如何形成大论争？

一

1958年12月，为酝酿写作历史剧《蔡文姬》，郭沫若先生将相传是蔡文姬的诗作拿出来研究了一番，并在31日这一天，将其中的《胡笳十八拍》译成白话，预备在剧中使用。但在翻阅有关资料时，发现这首相当出色的长诗，署名权却并不确定，也就是说，是否蔡文姬所作，从历史上看，还很成问题。

带着这个问题，郭沫若先生从《胡笳十八拍》内容、形式及相关情况入手，进行了一番充分的研究。于1959年元月7日，写出一篇研究文章《读蔡文姬的〈胡笳十八拍〉》。

在这篇文章中，郭沫若首先对《胡笳十八拍》作了极高的评价："在中国文学史上有一件令人不平的事，是蔡文姬的《胡笳十八拍》所受到的遭遇。这实在是一首自屈原的《离骚》以来最值得欣赏的长篇抒情诗。"在郭沫若看来："杜甫的《寓同谷县作歌七首》和它的体裁相近，但比较起来，无论在量上或质上都有小巫见大巫的感觉。”

但是，历史上对这首诗是否蔡文姬所作，是有很大争议的。近代研究文学史的学者，多认定它是伪作，针对此，郭沫若发表了自己的看法：“我倒要替《胡笳十八拍》呼吁一下。务必请大家读它一两遍，那是多么深切动人的作品呵！那像滚滚不尽的海涛，那像喷发着熔岩的活火山，那么用整个的灵魂吐诉出来的绝叫。我是坚决相信那一定是蔡文姬作的，没有那种亲身经历的人，写不出那样的文字来……”他甚至说：“但我觉得就是李太白也拟不出，他还没有那样的气魄，没有那样沉痛的经验。”

既然《胡笳十八拍》是郭沫若心中的杰作，又认定其为蔡文姬的作品，那么，中国历史上认为该诗为伪作的观点，就不能不辩驳一番了。在简略地考证古代记述后，郭沫若集中对现代两部颇有影响力的《中国文学史》中的相应观点提出了质疑。第一部出版较早的，是郑振铎先生的《插图本中国文学史》。对这首诗，郑振铎先生在书中这样判断：“《胡笳十八拍》一篇乃是沿街卖唱的人的叙述，有如白发宫人弹说天宝遗事的样子……难道这样的一种叙事诗竟会出于蔡琰她自己的笔下么？”郑振铎是认为该诗不出于蔡文姬之手的。另一部是著名文学史家刘大杰的《中国文学史》。在刘大杰先生看来：“《胡笳十八拍》中虽多通俗的句子，然大部分的技巧与格调却不像汉代的诗。”他是从这方面来否定该诗为蔡文姬所作的。

针对这些看法，郭沫若通过举例，一一进行了辩驳。最后加强了自己的认识：从形式到情感内容，《胡笳十八拍》非蔡文姬莫属。在文章结尾，郭沫若由蔡文姬牵引出曹操，认为“从蔡文姬的一生可以看出曹操的伟大。她是曹操把她拯救了的”。他进一步充分肯定曹操说：“曹操对于民族的贡献是应该做高度评价的，他应该被称为一位民族英雄。然而自宋以来所谓‘正统’观念确定了之后，这位杰出的历史人物却蒙受了不白之冤。自《三国志演义》风行以后，更差不多连三岁的小孩子都把曹操当成坏人，当成一个粉脸的奸臣，实在是历史上的一大歪曲。”

在剧本《蔡文姬》的序里，郭沫若更这样说：“再有一点我要声明，我写《蔡文姬》的主要目的就是要替曹操翻案。曹操对于我们民族的发展、文化的发展，确实是有过贡献的人。在封建时代，他是一位了不起的历史人物。”读了这段话，人们也许就不会对郭沫若忽然牵出曹操感到意外了。

二

这篇文章发表在1959年元月25日《光明日报》的“文学遗产”周刊上。当时并没有产生很大反响。不久，郭沫若在广州创作出大型历史剧《蔡文姬》。在研究过程中，他寻得一些材料，便于3月16日写成一篇《再谈蔡文姬的〈胡笳十八拍〉》的文章。在这篇文章中，他从魏文帝曹丕的《蔡伯喈女赋》序文中的资料谈起，牵及蔡文姬时代人们的文字，不仅大致推衍出蔡文姬的年龄，还再次从文笔及真实情感的角度，证明了《胡笳十八拍》为蔡文姬所作的事实。这篇文章发表在3月20日的《光明日报》上。

“一谈”“再谈”之后，文章便引起关注。郭沫若文章中提及的两位文学史作者，郑振铎刚刚在头年（1958年10月）因飞机失事逝世；另一位作者刘大杰教授在较后也读到郭沫若的文章，他立即作出回应。在对此问题重新研究一遍后，刘大杰先生于5月写出长文《关于蔡琰的〈胡笳十八拍〉》：“仍然相信我从前那种看法。”

在对郭沫若先生文章的引证作了一些辩驳后，刘大杰先生从四个方面认定：《胡笳十八拍》是后人拟作的。一、不见著录、论述和征引（不可能从东汉末年到唐代几百年的长期间，没有一个文人注意到这首长诗。)；二、风格体裁不合(与东汉时期作品相比)；三、地理环境不合(诗中所表现的地理环境与实际情况不符)；四、艺术成就高并不能证明是蔡琰所作。综合起来，刘大杰先生认为:“上举四点……如果只取一点，即否定《胡笳十八拍》为蔡琰所作，未免薄弱。如果把四点全部结合起来看，再加上一二两节，作为旁证，那就很可信了。”

刘大杰的文章也在《光明日报》的“文学遗产”栏中发表。接下来，该栏又发表了文史专家刘开扬的《关于蔡文姬及其作品》及李鼎文的《〈胡笳十八拍〉是蔡文姬作的吗?》等数篇有关该问题的文章。刘开扬的文章，主要讨论郭沫若文章中提到的蔡文姬年龄和被虏的有关问题，但在后面涉及《胡笳十八拍》时，仍认为该诗非蔡文姬所作。李鼎文的文章，集中从《胡笳十八拍》的内容出发，与诗作背景相比较，认为:第一，该诗作者对南匈奴和东汉王朝的关系并不清楚。而蔡文姬“她是一位有文化教养的妇女，怎么对当时双方的情况如此模糊?”第二，诗作者对南匈奴的风俗习惯的描写并不真实，这是因为拟作者没有直接经验，只好乞灵于书本，又对书本没有仔细选择的结果；第三，诗的作者对蔡文姬在南匈奴中的生活所知不多，写作主要根据《后汉书·董祀妻传》中的记载敷衍；第四是诗作者袭用了东汉以后诗文中的词句等等。最后论证，《胡笳十八拍》非蔡文姬所作，而是由唐代一位弹琴的名手董庭蘭代拟。

这几篇文章发表之后，激起了郭沫若的争辩欲望。他于6月2日和6月15日，接连写出了《三谈蔡文姬的胡笳十八拍》和《四谈蔡文姬的胡笳十八拍》两文，针对前面几篇文章进行辩驳。在“三谈”中，郭沫若主要针对刘大杰的文章，他在文中写道:

“我们可以看出，研究问题时占有材料固然是必要的，但在占有了材料之后，还要看如何活用。材料有，不一定就可靠；材料没有，不一定就不可靠。材料也要看它的性质:有时有十分材料只能说一分话，有时有一分材料却尽能说十分话。科学研究按照客观规律是可以做大胆的推论的。例如爪哇猿人只发现了肢体的极小部分,但按人体比例,古人类学家却可以推想出他的全身。”

这段话,对于科学研究,尤其古代文艺等方面的研究,是可以发人深省的。注重史料,又不拘泥史料(因为史料常常须经过科学的检验),展开合理想象,这在研究活动中应是不可少的,虽然这二者度的把握难以十分得当。

在“四谈”一文里,郭沫若就陆续所见的刘大杰、刘开扬、李鼎文、王达津等人的文章进行了集中的回应。对李鼎文提出的几点看法,郭沫若从当时背景、风俗习惯等作了分析;对于辞句“袭用”例子,郭沫若认为:“有的是‘袭用’前人,有的是‘袭用’后人,‘袭用’前人倒没有什么,‘袭用’后人便不那么简单了。事实到底谁‘袭用’谁呢?这在机数上顶多只能是一与一之比。”并不愿多涉及。

在“四谈”中,郭沫若谈到古代历史研究的一个有趣现象,“便是离古愈远,疑古愈深。”举证下来,就是对蔡文姬作《胡笳十八拍》,唐代人没有多少怀疑,宋代人也没有多少怀疑,但到了明代,就有人怀疑了;清代就有更多人否定了;近代人沿续下来,否定的更坚决了;但是郭沫若仍然坚持自己坚决肯定的观点。

针对几篇文章都提到“风格体裁不合”这一条,郭沫若从《汉书·西域传》中引出《乌孙公主歌》;从《汉书·冯奉世传》中引出《上郡民歌》以及两汉铜镜铭文五例,来证明这些作品的风格与《胡笳十八拍》无多少区别,尽管与当时盛行的文学作品来看,显得“俚俗”一些。

随着双方的争辩,更多的学者也纷纷出来写文章相应。这其中,支持郭沫若先生观点的有著名古典文学研究专家高亨、萧涤非、王竹楼等人;支持刘大杰观点的有王运熙、刘盼遂、谭其骧等人。其中有的挖掘出有益的史料,有的谈及不同的见解。例如王竹楼先生的《〈胡笳十八拍〉不是蔡文姬作的吗?》,举出了一个物件,即北宋初期所出现的《胡笳十八拍》的墨卷。这个墨卷,只存两句,系该诗开头两句,刻印在《淳化秘阁法帖》里。帖文右面有"蔡琰书"三个字;此外,王先生还在文章中算了一笔账,从历史人物的看法数数,认为肯定《胡笳十八拍》为蔡文姬作的是大多数,而到了近代,否定者才渐渐多了起来。这虽然不能充分证明什么,但可以看出当时为解决这个问题,学者们是想了许多办法,作了许多努力的。

三

这之后,郭沫若又陆续写出了《五谈蔡文姬的胡笳十八拍》《六谈蔡文姬的胡笳十八拍》两篇文章,从史料上进行了补充,从该诗用韵的特点进行了分析,使其观点更加明朗。其他一些作者也从"拍"的称谓,汉诗用韵及唐诗用韵的特征进行了辨析。王达津先生还写专文对蔡文姬生年进行了考证;李村人先生对蔡氏故里情况作了介绍,还绘出图来标示当时情况……这些都使得这次讨论更加深入,对许多问题研究更加透彻,更富启发意义。

这些文章发表之后,引起了极大的反响,参与讨论的人越来越多,《光明日报》"文学遗产"专栏甚至发表不及。一些观点略有重复,或未能发掘出新材料、提出新观点的文章,就不能刊出了。这之中不乏一些著名的研究大家的文稿。但是,从这次讨论的情况看,它基本是界限在学术框架中进行的。争论双方的观点虽你来我往,但决不利用或伤及作者的身份、地位或品格等等,完全是摆事实、讲道理、平等的对话,所以,引发的效果也极好。

例如学人叶玉华,早年在大学读书时,受老师的影响,认为非蔡文姬所作,几十年来一直没有改变。但是,通过这次阅读双方的探讨文章,尤其读了郭沫若的《四谈蔡文姬的〈胡笳十八拍〉》后,观点发生改变，倾向于肯定一说。他还从自己亲身经历谈到一种情况，即“从前讲说中国古代学术常有一种风气，学者喜把隋唐以前的某些古书或文学作品甚至远古的历史人物解说成为假的，只要寻找一些资料记载，便有好多话说，惹得听众注意而被称为著名的一派说法了。说大禹是个君主，是没啥稀奇的，说大禹是个虫，就耸人听闻了。”

此外，这次争辩中无论主张《胡笳十八拍》为蔡文姬所作或相反的大多数文章，对该诗的艺术成绩多是充分肯定的。但在胡国瑞《关于蔡琰〈胡笳十八拍〉的真伪问题》一文里，却不仅否定了蔡文姬的著作权，还认为该诗“所表达的生活感情，既很表面一般，而又彼此相互重复”。在行文中，又不断加以“重复空泛”“辞意重复”“凑合敷衍”“空洞浮泛”的贬抑句；甚至更对第十一拍中“胡人宠我兮有二子”之句，发出“更那会如此厚颜地说出不堪入耳的‘宠我’呢?”的议论。（这话说得很言重，且观念也颇陈旧，但由于没有在报上发表，只是在讨论基本结束后的出书时收入，因而没有引发评论。）

从这些文章可以看出，此次讨论的确是在学术框架中进行的。譬如胡国瑞似觉偏颇的观点也可以让其出现；另外，讨论收到了良好的效果，譬如学人叶玉华观点的转变，就是由讨论带来的结果。这次讨论，也激发了学者们的学术热情，他们写出的大量文章，不仅发表在《光明日报》“文学遗产”栏目，还陆续见之于《文学评论》等刊物。一些不及发表的文章，编辑部也不忍割爱，将这些文章与发表过的文章一起，编辑成一部《胡笳十八拍讨论集》，由中华书局出版，产生了极好的效果。

这次关于《胡笳十八拍》的讨论，仅《光明日报》“文学遗产”专刊就发表了十篇文章，还有数十篇文稿未及发表。这次讨论与先前数次讨论的区别，在这次虽有在学术界位高权重的郭沫若参与，但最后并未就此问题作出定断，没有肯定一方或否定一方，“文学遗产”编辑部只是将双方的文章集中起来，作为讨论的大致结束（“如有新的重要材料，新的论证，可以解决《胡笳十八拍》关键性问题的文章，我们还要发表一些，比较一般的就不打算再发表了”，《胡笳十八拍讨论集·前言》），这大约是人文学科讨论的十分恰当的方式吧？

1949年后，我国就学术问题也有过几次大的讨论，例如关于《红楼梦》研究，关于胡适思想，关于电影《武训传》等，可结果都进入了或一边倒，或者政治化的非学术的误区。许多参与人甚至受到讨论的殃及，而这次似乎不经意的关于《胡笳十八拍》作者及作品的讨论，却出乎意料的成功。从其讨论的内容看，他们基本没有逸出学术的框架，没有搬出一些流行的“阶级斗争”等观念，打一阵观点战了事；而是由一分事实说一分话，或者各种观点可以平等交流，所以，在最后也没有让一个权威来做一个定性的结论。但结果，这个问题却越来越清晰地摆在人们面前，双方也没有弄到剑拔弩张的地步。一个平等、宽容的学术讨论自然而然展开，自然而然结束，他给我们留下的是一个典范，是学术问题应当如何进行讨论的明亮启示，这是我们今天来记下这次讨论的一个重要理由。

郭沫若的入党时间为何不一致?

在“大跃进”十分热闹的1958年,67岁的郭沫若加入了中国共产党。当年12月27日的《人民日报》上,发表了这样一条报道:“中央国家机关党组织增添新力量 三百余名优秀分子光荣入党——郭沫若、李四光、李德全、钱学森等同志开始过党的生活。”

很快,郭沫若就将入党后的感想写成一篇文章,发表在1959年元月3日的《中国青年报》上。这就是当时及后来为许多书籍收录,并广为报刊引述的《学习毛主席》。

当时的郭沫若,在青年人中是有很重要的影响力的。他在文章中这样说:“近几年来,我内心有件很遗憾的事,就是有些青年朋友在说:‘郭沫若也没有入党,我何必争取入团?’他们认为不加入共青团和共产党,是无关紧要的事情。”

在热气腾腾的全国“大跃进”中,人们的思想也热情高涨起来。当时的一些青年大约觉得有责任帮助名气很大的郭沫若,便纷纷去信问他为什么还没有入党。上海的一位青年信中说得还有意思,是要和郭沫若进行比赛:看自己先入团,还是郭沫若先入党。在这样的情况下,郭沫若在《学习毛主席》文章中当然得表明态度:“这都说明许多青年同志在关心着我的思想立场。我接受了很多青年同志们的鼓励,每逢我接到他们的信,我便告诉他们说,我是在积极创造条件争取入党。”

他还这样向青年们表露心迹:“这些青年朋友当然无从知道,做一个共产党员在我是长久以来的最大愿望。由于我的表态,使他们没有完全认识到:一个全心全意为人民服务的人,必须永远是个政治上的积极分子。入了团,入了党,就能更好地受到组织的教育和监督,在正确的道路上更好地学习和工作,更好地为人民服务。因此,我经常感到遗憾,觉得有无党无派的郭沫若存在,似乎误了一部分青年。现在党批准了我入党,我为自己庆幸,也为一部分青年同志解除了误会而庆幸。让我们大家共同努力吧!”

这样表白感激的话,在同一篇文章中还出现过一次:“现在党组织审查批准了我和其他一些同志入党,这是我终生的幸福。作为无产阶级先锋队的一员,我要和千百万党员同志一道,在党的领导下全心全意地为人民服务,为建设社会主义服务。我要为党的最高理想——建设共产主义贡献出毕生的力量。”

由《人民日报》的报道和郭沫若文章中的表白(“我是在积极创造入党条件争取入党”;“做一个共产党员在我是长久以来最大愿望”;“我经常感到遗憾,觉得有无党无派的郭沫若存在,似乎误了一部分青年……”),我们可以明确知道,郭沫若是在1958年12月时入党,并且在此前,他一直是在积极争取加入的。

1978年6月12日,郭沫若逝世。党中央当时给予他的评价是:“为共产主义事业奋斗终生的坚贞不渝的革命家和卓越的无产阶级文化战士。”邓小平代表党中央在郭沫若追悼大会的悼词中,有两句与我们前面引述情况完全不一致的话:“(郭沫若)一九二七年参加南昌起义,同年八月加入中国共产党。”

一是 1958 年，一是 1927 年，先后相差 31 年，这是怎么回事？这种变化又是如何引发的呢？

郭沫若逝世的当月，其夫人于立群便写出一篇纪念文字：《化悲痛为力量》。在这篇文章中，有这样一段话：

“早在北伐期间，沫若就在周总理的领导下工作；后来，沫若又参加了周总理、朱委员长领导的南昌起义，就在南下途中，周总理和李一氓同志介绍沫若加入了中国共产党。”

由于立群的文字可以看出，郭沫若是在革命处在特殊时期及环境中加入中国共产党的，时间为 1927 年。那么，为何 1958 年，郭沫若又大张旗鼓地以“无党无派”身份再次入党呢？

据当时有关当事人记述，郭沫若去世之后，乌兰夫、方毅同志前往看望于立群，表示对郭沫若的沉痛哀悼和对家属慰问。当时，乌兰夫询问于立群对郭沫若后事有什么意见时，于立群表示没有任何意见，任何要求，一切听从党组织安排。方毅怕她有什么顾虑，鼓励她说：有什么意见都可以提出来。

于立群低下头考虑了一阵子，才慢慢地说：只有一件事，郭老生前从来没有提过，应该向党报告，请党考虑。

“就是郭老党龄问题。一九二七年八一南昌起义后，在行军中由周恩来同志李一氓同志介绍郭老入党，这件事许多人都知道的。大革命失败后，郭老去了日本，不少人认为郭老自动脱党；一九五八年报上发表郭老重新入党的消息，举国皆知，误认为这时郭老才是共产党员。事实不是这样的。郭老去日本以前，周恩来同志代表党曾经和郭老谈话，告诉他这是党中央的决定，派他去日本，党籍保留。郭老不是自动脱党。郭老不计较个人的事，所以多少年来，一直不提。我希望党考虑这个问题。”

郭沫若 1928 年亡命日本，他在后来的回忆《离沪之前》这样记述：

"又要登上飘流的路……觉得不安……心中涌出无限的烦恼。""豪兄不来,一时也不能动身。恐怕十一号不一定能够走成。"这"豪兄",便是周恩来(周一化名"伍豪",一些相知者有时在希望保密的情况便以此相称)。看来,等候周恩来,是郭沫若此行前很重要的事。彼此见不到,郭沫若甚至不能动身。周恩来对此将有安排,是可以想象的。

1928 年 2 月 10 日,"豪与民治来,同吃中饭",用于立群的话是:"聆听了周总理的指示。"郭沫若晚年时,曾对自己的秘书王廷芳说,当时,周恩来同志要资助他一部分钱,但他坚决不要,因为"组织上现在也很困难"。

关于郭沫若去国问题,《新文学史料》1980 年 2 期中吴奚如的《郭沫若同志和党的关系》一文中这样回忆:

"郭老去日本隐居,专心从事学术研究和著作,那是经过当年党中央决定,保留党籍,完成党给予他的一项重大任务的……党中央为了爱护像郭老这样在社会上、在学术界有名望的党员,决定派他们到国外去隐居,专心从事学术研究,成为有声誉的专家,以期在中国革命胜利后回国成为文化界的领袖人物,建设新中国无产阶级文化的基石。当年,合乎这个条件的党员,除了郭老外,还有钱亦石同志和董老等。党中央这一决定,无疑是开明而正确的。"

从当时情况考虑,郭沫若呆在国内的确很不安全。1927 年 3 月 31 日,郭沫若在江西南昌朱德家的一间光线不十分充足的房间,用了将近一天的时间,写成了影响一时的讨蒋檄文《请看今日之蒋介石》,全面揭露蒋制造赣州、九江、安庆惨案,叛变革命的罪行,认为蒋介石已成为"流氓地痞、土豪劣绅、贪官污吏、卖国军阀,所有一切反动派——反革命势力的中心力量了"。之后又作《脱离蒋介石之后》一文,进一步揭露蒋介石叛变革命镇压人民的反革命面目。这些行为,遭到了当局的通缉。去国之前,他甚至得到确切的将会被捕的消息……在这种种境况中，郭沫若只好化名“吴诚”，假称是“南昌大学的教授，目的是往东京考察教育”，潜往日本。由此看来，郭沫若当时去国，从保护优秀文化人的角度，的确是一件组织应当并且完全是在意料中的安排。

但是，于立群在与乌兰夫、方毅谈话中，为何专门有“郭老不是自动脱党”一句？看来，郭沫若后来长久对早年入党之事“一直不提”，应该事出有因。

罗点点，是曾以大将军衔任公安部长的罗瑞卿的女儿。她在纪实录《红色家族档案》一书中，对此略有涉及：“郭沫若和他的家人却使我感到过迷惑。大人们朦朦胧胧的言谈中，总使我感到异样。比如他在1928年到日本去的事情，虽然正式的说法是由周恩来安排的，但是有人并不完全那么认为，他们说那实际上是脱党，是在革命最艰苦的时候对革命失去信心的表现。”

由此可以看出，认为郭沫若去日本实际是“脱党”的说法，由来已久。并且还是一些了解内情，知晓深度机密的党的高级干部。虽然不是正式的方式，但此议论也足以使郭沫若感到相当的压力，这或者正是他自己生前“一直不提”这件事，而由于立群在他逝世后才重新提出这个“许多人都知道的”情况的重要缘由。

罗点点的这点回忆，恰巧也可反证一件事，这就是郭沫若在1927年入党之事，确实是有的。不然他到日本去亡命，就不会被视为“脱党”。不是党员当然谈不上脱党。

此外，吴奚如《郭沫若和党的关系》一文中还提到：“郭老一从日本平安回到上海，他的党籍就恢复了。”这一点，大约是基于郭沫若出国是由周恩来安排的合理设想。可是，这一说法也能够寻到旁证。郭沫若从日本回国后不久，就在第二年(1938年)与邓颖超一起，作了于立群的入党介绍人。这是邓颖超亲自告诉于立群的：“你的问题解决了，我和郭老介绍你入党。”

尽管如此，为什么1958年报纸又发表郭沫若入党的消息？而且郭沫若的表态文章《学习毛主席》中，也说明自己的“无党无派”身份？

从以上引述的材料，可以认定郭沫若1927年经周恩来、李一氓介绍入党的事实。但入党后不久，郭沫若便亡命日本，而且一去便是十年，音讯相隔，当然无从与组织正常联系；这样，实际也脱离了党的关系。回国之后，因为全国上下一致要求抗日，郭沫若也在政治部第三厅担任厅长，他的党员身份没有公开，也许更有利于利用他的声望去进行联系各方人士的工作。并且在这段时间中，他与周恩来，因工作关系联系十分密切，是没有具体商谈到与组织的联系，还是不愿意亮明其身份，眼下没有材料公布，我们不得而知。不过在当时那样特殊情况和时期，这的确也算不得一个很大的问题。

全国解放后，也许由于延续既往，郭沫若在更广大层面的人们眼里，仍是一个“无党无派”者。而他自己，或者也约略知道一些人的看法：去国即“脱党”。他是一个知识分子，有自己的敏感。此时既然他的入党介绍人周恩来（据前面的资料看，还是他去国的安排者）、李一氓还在重要位置，也并没有提及他的党员身份，他自己当然不便过问。所以，正如于立群所说，只好“多少年来，一直不提”了。

1958年郭沫若入党，从当时的报道情况看，各方是认可的。在郭沫若自己，或者也是不得已而为之。从他“一直不提”的情形看，他内心应该有矛盾的地方，有难以言说的隐忧。（最近刊出的“关于‘郭沫若著作编辑委员会’成立会议的记录”里，有“创造社”元老李初梨的一段讲话：“郭老是个老党员，1927年由李一氓介绍，参加共产党。以后他是以无党派人士出现的。这对郭老是最大的痛苦。郭老一生都遵守党的规定。”这次会议时间是1978年10月24日。在这份记录里，夏衍还有一句“大革命中（的情况）只有李一氓同志一个人了解”

的话。讲这些话时,李一氓也在座。)这次的入党,对各方,也可以算是能够接受的表达方式吧。

但最后,党中央接受了于立群的请求,在悼词中明确了郭沫若“一九二七年参加南昌起义,同年八月加入中国共产党”的事实。这的确可以看出我党实事求是的作风。从郭沫若一生的努力,一生对党的文化事业的奉献来看,他也是无愧的。他的不一致的入党时间,通过以上的文字叙述,情况大致已经清楚,虽然此事对党史的研究还有值得体会,可以回味的地方。

华君武在延安画了哪些漫画?

华君武是我国有卓越成绩的漫画家。他的漫画,在世间常态里,挖掘出人性中许多习见的卑琐现象;以人们喜闻乐见的形式,批评着人群中可笑,可弃的不良行为……这使他的作品有了超一般时论的生命力,也是他作为漫画家受到读者广泛欢迎的重要原因。在华君武人生及艺术成长的过程中,延安时期给了他许多滋养。这使他终身受益,也永难忘怀。

向往延安

华君武喜欢漫画,是在他上中学时期。在杭州读书时,他看到一些学生害怕打预防针的心理和神态,觉得有趣,便画出一幅漫画,在学校刊物上发表了。这使他的兴趣大大增加起来。不久,他以古代民歌为题,画出一幅《江南可采莲莲叶何田田》来。这幅漫画被《浙江日报》发表之后,还发给他一块大洋的稿酬,对一个中学生来说,这真是可以影响后半生发展的一件大事。

中学毕业后，华君武进了上海一家银行。虽然只是一个小职员，可他仍将几乎全部的业余时间，用在了自己喜爱的漫画创作上。这个时期，他不仅在《上海漫画》《时代漫画》《漫画生活》《旁观者》《群众漫画》《中国漫画》，以及林语堂主办的《论语》等杂志发表有多幅漫画，还结识了鲁少飞、张光宇、丰子恺、叶浅予等一批漫画名家。在这个阶段，华君武开拓了视野，增强了信心，可以说是他漫画创作的发轫时期。

这段上海生活，同时使得华君武能够近距离地观察到社会的黑暗和丑陋现象，这使他的漫画有了取之不竭的材料。在帝国主义的租界里，他看到了外国军队的横行霸道，感到了作为中国人的屈辱。当时，日本人为了显示他们的威力，还制造了所谓日本士兵“失踪”事件。针对此，华君武画出一幅《何时失踪》的漫画，对日本人的行径予以揭露。他想为国家的进步出一份力，他想寻找到能够发挥自己光热的光明道路。

不久，他通过自己在上海结识的好友，圣约翰大学学生黄嘉音，读到了美国著名记者斯诺记述延安革命者生活的《西行漫记》，从中知道了在延安还有这样一批热血的中国人在为祖国奋斗，同时感受到那里完全不同的生活状态。这引起了他极大的向往。

这种向往的心情无法抑制，他竟然决定奔赴延安。这样的决定，当然无法告诉家里人，他只是与好友黄嘉音悄悄商量，并由黄嘉音资助了一笔为数不少的路费，便毅然决然踏上前往延安之路。当时去延安的道路十分艰难。华君武从上海出发，先乘船到香港，再经广州，到长沙，再过武汉，直上重庆，转成都，越秦岭，到西安。在这里，他找到八路军办事处，见到了李克农，经他开具介绍信，华君武才算到了延安。这一路，从行程看，几乎是半个中国，时间也花了整整三个月，这种强烈的追逐，真正是理想力量的鼓舞。

延安生活

华君武到延安时，只有23岁。他先被安排进了陕北公学。经过一段时间学习，校长成仿吾发现这批青年中有一些在文艺上已有一定基础的“苗子”，便将他们送到了更适合他们发展的鲁迅艺术学院。华君武是他们其中的一个。在“鲁艺”，给华君武的身份是“研究员”，其实就是高级班中的一员，待遇在学员与教员之间。

这个高级班的成员，并非都是画画的，像搞戏剧的阿甲，后来的著名电影评论家钟惦棐等都在他们班。这批成员，当时都不过二三十岁，有着青年人的特别气息。后来华君武回忆，一次打扑克，和诗人何其芳、作家周立波等一起。不知为了一点什么小事，他与周立波发生了争执。周立波是湖南人，性格倔强，说着说着，就要动手。华君武不吃那一套，便告到院长周扬那里。周扬与周立波有些家门亲戚关系，也知道不过为些小事，便安慰华君武：我说他，我说他……一场风波，这才趋于和缓。说起院长周扬，也不过30岁出头。

另一件叫华君武记忆深刻的事，是只有青年人才干得出的。当时延安的物资极度匮乏，一些过去有瘾的东西，在这里都很难满足。譬如烟草，这是稀缺产品，可那些早已养成习惯的人却受不了。一次，华君武与战友外出，恰巧路过一个马棚。他们知道画家米谷最近大犯烟瘾，便捡了一点马粪，搓成碎末，拿回去送给米谷。他们说，这是他们跟老乡讨来的，是山西曲沃的好烟。曲沃那一带确实有一种外表很像马粪的烟，当地人称“马粪烟”。米谷不明就里，拿起便抽了起来。抽了几口，发觉不对味，再看看华君武他们，个个笑得前仰后合，这才知道上当。一怒之下，将他们臭骂一通。

在延安，华君武还学会了游泳，这不算太稀奇，他还在这里学会了滑冰，这就叫人有些不解了。华君武后来告诉人说，所谓滑冰，一切用具都是凑合来的：冰刀，找一块炸弹残片，去找当地铁匠打磨打磨；没有冰鞋，找一个大致合脚的木头撑子，经过制作，把那个破弹片打磨的所谓冰刀绑在木撑子上，冰鞋就算完成。

延安当时真苦，可被一种新的生活和理想鼓舞的年轻人，却并没有被这些所吓倒。当时发下的衣服，在他们可以有多种用途：冬天是棉衣，春天来了改成单衣；单衣穿破了，袖子一剪，当作背心；背心不能用了，又把它拿来打布草鞋……华君武曾回忆，他和木刻家古元在一起工作学习，住在一起，他们便在窑洞外的一块空地，种上一些蔬菜。蔬菜收获后，他们就把总务上发的点油灯的清油匀出一点，把菜一炒，算是大大改善生活。因为吃，华君武和战友米谷还做过一次检讨。有一次，他们两人去看晚会，晚上回来饿得肚子咕咕叫。恰好，上午为了糊窗户，还剩了一些浆糊，不管它，先吃了再说。两人稀哩呼噜，一口气吃光了浆糊。可是，这样的作为也是要批评的。结果是，他们以一幅贴在鲁艺美术工场墙上的漫画做了个检讨：漫画是由米谷动笔的——一只兔子和一匹白马，伸着长长的舌头，在争舔着一只大盆子。马嘴和兔耳上滴滴答答往下淌浆糊。原来，华君武属兔，米谷属马，结果就有了这幅漫画。漫画题目是华君武题的："兔马糊嘴"。尽管如此，几十年后华君武还记得——"想一想，那碗浆糊，怎么那么好吃！"

对于这段苦日子，华君武这样说："当时生活就是这么苦，可是心中乐。"为何？"旧时代那种人与人之间的不平等，社会黑暗，再加上日本帝国主义的侵略，叫任何一个有良知的中国人，都无比痛恨。在延安，民主空气浓厚，人与人之间自由、平等，完全是一种在当时中国任何地方也不可能有的'新地'；这里感受的，是一种人们追求的新型的人际和社会关系。"

漫画延安

在延安，华君武当然也没有丢弃他的漫画创作。他当时创作的漫画,多发表在延安的《解放日报》上。但是,对他产生重要影响,也引起了领袖毛泽东关注的,却是当时看起来并不多么突出的《1939 年所植的树林》。这幅漫画的画面很简单,只是一棵孤零零的秃树。这棵树没有树叶,甚至没了树皮,在远处山的映衬下,显得格外扎眼。华君武这幅画,意思是树当年栽下去了,却没有人管理,所以很快被羊或牛啃光,树林成了单棵,批评之意十分明显。

这幅画创作和发表于 1939 年。当时延安因为国民党封锁,物资十分匮乏,发表漫画,得先刻在木板上,再浇成铅板,这样才能印在报纸上。因为这般麻烦,华君武在创作时,便力求简练,所以这幅画在今天看去,若没有介绍,便很难弄懂作者意图。

可这么一幅漫画,却引起了毛泽东的注意。漫画发表三年后的 1942 年,华君武、蔡若虹、张谔三位漫画家,在延安军人俱乐部,举办了一次“讽刺画展”。华君武这幅画的原作也展出了。这次展览,毛泽东等领导同志也来看了。过后不久,《解放日报》的作家舒群,来通知华君武及其他两位漫画作者去枣园,说毛泽东要和大家见见面。

到了毛泽东那里,大家一起坐在院子里。那天,毛泽东与他们谈了很长时间,还留他们一起吃晚饭。谈话间,毛泽东就说起了华君武的这幅《1939 年所植的树林》来。毛泽东认为,批评延安植树管理不好是应该的,但延河很长(按:即指延安很大),究竟是哪些地方不好,应该说明,否则就变成整个延安植树都不好了。毛泽东还具体说,如果王家坪管理不好就可注明王家坪;在批评或讽刺时要区别个别和一般、局部和全局的关系。毛泽东还发问,可不可以画一种对比画,上面一张是歌颂正确的,下面一张是批评错误的……

毛泽东的谈话,当然是站在政治家的立场,希望文艺为政治服务的角度进行的,作为画家的华君武,当时体会的倒并不多么深。可渐渐地,他注意到了自己一些漫画的片面性,这才对毛泽东的谈话意味有了深一步的体味。但是,毛泽东建议的上下对比的画法,他却没有采纳。因为他觉得这看起来很呆板,并且缺乏艺术效果。这件事,“文革”中被人传了出来,华君武被批斗的罪名多了一条:“不听毛主席的话。”

华君武在延安时期创作的漫画,原稿保留到解放后的,还有一幅名为《榜样》。当时已是二次世界大战即将结束之时,意大利的法西斯头子墨索里尼被游击队抓住,吊死。看到消息报道,华君武觉得日本帝国主义及蒋介石,也快到了这种时候,便画了一幅墨索里尼被倒吊着,左边有日本鬼子和蒋介石在倾身相望,一脸的胆怯和惊恐的漫画。当时,对敌人的策略是有利有节,所以华君武这幅漫画中的蒋介石形象,虽然画了他的光头和他常披的黑大氅,却让日本鬼子站在外侧,蒋介石只有一个侧角露了出来。但是,这幅漫画对敌人的警示效果却十分突出。

“大独唱”及《小鬼杨虎道》

延安的岁月,艰难而丰富,多趣又绵长。一次,对着老朋友,华君武半开玩笑又感慨地说:如果不是出一次洋相,我现在可能已经是一位“成功”的歌唱家了。这话怎么说?原来,华君武到延安不久,冼星海正好完成了光未然歌词《黄河大合唱》的谱曲,准备隆重推出。演出本来主要是“鲁艺”音乐系的事,可为了形成气势,不得不从其他各院系挑选人员参加。一次,冼星海看见华君武在练习唱歌,就说他的嗓子不错,便力邀他参加《黄河大合唱》的演出。这在当时是很荣光的事,华君武便积极参加,认真地排练过多次。可是,他自己所在的美术系事情也很多,有时就无法全数参与。尤其最后一次排练没有参加,就在正式演出时出了“洋相”。

原来,在最后一次排练时,冼星海告诉合唱演员,我的第一次指挥棒举起动作，是让大家准备，第二次舞动起来，才是正式开唱。华君武因事未参加最后一次排练，所以不知道冼星海这样的叮嘱。

第一次演出的晚上，延安礼堂坐得满满的。毛泽东、朱德、周恩来等中央军政首长都到场观看。幔幕拉开，场面热烈又紧张。报幕完毕，冼星海指挥棒向上一舞，这时，就听到一个男声提起嗓子就唱开了。这个男声，正是华君武。

这个《黄河大合唱》，此时成了“大独唱”。冼星海大不高兴，急令合上幔幕。华君武被请出合唱队。大幕重新拉开，演出重新开始。这时华君武那个窘，真没法提了。他一口气跑到宿舍，被子蒙头，一宿也不曾合眼。从此，按华君武自己的说法，他的音乐才华被“埋没”了。

这是华君武的一次“走麦城”。尽管如此，延安的这段生活，却是他生命中最值得回味的。在延安时，为了照顾大家的生活，上级给他们几个人派了一个送饭送水的勤务员——“小鬼”杨虎道。“小鬼”是红军时期流传下来对年纪小的战士的爱称。那个时候，几个人有一个“小鬼”服务，是一种待遇。杨虎道是陕北本地人，是个还有许多孩子气的“小鬼”。杨虎道常常看华君武画漫画，觉得有趣，很是喜欢。那时候部队提倡学文化，杨虎道不懂的生字，就向华君武询问。渐渐结成了很深的友谊。杨虎道知道华君武爱吃开水烫麻雀，就帮着华君武搬凳扶梯，上房掏雀儿。那年月，麻雀也不多，有时掏个四五只，两人便非常高兴地做来吃。麻雀之外，他们还一起去山上摘酸枣。当时延安没有什么水果，一是没有生产，再是也没钱。这时，山间灌木上结的酸枣——一种又小又酸的野果，就成了他们解馋的好物食。杨虎道还是个孩子，个子很低，每次哪怕发最小号的军装，仍然大不合身。可惜，抗日战争结束后，华君武被分配到东北工作，从此再也没有打听到杨虎道的消息。这使华君武十分遗憾。直到上世纪八十年代，华君武还记得这位“小鬼”，并特别为他画了一幅漫画《忆小鬼杨虎道同志》。

画面上，杨虎道左手扶着一根高过他头顶的扁担，身上穿着过长的军装，憨态自然，十分惹人喜欢。华君武一般很少在画上多题字，可这次，他却在上面题写了一首诗：

参加革命时间早，马列道理懂得了，
军衣小号还嫌长，扁担倒比人还高。
送饭打水当勤务，闲来掏雀摘酸枣，
延安别后四十年，想必胡茬已不少。

晚年的华君武算算，杨虎道比自己小十多岁，也应该是个老人了，所以诗中有“想必胡茬已不少”之句。革命中结成的友谊，那是终身难忘的。

延安时期，除去在革命的道路上有了进步，在艺术上，华君武也有了相当的收获。例如，华君武在上海时，为了别具一格，他的漫画画面总是以场面大，人数多而密集为特点。在延安，由于条件限制，漫画要发表，必须先刻成木刻，然后才能上版。要刻成木刻，人物当然不能多，甚至线条也最好简练，这样的具体条件，使得华君武必须往这方面靠，这对他后来的漫画创作有很大影响。之后华君武的大部分漫画，均以构图独特，线条洗练为特色，这不能不归功于延安时期因物资匮乏训练带来的意外结果。

在去延安之前，华君武一是向中国老一辈漫画家学习，另一方面向国外的一些漫画借鉴，其中当然有很好的收获，可是，他当时的作品，还有许多普通百姓不易领会的地方。譬如我们先前举出的《1939年所植的树林》，独独的一棵树立在那里，不说一般老百姓，就算有些文化知识的人，倘不去认真琢磨，一下子也是难以领会的。在延安时期，尤其参加了延安文艺座谈会之后，华君武逐渐认识到文艺民族化和大众化的重要性，并在后来的文章中说：“两者各有内涵而又有不可分性。”在延安文艺座谈会后，上面号召文艺工作者要下去熟悉人民生活，学习人民的语言。华君武在下去之后，也记录了当地老百姓许多形象鲜明，比喻贴切，自然生动的语言。这些帮助他的创作朝百姓喜闻乐见的方面靠拢。华君武的漫画，之所以受到各界，各个层次人们的喜爱，从百姓的角度出发思考，构思，应该是他的一个成功重要经验。这个经验，来自延安，来自延安文艺座谈会的方针指导，这是十分显明的。应该说，华君武的延安岁月，是他生命中，艺术创作中一个十分重要的阶段。这是一个老艺术家不能忘怀，也是我们后来者应该注意并借鉴发扬的。

后　记

书稿编成，余下的，似乎只有一片感激了。

集子中拉拉杂杂的文字，写的时候虽然很是上心，可并不证明它就合适。合适即一切妥帖，这是多高的要求呵。希望只是，它们还不算难看，内中表述的是顺应人类健康情感和理性发展的史迹。

本书能够会聚，首先得感谢王蓬贤兄。王蓬兄为我素来敬重，无论为文为人。当他从报刊陆续见到这些文字后，在多种场合给予肯定，使我获得很大的精神鼓励。这一次，他首先提示我收编文章。在此过程中，他几乎一天一个电话，询问进度，设计相关事宜，“撵”得我不得不打破惯常的散漫，加紧努力。文稿编成后，他认真费心阅审，并写出显现其深厚学力的序言……

文稿形成后，还承张军孝先生以学人眼光审读定夺，对书稿质量认真把关，态度严谨，诚恳负责；责编卜源女士倾心费力，对书稿相关事宜细致安排，表现出尽心尽意的工作热情和责任感；书稿甚至劳动到位显事繁的薛保勤学长从中助益……期间感受到的温暖及谢忱，都是我难能用言语表白感激的。

哲人冯友兰先生，认为读书重要的一点，在于“明其理”。我以为，无论读书，阅世，还应该有一点：融其情。“情理”汇合，相互渗透蔓延，才能造就生命的细密丰饶。在本书的形成过程，我再一次深切体验到这一层。人活着，总应该不断“长”吧？

关怀本书的，不仅友朋，还有家人。耄耋且病的父母，见面便问，令我惶愧；妻儿更毋庸说。妻子为书稿加附图片，付出许多辛劳，虽然最后图片不能印出,可相互扶持合力,却是堪记的人生慰藉。

最后感谢能翻阅到此书的读者吧。

不知道这像不像"后记"。

2013.4.24 记毕